Tourenübersicht

Bernhard Irlinger

Radtouren in der Toskana

40 Etappen- und Tagestouren von Florenz bis in die Maremma, vom Mittelmeer bis zur umbrischen Grenze. Mit der Insel Elba.

Mit 92 Farbfotos, 39 Kartenskizzen und einer Übersichtskarte

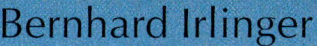 **Bruckmann**

Umschlag-Titel:
Das Castello Leonino bei Castellina in Chianti.

Umschlag-Rückseite:
*Kompakte Stadtanlage in Rio nell'Elba,
im Ostteil der Insel Elba.*

Seite 2/3:
*Abgelegene Höfe, dunkle Zypressenreihen und
bunte Wiesen – Frühlingserwachen in der Toskana
nahe San Gimignano.*

Eine Produktion des
Bruckmann-Teams, München

Lektorat: Jutta Hemminger
Layout und Herstellung: Alexandra Szedala
Umschlaggestaltung: Uwe Richter

Alle Angaben dieses Werkes wurden vom Autor
sorgfältig recherchiert und auf den aktuellen Stand
gebracht sowie vom Verlag auf Stimmigkeit geprüft.
Für die Richtigkeit der Angaben kann jedoch keine
Haftung übernommen werden. Für Hinweise und
Anregungen sind wir jederzeit dankbar. Bitte richten
Sie diese an den Bruckmann Verlag, Lektorat,
Nymphenburger Straße 86, 80636 München.

Gedruckt auf chlorfrei gebleichtem Papier

Die Deutsche Bibliothek –
CIP-Einheitsaufnahme

Irlinger, Bernhard:
Radtouren in der Toskana: 40 Etappen- und Tages-
touren von Florenz bis in die Maremma, vom
Mittelmeer bis zur umbrischen Grenze. Mit der Insel
Elba / Bernhard Irlinger. – Aktualisierte Neuausg. –
München : Bruckmann, 1996
(Erlebnis Rad)
ISBN 3-7654-2960-0

Aktualisierte Neuausgabe 1996

© 1994 F. Bruckmann KG, München
Alle Rechte vorbehalten
Gesamtherstellung: Bruckmann, München
Druck: Gerber + Bruckmann, München
Printed in Germany
ISBN 3-7654-2960-0

Inhalt

Einführung

Toskana! Dieser Name weckt Vorstellungen, Erinnerungen, Sehnsüchte. Unweigerlich denkt man an südliche Sonne, sanfte Hügelketten und einmalige Kunstwerke. Im Spannungsfeld zwischen Nord und Süd, Papst und Kaiser, Adel und Bürgertum brach hier die Menschheit in neue Zeiten auf. Dieses kleine Land gebar über Jahrhunderte ein Heer von Genies, die die Welt veränderten. Bis heute ist die erschlagende Fülle der Werke zu bestaunen, die die Toskana in den Augen vieler zum kulturellen Allerheiligsten erheben.

Millionenfach erkunden die Urlauber das Land nach dem gängigen Rezept: Man nehme 100 Seiten Florenz, 50 Seiten Siena, je 20 Seiten Pisa und Volterra, dazu für das Auge ein wenig San Gimignano, würze dies mit einem kleinen Schuß Chianti, und fertig ist das Urlaubsmenü à la Toskana. Zugegeben – alles einmalige Attraktionen, an denen man nicht vorbeigehen sollte. Und doch bietet die Toskana einiges mehr als diese touristische Einheitsspeise, die von allzu vielen bestellt wird. Denn gerade abseits der ausgetretenen Pfade wartet ein verzaubertes Stück Italien auf alle, die sich die Mühe machen, es zu entdecken.

Im Auto wird man allerdings immer ein Ausgeschlossener sein, die Begegnungen am Wegesrand werden ausbleiben und die Düfte dieses Landes unbemerkt vorbeiziehen. Nur das Fahrrad bietet die Möglichkeit, die Toskana in einer neuen Qualität zu genießen. Neben der Umwelt werden auch Körper und Geist für jeden Fahrradkilometer dankbar sein.

Eine kleine Warnung sei jedoch vorausgeschickt. Die Toskana ist nicht unbedingt ein Radreiseziel für Anfänger. Für den Genußradler bleibt meist nur das ruhige Hügelland, in dem die kleinen Landstädte wie Adlerhorste auf den Kuppen kleben. Etwas Kondition sollte man also mitbringen, um diese Touren voll genießen zu können.

Vor allem sollte man die Alltagshektik ablegen und sich Zeit nehmen. Zeit genug, um ein im Wind wogendes Mohnfeld und einen in der Sonne metallisch schimmernden Olivenhain zu betrachten, unter zartgrün sprießenden Kastanienbäumen eine Rast einzulegen und sich von schnurgeraden Zypressenalleen verzaubern zu lassen. Zeit, um durch die engen Gassen kleiner Landstädte zu schlendern, die erfrischende Kühle romantischer Landkirchen zu genießen oder eine geheimnisvolle Totenstadt der Etrusker zu erkunden. Nehmen Sie sich also Zeit, und brechen Sie auf in eine neue, in eine andere Toskana.

Das richtige Rad

Drei Elemente sind es, die das Gesicht der toskanischen Landschaft prägen: die Berge des Apennin, ausgedehnte Hügelkämme und die Ebenen entlang der großen Flüsse und der Küste. Die Berge bleiben natürlich dem austrainierten Radfahrer vorbehalten. Doch auch die Ebenen, eigentlich das ideale Terrain für erholungsuchende Radreisende, sollte man in weiten Bereichen meiden. Eine Vielzahl stark frequentierter Hauptverkehrsstraßen, Industrie und ausufernde Städte drängen uns in das ruhige Hügelland ab.

Bei der Wahl des richtigen Rades sollte man beachten, daß uns hier manch langer und kraftraubender Anstieg erwartet. Wer sich also unnötige Mühen ersparen möchte, sollte sein schwergängiges Hollandfahrrad lieber zu Hause lassen. Zu empfehlen sind moderne Räder mit Kettenschaltung und mindestens zehn Gängen, um auch mit Gepäck längere Anstiege überwinden zu können. Dabei sollte der Übersetzungsbereich zur Bergtauglichkeit hin verschoben sein, also das größte Ritzel am hinteren Zahnkranz möglichst viele Zähne aufweisen und das kleine Kettenblatt vorne möglichst wenige. Felgenbremsen für beide Räder sorgen auf längeren Abfahrten für die nötige Sicherheit, und mit nicht zu schmalen Reifen vermeidet man so manche Reparaturpause. Ein kräftiger und trotzdem möglichst leichter

Rahmen hilft vor allem bei Gepäckbeladung, gefährliches Schlingern zu vermeiden.

Schon vor Antritt der Reise sollte man die wichtigsten Teile seines Fahrrades auf mögliche Mängel hin überprüfen. Dabei kann man sich mit Reparaturarbeiten vertraut machen, um bei kleineren Defekten abseits von Ortschaften nicht vor unlösbare Aufgaben gestellt zu werden. Da Italien zu den großen Fahrradnationen in Europa zählt, findet man auch in der Toskana bei Pannen dank eines dichten Netzes von Fahrradgeschäften schnelle Hilfe. Hinweise auf ein kleines Ersatzteillager für die Reise und auf italienische Fachausdrücke zur leichteren Verständigung bei einer Panne befinden sich im Anhang dieses Buches.

Anreisemöglichkeiten

Mit der Bahn: Gerade für umweltbewußte Radreisende empfiehlt sich die Anreise mit dem Zug, denn der Zeitaufwand liegt kaum über dem mit dem eigenen Auto. Die Bahnpreise auf den italienischen Strecken sind, verglichen mit den deutschsprachigen Ländern, sehr niedrig. Um lästiges Umsteigen zu vermeiden, empfiehlt sich Florenz als Startpunkt für die Radreise durch die Toskana. Doch auch Arezzo, Chiusi, Pisa, Follonica, Grosseto und Orbetello sind von Mitteleuropa aus mit dem Zug direkt zu erreichen, da sie an den beiden Hauptstrecken liegen, die den Norden mit Rom verbinden.

Der einzige Wermutstropfen bei einer Anreise mit dem Zug ist das leidige Problem mit dem Fahrradtransport. Das Rad kann zur Zeit nur teuer als Kleingut im Güterverkehr aufgegeben werden (mindestens eine Woche Transportzeit, häufig auftretende Transportschäden). Aktuelle Auskünfte erteilt das deutsche Büro der Italienischen Staatsbahnen (Bahnhofsplatz 2, 80335 München, Tel. 089/59 15 97).

Mit dem Bus: Das Reisebüro des Allgemeinen Deutschen Fahrradclubs bietet Anreisemöglichkeiten im Bus mit Fahrradanhänger von verschiedenen deutschen Großstädten aus in die Toskana (Auskunft und Buchung bei Velomobil GmbH, Postfach 107747, 28077 Bremen, Tel. 0421/3 46 39 – 16).

Mit dem Rad: Wer genügend Zeit mitbringt, der kann sich ganz langsam, mit eigener Kraft, an den Süden, an die Toskana, herantasten. Natürlich wird kaum jemand in Norddeutschland seine Reise auf dem Rad beginnen. Doch in Verbindung mit der Bahn lassen sich für die Anreise interessante Kombinationen zusammenstellen. Warum also nicht mit dem Zug auf den Brenner oder in das Tessin fahren und sich von dort durch die Alpentäler in die Poebene treiben lassen? Wem dann der Weg über den Apennin zu anstrengend ist, der kann sich anschließend für das letzte Teilstück in die Toskana wieder problemlos der Bahn anvertrauen.

Mit dem Auto: Mit dem Auto läßt sich die Toskana von Mitteleuropa aus auf durchgehenden Autobahnen über Österreich oder die Schweiz schnell erreichen. Wer sich für seinen Urlaub nur Tagesrundtouren mit dem Rad vorgenommen hat, kann dann die betreffenden Ausgangspunkte problemlos mit dem eigenen Auto erreichen. Macht man sich jedoch zu einer längeren Radreise durch die Toskana auf, sollte man neben einer Anreise mit dem Auto die Alternativen

Während im Tiefland schon üppiges Frühjahrsgrün wuchert, wagen sich am Monte Amiata die ersten Blüten und Blätter zaghaft ans Licht.

nicht außer acht lassen, die Bahn oder Bus bieten. Zum einen schonen Bahn und Bus die Umwelt. Und bei genauerem Hinsehen minimiert sich auch der Preisvorteil des Autos, denn die Autobahngebühren und die hohen Benzinpreise in Italien summieren sich zu beachtlichen Beträgen. Als weiteres Problem erweist sich das sichere Abstellen des Autos in der Toskana.

Mit dem Flugzeug: Das Flugzeug bietet die schnellste und teuerste Verbindung in die Toskana. Zwei Flughäfen stehen zur Verfügung. Der größere, »Galileo Galilei«, liegt bei Pisa und wird von Frankfurt aus direkt angeflogen, während der Flughafen von Florenz auch von München aus ohne Umsteigen zu erreichen ist. Wohnt man also nicht in unmittelbarer Nähe von Frankfurt oder München, wird durch die lange Anreise zum Flughafen oder den Flugzeugwechsel der Zeitvorsprung, den das Flugzeug bietet, schnell wieder aufgehoben.

Auf Linienflügen ist der Transport eines Fahrrades möglich. Allerdings sollte man wegen der begrenzten Transportkapazität in den Flugzeugen sein Fahrrad rechtzeitig bei der Linie anmelden und möglichst früh zum Einchecken am Flughafen erscheinen. Bei Charterflügen muß man sich vor der Buchung beim Reiseveranstalter vergewissern, daß die Mitnahme des Rades möglich ist. Für den Flug muß man die Pedale abschrauben, den Lenker in Längsrichtung drehen und etwas Luft aus den Reifen lassen. Um die Freigepäcksgrenze von 20 Kilogramm nicht zu weit zu überschreiten, sollten schwere Ausrüstungsgegenstände in das Handgepäck gepackt werden, das normalerweise nicht mitgewogen wird.

Öffentliche Verkehrsmittel

Die **Bahn** unterhält in der Toskana ein dichtes Schienennetz. Die Hauptstrecken verlaufen von Florenz (über Arezzo und Chiusi) und von Pisa (entlang der Küste) nach Rom. Zudem bestehen Nebenstrecken von Pisa über Lucca nach Florenz, von Empoli (an der Hauptstrecke Pisa–Florenz) über Siena nach Chiusi, von Montepescali (nördlich Grosseto) über Asciano nach Arezzo, und von Cecina nach Saline di Volterra. Die

Fahrkarten sind, wie überall in Italien, sehr billig. Die Mitnahme des Fahrrades ist nur in den entsprechend gekennzeichneten Zügen an den im Fahrplan mit Fahrradsymbol ausgewiesenen Tagen möglich.

Buslinien werden sowohl von öffentlichen als auch von privaten Anbietern unterhalten. Da in den meisten Städten die Abfahrtsorte zwischen privaten und öffentlichen Buslinien differieren und da es keine gemeinsamen Fahrpläne gibt, wendet man sich für einschlägige Informationen am besten an die örtlichen Touristeninformationsbüros. Neben den Überlandlinien besteht ein dichtes Netz regionaler Busverbindungen, das auf die Hauptstädte der jeweiligen Provinzen ausgerichtet ist. Fahrradtransport ist im Normalfall in den Bussen nicht möglich.

Wegen des problematischen Radtransportes sollte man in der Toskana seine Reiseroute so zusammenstellen, daß man während des Urlaubs von den öffentlichen Verkehrsmitteln unabhängig ist.

Unterkunft

Camping: Die billigste Übernachtungsmöglichkeit bietet das eigene Zelt. Da das freie Campieren in Italien verboten ist (außer mit der Einwilligung des jeweiligen Grundstückseigentümers), ist man auf Campingplätze angewiesen. Überraschenderweise findet man in der Toskana, abgesehen von den Küstenregionen, nur sehr wenige Plätze. Um gerade in der Hauptsaison schon vormittags vorbuchen zu können, sind die Plätze im Landesinneren mit Telefonnummern in den »Nützlichen Informationen« zur jeweiligen Tour aufgeführt.

Jugendherbergen: In der Toskana findet man nur in Florenz, Lucca, Volterra, San Gimignano, Siena, Arezzo und Cortona Jugendherbergen. Die Preise und der Standard entsprechen mitteleuropäischen Verhältnissen. Man benötigt teilweise den Jugendherbergsausweis seines Heimatlandes. Da in den Hauptreisezeiten die wenigen Jugendherbergen stark frequentiert sind, ist telefoni-

Sanfte Hügel, einsame Gehöfte und lange Zypressenreihen bestimmen das Bild der unvergleichlichen Crete südlich von Siena.

sche Voranmeldung unumgänglich. Telefonnummern und Adressen können den »Nützlichen Informationen« zu den betreffenden Touren entnommen werden.

Hotels und Pensionen (Alberghi): Sie sind in Italien je nach Komfort in fünf verschiedene Klassen eingeteilt. Die billigsten und einfachsten sind mit einem Stern gekennzeichnet, die teuersten mit fünf Sternen. In den »Nützlichen Informationen« sind die Sterne den Namen des jeweiligen Übernachtungsbetriebes vorangestellt, um einen ungefähren Anhaltspunkt für das zu erwartende Preisniveau zu geben. Gerade in den großen Touristenzentren, an Wochenenden und in den Hauptreisezeiten kann es schwierig werden, am Zielort einer Etappe eine entsprechende Unterkunft zu finden. Viele Hotels sind dann schon Wochen im voraus ausgebucht. Da gerade eine Radreise kaum bis in alle Einzelheiten geplant werden kann, sollen die Telefonnummern von Hotels, Pensionen und der hilfreichen örtlichen Touristeninformationen, die in den »Nützlichen Informationen« der einzelnen Touren aufgelistet sind, dabei helfen, wenigstens vor Ankunft am Zielort die Lage abklären zu können.

Verpflegung

In der Toskana findet man nahezu in jeder Ortschaft ein *Lebensmittelgeschäft,* in dem man seinen Reiseproviant auffüllen kann. Bis heute blieben hier die kleinen Läden erhalten, die auf engstem Raum alles Nötige anbieten. Die Ladenöffnungszeiten sind von Ort zu Ort unterschiedlich geregelt. Mit einer langen Mittagspause, die bis fünf Uhr nachmittags dauern kann, muß man immer rechnen. Wer also am Nachmittag mit dem Rad unterwegs sein will, der sollte sich den erforderlichen Proviant und vor allem die Getränke schon vormittags besorgen.

Lokale findet man in der Toskana nicht nur in den Dörfern und Städten, sondern oftmals weitab der Ortschaften an der Straße. Das Preisniveau liegt teilweise über dem bei uns gewohnten Rahmen. Die Qualität der angebotenen Speisen ist im Normalfall recht gut. Nachfragen bei Einheimischen, die die Unterschiede zwischen den einzelnen Loka-

len oft sehr genau beurteilen können, lohnt sich trotzdem. *Pizzerien* und *Rosticcerien,* eine Art Schnellimbiß mit italienischen Speisen, sind eher dem schmalen Geldbeutel angemessen. Die Bezeichnungen *Taverna* und *Trattoria* stehen für einfache, gutbürgerliche Küche. Da sich in letzter Zeit der Geschmack des Publikums zum Ursprünglichen und Einfachen gewendet hat, wurde so manche Trattoria zum Spezialitätenlokal mit entsprechenden Preisen aufgewertet. Das *Ristorante* ist nach wie vor das feine Lokal mit gehobenem Niveau. In italienischen Speiselokalen ist es üblich, daß man für das Gedeck und das Brot extra zu bezahlen hat.

Die *Küche der Toskana* ist bodenständig und herzhaft, sie lebt von der Qualität ihrer Zutaten. Als herausragendes Beispiel sei hier die *Bistecca alla fiorentina* genannt, ein über dem offenen Feuer gegrilltes Lendenstück vom Jungrind. Original stammt das Fleisch von einem der weißen Rinder aus dem Chianatal. Als Zutaten verwendet die toskanische Küche, was das Land hergibt. Auf der Speisekarte finden wir Lamm, Schwein, Kalb, Wildschwein, Kaninchen, Geflügel aller Art sowie verschiedene Fischsorten und Meeresfrüchte. Dazu gibt es ausgewählte Gemüse, Nudeln und Pilze. Allen Gerichten ist jedoch eines gemeinsam: Weniger das Raffinement der Zubereitung ist entscheidend für die Qualität des Endproduktes als vielmehr die Qualität des Ausgangsproduktes und der Zutaten.

Klima und Reisezeit

Die Toskana liegt, wie fast ganz Italien, im Einflußbereich des mediterranen Klimas. Grob gesprochen bringt dies heiße, trockene Sommer und feuchte, kühle Winter mit den entsprechenden Übergangszeiten dazwischen.

Das *Frühjahr* ist die erste dieser Übergangszeiten, und so variieren im April und Mai die Temperaturen und Niederschläge stark. In diesen Monaten sollte die Ausrüstung ebenso auf schweißtreibende Sonnentage wie auf kühl-feuchtes Wetter abgestimmt sein. Die Landschaft bietet zu dieser Zeit mit den sattgrünen Wiesen und blumenübersäten Feldern die reizvollsten Anblicke. Andererseits ist das Frühjahr für die Toskana Hauptreisezeit, und gerade an Ostern und Pfingsten herrscht in den Städten mit den großen Namen ein manchmal atemberaubender Rummel.

Von **Mitte Juni bis Mitte September** liegt über der Landschaft eine bleiern schwere, dunstige Hitze. Nur abgehärteten Naturen kann in dieser Zeit die anstrengende Radreise über die Hügel der Toskana angeraten werden. Ganz selten geht ein Schauer auf das ausgetrocknete Land nieder. Sonnenhut, Sonnenbrille und eine wohlgefüllte Wasserflasche zählen nun zu den wichtigsten Ausrüstungsgegenständen.

Ab **Mitte September** werden die Tage und Nächte wieder kühler, und der Himmel verliert seinen dunstigen Schleier. Bis Anfang November herrschen jetzt die für eine Radreise angenehmsten Bedingungen. Wie im Frühjahr sollte man im Herbst auch auf kühleres Wetter eingestellt sein. Doch mit dem klaren Himmel kommen auch die Touristen zurück, und die ausgedörrte, herbe Landschaft kann nicht mit den fröhlichen und farbenfrohen Bildern, die das Frühjahr bietet, konkurrieren.

Der Winter beginnt im November und Dezember mit heftigen Niederschlägen. Schon ab Januar schleichen sich dann meist wieder längere Schönwetterperioden ein. Doch bis Anfang April ist es meist noch zu unbeständig und zu kühl, um zu längeren Radtouren aufbrechen zu können.

Geographie und Geologie

Mit 23 000 Quadratkilometern zählt die Toskana zu den größten Provinzen in Italien. Auf einem Quadratkilometer leben hier ca. 180 Menschen, d. h. diese Region ist relativ dicht besiedelt. Dieser Durchschnittswert sagt jedoch wenig über die wahren Verhältnisse aus. Vor allem in den Flußtälern und an der Küste im nördlichen Landesteil drängt sich ein Großteil der Bewohner. Die Berge und das Hügelland – vor allem im Süden – sind nur sehr dünn besiedelt. So kommen in der Provinz Grosseto nur 50 Personen auf einen Quadratkilometer!

Im beschaulichen Hügelland rund um Magliano in Toscana vergißt man schnell die Hektik an der nahen Küste.

Am frühen Morgen ziehen Nebelschwaden durch das landwirtschaftlich genutzte Hügelland südlich von Greve.

Die Landschaft der Toskana gliedert sich in mehrere recht unterschiedliche Bereiche. Im Norden und Osten ragen die Berge des **Apennin** bis in Höhen über 2000 Meter auf. Genau wie die Alpen wird dieses Gebirge durch den Zusammenstoß des Afrikanischen Kontinents mit Europa seit 100 Millionen Jahren in die Höhe gepreßt.

Beeinflußt durch diese Gebirgshebung entstand das **Hügelland,** das zwei Drittel der Provinz Toskana einnimmt und das klassische Bild dieser Landschaft prägt. Hier ist jenes Gebiet in Europa, in dem im Untergrund die Temperatur am höchsten ansteigt. Geschmolzenes Gestein bewegt sich relativ nahe an die Erdoberfläche heran. Als Folge sprudeln warme Quellen wie jene von Saturnia, die in einem Heilbad genutzt werden, aus dem Boden. Oder Kraftwerke wie am Monte Amiata, in denen kochend heißes Grundwasser Turbinen antreibt, blasen ihre Dampfwolken in den Himmel. Daß der die Hügel der Südtoskana überragende Monte Amiata ein erloschener Vulkan ist, ist ihm unschwer anzusehen. Und das Tuffgestein, auf dem die eindrucksvollsten Städte der Südtoskana errichtet wurden, ist nichts anderes als die Auswurfmasse früherer Vulkanausbrüche. Der Erzreichtum der Hügel, dem die Etrusker und die mittelalterlichen Stadt-

staaten ihren Reichtum verdankten, basiert ebenfalls auf den geologischen Vorgängen im Untergrund. Die faszinierende Hügelwelt der Toskana ist jedoch ein Werk von Menschenhand. Die ursprünglichen Wälder wurden seit Jahrtausenden zum Bau von Flotten, als Grubenholz für Bergwerke und als Heizmaterial für die Erzverhüttung abgeholzt. Landwirtschaftliche Zwänge ließen schließlich jenes reizvolle Mosaik verschiedener Anbauflächen entstehen, das bis heute das Auge des Betrachters erfreut. Den Glanzpunkt jedoch, die eigenwilligen Zypressenalleen und die einsamen Pinien, setzten die Bewohner aus schierem Schönheitssinn in diese Landschaft.

In einem über 300 Kilometer langen **Küstenstreifen** grenzt die Toskana im Westen an das Meer. Lange Sandstrände ziehen sich an der Küste entlang, die nur selten von felsigen Abschnitten unterbrochen werden. Die Meeresströmung läuft entlang der Küste, nagt an den Felskaps und schüttet das mitgeführte Material zu schnurgeraden Stränden auf. Einige vorgelagerte Inseln wurden in den letzten Jahrtausenden durch angeschwemmtes Material mit dem Festland verbunden. Ehemalige Buchten, in denen sich heute Lagunenseen oder weite Ebenen befinden, wurden durch lange Sandstreifen vom offenen Meer abgeschnürt. Bis in das 20. Jahrhundert waren diese versumpften Küstenebenen, ähnlich wie manche Täler im Landesinnern, gefürchtete Brutstätten der Malaria.

Geschichte und Kultur

Im 8. vorchristlichen Jahrhundert tauchte im Herzen Italiens ein rätselhaftes, auf hohem kulturellem Niveau stehendes Volk auf – die **Etrusker.** Ob sie aus anderen Gebieten einwanderten oder zu den Ureinwohnern zählen, ist bis heute umstritten. Ihr Siedlungsgebiet umfaßte in seinem Kern das Landdreieck zwischen den Flüssen Tiber und Arno und dem Tyrrhenischen Meer. Ihre Macht bauten die Etrusker auf einer hochentwickelten Technologie und einer mächtigen Flotte auf. Die Städte errichteten sie auf beherrschenden Hügeln über den Küstenebenen und den großen Flußtälern. Viele blieben bis in unsere Tage als Siedlungsplatz erhalten. In der Hochzeit der Etrusker bildeten die zwölf mächtigsten Städte einen losen Bund, ein einheitlicher Staat entstand jedoch nie.

Der allmähliche Niedergang der Etrusker zog sich über mehrere Jahrhunderte hin. Ab dem 5. Jahrhundert v. Chr. wurden sie von der griechischen Flotte immer wieder bedrängt. Der gefährlichere Feind drohte jedoch vom Land her. Im 3. vorchristlichen Jahrhundert wurde das etruskische Siedlungsgebiet dem römischen Machtbereich einverleibt. Die etruskische Kultur, die in vielerlei Hinsicht die Römer prägte, lebte anschließend noch für zwei Jahrhunderte weiter. Doch dann verstanden es die Römer, die Spuren der Etrusker so gründlich zu verwischen, daß sie vollkommen in Vergessenheit gerieten und noch heute viele Rätsel aufgeben.

Mit der Unterwerfung durch die Römer wurden die Stadtstaaten der Toskana zu abhängigen Bundesgenossen. Schnell begannen die **Römer,** ihre Macht durch die Gründung von Kolonien und durch den Bau von Heerstraßen zu untermauern. 91 v. Chr. lehnten sich die römischen Bundesgenossen auf der italienischen Halbinsel gegen die politische Bevormundung durch Rom auf und

erhielten 88 v. Chr. das römische Bürgerrecht. Italien und damit auch die Toskana waren nun unter römischer Herrschaft vereint.

Mit der Eingliederung in den starken römischen Zentralstaat ging im letzten vorchristlichen Jahrhundert eine schleichende Verelendung der Toskana einher. Die unter den Etruskern so erfolgreiche Landwirtschaft war der zunehmenden Konkurrenz nicht mehr gewachsen. Die Eisenerzgewinnung in der Toskana, einst der Schlüssel zum Aufstieg der Etrusker, wurde eingestellt. Selbst von Rom geförderte Städte wie Pisa, Lucca und Arezzo, die am Südfuß des Apennin die großen Heerstraßen bewachten, verloren zusehends an Bedeutung. Auch das bevorzugte Florenz, das um 300 n. Chr. Verwaltungssitz der Region Etrurien war, blieb immer Provinz.

Im 5. Jahrhundert war der Verfall des römischen Imperiums nicht mehr aufzuhalten. Westgoten, Hunnen und Vandalen zogen plündernd durch das Land. Anfang des 6. Jahrhunderts bauten die Ostgoten für 60 Jahre ein Staatswesen auf, ihnen folgten die Byzantiner. Von 568 n. Chr. an bestimmten die **Langobarden** für die nächsten 200 Jahre über die Toskana. In dem ausgebeuteten, leeren Land, in dem die Eroberer kamen und gingen, kehrte mit ihnen wieder Ruhe und Kontinuität ein. Die Toskana wurde nun ein wichtiges Bindeglied zwischen den langobardischen Herrschaftszentren in der Poebene und der heiligen Stadt Rom. Das Feudalsystem nahm mit dem Bau wehrhafter Burgen seinen Anfang. Das aufstrebende Lucca stand als Sitz des Herzogs der Toskana am Beginn der Entwicklung zu den mächtigen Stadtstaaten. Und die Kirche erhielt ausgedehnte Besitztümer, die sie bald in die politische Waagschale werfen sollte.

Im Jahre 774 eroberte **Karl der Große** das Reich der Langobarden. Die Toskana wurde jetzt nach dem fränkischen Lehenssystem in eine Unzahl kleiner Machtbereiche zersplittert, die von weltlichen und zunehmend geistlichen Vasallen verwaltet wurden. Die folgenden Jahrhunderte waren geprägt von der zunehmenden Verschärfung des Konfliktes zwischen Papst und Kaiser. Gerade an der Nahtstelle zwischen Kaiserreich und

Ob sich die Rentner über die alten Zeiten unterhalten, als ihr Heimatort Capoliveri noch nicht vom Tourismus entdeckt war?

Rom, in der Toskana, zeigte er seine deutlichsten Auswirkungen. Denn diesen Konflikt machte sich in jener Zeit ein neuer, beständig aufstrebender Machtfaktor zunutze: die **Städte.** Je nach Opportunität suchten Adlige und Bürger entweder als »Ghibellinen« (benannt nach Waiblingen, dem Stammsitz der Staufer) den Kaiser als Schutzherrn oder nahmen als »Guelfen« (benannt nach dem Geschlecht der Welfen, den Feinden der Staufer) den Papst zum Verbündeten. Wie die wehrhaften Geschlechtertürme in San Gimignano bis heute bezeugen, liefen dabei die Fronten nicht nur zwischen den nach Macht strebenden Kommunen, sondern auch, je nach den Interessen der reichen Familien, quer durch die Städte. Als Mitte des 13. Jahrhunderts sowohl Kaisertum als auch Papst am Ende ihrer Kräfte waren, änderte das nichts an der Polarisierung der beiden sich bekämpfenden Parteien.

Die ersten Städte, die den Kampf zwischen weltlicher und kirchlicher Macht für sich nutzen konnten, waren Lucca und vor allem Pisa. Ihnen sollten bald Siena und Florenz folgen. Geldgeschäfte, Handel und Handwerk ließen diese Städte erblühen. An menschlichem Nachschub für die schnell wachsenden Städte war kein Mangel, denn vom Land strebten die Leibeigenen der Feudalherren in die Gassen, um hier bessere Lebensbedingungen zu suchen. Überhaupt verloren die Feudalherren, der alte Adel, zunehmend an Einfluß. Die reichen Bürger, Kaufleute und Bankiers waren nun die Herren des Landes. Eifersüchtig darauf bedacht, keine neuen Herrscherschichten aufzubauen, wurden neue politische Strukturen geschaffen. In einer Art demokratischem Rotationsprinzip wurden die Ämter gewechselt, keiner sollte zu lange Macht in den Händen halten.

Doch nicht nur auf politischem und wirtschaftlichem Gebiet wurden neue Wege beschritten. Die neugewonnene Freiheit des Geistes, das Selbstbewußtsein und die Selbstdarstellung der Städte schufen ein Klima, in dem zwischen dem 11. und 14. Jahrhundert die Künstler einen unvergleichlichen Nährboden fanden. Die Kunstwerke jener Zeit sind schwer einzuordnen, stehen uns doch bei den Begriffen Romanik und Gotik andere Bilder vor Augen, als wir sie in der Toskana sehen. Denn die Werke aus jenen Stilepochen sind verspielter und lebensfroher, weniger streng als nördlich der Alpen. Man tut sich schwer, den Dom in Pisa der Romanik oder den in Siena der Gotik zuzuordnen. Die Übergänge zwischen den Stilen sind fließender, oftmals scheint die folgende Renaissance vorweggenommen.

Schon im 13. Jahrhundert polarisierten sich die Auseinandersetzungen zwischen den ghibellinischen Städten Pisa und Siena und dem guelfischen Florenz. Im 14. Jahrhundert gelang es den Florentinern, ihren Machtbereich entscheidend auszudehnen. Die Banken in Florenz übernahmen nun vor denen in Siena die Führungsrolle, und der Florentiner Gulden wurde zum wichtigsten Zahlungsmittel jener Zeit. Um 1400 resultierten in Florenz aus den ständigen inneren Kämpfen einige reiche und einflußreiche Familien, die die Macht auf sich konzentrieren wollten. Eine dieser Familien ging trotz mehrerer Rückschläge aus diesen Kämpfen immer wieder als Sieger hervor – *die Medici.* Unter ihrer Herrschaft erlebte Florenz im

15. Jahrhundert eine ungeahnte Blüte. In der unbestrittenen Metropole strömten jetzt aus den übrigen Städten der Toskana, die allesamt ihre einstige Bedeutung eingebüßt hatten, die Künstler zusammen. Ihr unvergleichlicher Genius führte Europa in eine neue Kunstepoche, die Renaissance.

Mitte des 16. Jahrhunderts wurden die Medici zu Großherzögen der Toskana ernannt und vermochten das Land zum ersten Mal unter einer einheitlichen Führung zu einen. Doch im Spiel der europäischen Kräfte war die Toskana nur noch eine zweitklassige Macht. Das Land hatte seine einstige wirtschaftliche Bedeutung verloren und war nach der Entdeckung Amerikas ins Abseits geraten. Bis 1737 lenkten die Medici die Geschicke der Toskana. Politisch Entscheidendes vermochten sie nicht mehr zu leisten, doch steuerten sie die Toskana als eine Insel des Friedens durch eine Zeit, in der große Teile Europas durch Kriege zerstört wurden.

Nach dem Tode des letzten Medici übernahmen 1737 die **Habsburger** die Herrschaft über die Toskana. Armut breitete sich im Land aus, denn mit drückender Steuerlast finanzierten die fremden Herren ihre Kriege. Junge Männer aus der Toskana mußten auf den Schlachtfeldern Europas eine Sache vertreten, die nicht die ihre war. Kein Wunder also, daß in dieser Zeit die Habsburger nicht beliebt waren.

Dies änderte sich, als 1763 Leopold und 1790 sein Sohn Ferdinand III. Großherzöge wurden. Mit aufklärerischem Geschick führten sie im Land nötige Reformen durch. Die Macht der Zünfte wurde beschnitten und Handelsfreiheit eingeführt. Das feudale Agrarsystem wurde zugunsten kleinerer Einheiten aufgelöst und so der Grundstein zu der landwirtschaftlichen Struktur gelegt, die noch heute die landschaftlichen Reize der Toskana bestimmt: verstreute Einzelhöfe und die Mischkultur aus Oliven, Wein und Äckern. Die Entwässerung der malariaverseuchten Ebenen, seit den Zeiten der Etrusker vernachlässigt, wurde wieder in Angriff genommen.

1798 jedoch wurde die gesamte Toskana von den Truppen Napoleons besetzt. Er verwandelte das Land in das Königreich Etru-

rien und schlug es seinem Vasallen Ludwig von Parma zu. 1807 wurde das Land dem französischen Staat einverleibt und 1809 Napoleons Schwester Elisa als Großherzogtum überlassen. Die schweren Lasten, die die napoleonischen Kriege mit sich brachten, und die zunehmend repressive Politik bedrückten das kleine Land. Bald zog sich der Widerstand gegen das französische Regime durch alle gesellschaftlichen und politischen Schichten. Als 1814 Napoleon stürzte, verschwand mit ihm sein Vasallenregime. Noch einmal, vor seinem endgültigen Abgang, gab Napoleon während seiner 300tägigen Verbannung auf Elba ein kurzes Gastspiel in der Toskana. Das weitere Schicksal des Landes wurde jedoch im selben Jahr weit entfernt entschieden. Der Wiener Kongreß setzte den Habsburger Ferdinand III., 15 Jahre nach seiner Vertreibung aus der Toskana, wieder als Herrscher ein.

In wenigen Jahren vermochte es Ferdinand III., die Herzen der Toskaner zu erobern. Handel und Landwirtschaft wurden gefördert, und als er 1824 verstarb, hinterließ er ein weithin saniertes Land. Ihm folgte sein Sohn Leopold II. an die Macht. Unter

In die strenge Fassade des Rathauses sind die Terrakottawappen der Florentiner Statthalter eingelassen, die im 15. und 16. Jahrhundert über Volterra bestimmten.

In einem Tal an der Westküste Elbas, eingebettet zwischen steilen Bergflanken und der endlosen Weite des blauen Meeres, liegt das Dorf Pomonte.

seiner Führung fand die toskanische Wirtschaft Anschluß an die beginnende industrielle Revolution, Handel und Landwirtschaft blühten weiter auf. Im Land sammelten sich jene Liberalen und Freidenker, die aus den konservativeren Regionen Italiens geflohen waren. So schuf Leopold II. den fortschrittlichsten Staat in Italien.

Doch seit dem europäischen Revolutionsjahr 1848 geriet Leopold II. immer mehr unter Druck. Die Bewegung des *Risorgimento,* der Ruf nach einem italienischen Nationalstaat, gewann auch in der Toskana immer mehr an Einfluß und war nun nicht mehr aufzuhalten. 1859 sammelten sich unter der Führung des Königreichs Piemont-Sardinien in ganz Italien Truppen. Die Armeen der Habsburger wurden geschlagen, und auch Leopold II. mußte abdanken. 1861 wurde Victor Emanuel II. aus dem Hause Savoyen zum italienischen König proklamiert, und von 1865 bis 1871 war Florenz Hauptstadt Italiens. Seit der Einigung verlagerte sich das politische Zentrum nach Rom, und die Toskana war nur noch eine von vielen Provinzen.

Politik

Wie die übrigen Regionen Italiens litt auch die Toskana unter der übermächtigen Stellung des nahen Rom. Obwohl in der republikanischen Verfassung von 1947 die Dezentralisierung der Macht verankert ist, kam es erst 1970 zur Schaffung der *Regionen* mit weitergehenden Befugnissen. Auch in der Toskana mit ihren neun Provinzen (Massa-Carrara, Pisa, Lucca, Pistoia, Firenze, Arezzo, Siena, Grosseto und Livorno) wählte nun die Bevölkerung ein eigenes Regionalparlament, von dem eine Regionalregierung gebildet wurde. Eine Reihe von Befugnissen wurde von Rom auf die einzelnen Regionen übertragen. Kleinräumigere Verwaltungseinheiten schufen jetzt die Möglichkeit, regionale Probleme gezielter lösen zu können.

Andererseits wurde dadurch ein gewichtiges italienisches Problem noch verstärkt. Der aufgeblähte Verwaltungsapparat drohte sich unter dem Zugriff der Parteien immer wieder zu verselbständigen. So blieb auch die Toskana in den letzten Jahren nicht von den Skandalen verschont, die mit der Selbstbedienungsmentalität der Staatsvertreter einhergingen.

Wirtschaft

Die Toskana gehört zu den wohlhabenderen Regionen Italiens. Vergleichbar ihrer Lage in der Mitte Italiens nimmt sie auch bei den

Wirtschaftsdaten einen Mittelplatz zwischen dem reichen Norden und dem armen Süden ein. Wie in Gesamt-Italien ist die Wirtschaft der Toskana von einem starken Nord-Süd-Gefälle geprägt. Die reichen Gebiete der Region liegen im Norden, im Dreieck zwischen Carrara, Livorno und Arezzo. Der dünnbesiedelte Süden ist nach wie vor der ärmste Teil der Toskana.

Sorgenkind Nummer eins ist die **Landwirtschaft.** Bis nach dem Zweiten Weltkrieg war sie durch das System der »Mezzadria«, der Halbpacht, geprägt. Der Boden wurde über viele Generationen hinweg den Pächtern überlassen. Dafür mußten sie die Hälfte ihrer Ernte in den Fattorias, den Gütern der Großgrundbesitzer, abliefern. Die eigenwillige Schönheit der toskanischen Landschaft mit ihrem kleinflächigen Wechsel von Feldfrüchten und den auf den Hügeln verstreuten Bauernhöfen resultierte aus diesem Bewirtschaftungssystem. Um eine weitgehende Selbstversorgung der finanziell schlecht gestellten Bauernfamilien zu gewährleisten, wurden auf den Pachtflächen die verschiedensten Feldfrüchte in kleinen Parzellen angebaut. Die Familie wohnte nicht in zentralen Dörfern, sondern in verstreuten Einzelhöfen mit möglichst kurzen Wegen zu den arbeitsintensiven Anbauflächen.

Als nach dem Zweiten Weltkrieg versucht wurde, die Struktur der toskanischen Landwirtschaft durch eine Bodenreform zu retten, war der richtige Zeitpunkt schon verpaßt. Wegen der schlechten Einkommensmöglichkeiten als Bauer und vor allem wegen lockender Arbeitsplätze in der Industrie und in dem wachsenden Tourismussektor verließen immer mehr junge Leute die Bauernhöfe. Lag die Quote der in der Landwirtschaft Erwerbstätigen 1950 noch bei ca. 40 Prozent, so sind in diesem Bereich heute weit unter 10 Prozent beschäftigt.

Das System der Halbpacht ist jetzt in stetigem Schwund begriffen. Die Anbauflächen werden in größere und konkurrenzfähigere Einheiten zusammengefaßt und zunehmend von Landarbeitern bestellt. Unrentable Böden werden nicht mehr genutzt, große Flächen liegen brach, was schwere Probleme mit sich bringt. Die Bodenkrume wird durch Regen und Wind abgetragen, der nackte Boden kann das Wasser nicht mehr speichern. Das führt zu einer stetig wachsenden Überschwemmungsgefahr für die dichtbesiedelten Täler. Haupterzeugnisse der Landwirtschaft sind Wein, Getreide, Gemüse und Oliven.

Industrie und Handwerk haben in der Toskana eine lange Tradition. Rund 40 Prozent der Bevölkerung sind in diesem Sektor beschäftigt, der den Bürgern einen hohen Lebensstandard ermöglicht. Landesweit gesehen liegt auch hier die Toskana in der Mitte zwischen dem hochindustrialisierten Norden und dem Süden. Anders als im Norden prägen in der Toskana vor allem kleine und mittlere Betriebe das Wirtschaftsleben. Das schnelle Reagieren auf die Erfordernisse des Marktes wird durch diese Struktur erleichtert, deshalb besitzt die Toskana eine der niedrigsten Arbeitslosenquoten in Italien. Andererseits wird diese Flexibilität gerade in der Toskana mit einem hohen Anteil an Schwarzarbeit erkauft, die die Betroffenen in einen arbeitsrechtlichen Freiraum stellt.

Die Hälfte aller Arbeitnehmer in der Toskana ist im Handel und im Dienstleistungssektor beschäftigt. Mit der verstärkten Industrialisierung nach dem Zweiten Weltkrieg ging ein wachsendes Handelsaufkommen einher. Und mit stetig steigendem Wohlstand stieg auch die Nachfrage nach Dienstleistungen. Zusätzlich bescherte die Tourismusbranche, die die Toskana zum italienischen Idealbild erkor, einer nicht unwesentlichen Zahl von Arbeitnehmern neue Beschäftigungsmöglichkeiten.

Bevölkerung und Sprache

Über den Charakter eines Volkes lassen sich natürlich kaum genaue Aussagen machen, will man nicht in Verallgemeinerungen verfallen. Ein Großteil der 3,6 Millionen Toskaner macht in vielen Lebensbereichen einen aufgeschlossenen und wendigen Eindruck, der wohl die wirtschaftlichen Erfolge dieses Landes erklärt. Tief verwurzelt scheint in ihnen die Freude an schönen Dingen zu sein, die in der Gestaltung der Landschaft ebenso zum Ausdruck kommt wie in der Ausstattung der Geschäfte. Wie so oft im Süden ist es auch in der Toskana die manchmal laute, aber meist heitere und freundliche Lebendigkeit der Einheimischen, die einem Urlaub einen zusätzlichen Reiz verleiht.

Gerade für jemanden, der die italienische Sprache erleben möchte, bietet sich ein Aufenthalt in der Toskana an. Denn hier liegen die Wurzeln der italienischen Hochsprache, die Dialekteinfärbungen sind gering. Die berühmten Dichter Dante, Petrarca und Boccaccio, alles Söhne der Toskana, versuchten schon im 14. Jahrhundert, den Florentiner Dialekt zur italienischen Hochsprache zu erheben. Während des Risorgimento im 19. Jahrhundert diente wieder die Sprache der Florentiner Bürger als Vorbild, bis durch den wachsenden Zentralismus im italienischen Einheitsstaat das Römische stark an Bedeutung gewann. Erst nach dem Zweiten Weltkrieg wurde die Mischung aus florentinischer und römischer Aussprache gefunden, die heute in ganz Italien als Hochsprache anerkannt ist.

Von Florenz durch die Chiantihügel nach Siena

1 Von Florenz nach Greve

Von der Kunstmetropole in die Hügel des Chianti

> **Tourencharakter:** Die ersten Kilometer durch das Stadtgebiet von Florenz, anschließend über einige Steigungen hinauf in das Hügelland des Chianti.
>
> **Länge der Tour:**
> 28 km.

450000 Einwohner, jedes Jahr 6 Millionen Touristen, Verkehrsknotenpunkt und Kulturhauptstadt Europas, so lautet der Kurzsteckbrief von **Florenz**. Bevor sich das Tal des Arno nach Osten hin schließt, wuchert dieser Moloch. Begierig greifen seine Tentakel hinauf in die Hügel und in die Ebenen nach Westen. Autobahnen, die Abgase des dichten Verkehrs, Häuserschluchten ohne Bäume und graue Vororte schrecken jeden Radfahrer ab. Und doch sollte man sich das Erlebnis Florenz, das zu Stein gewordene Sinnbild des Aufbruchs in eine neue Zeit, nicht entgehen lassen. Renaissance heißt das Stichwort. Jene Epoche, die das Individuum in den Mittelpunkt rückt, wurde in dieser Stadt geboren.

Die Geburtsstunde von Florenz schlug im Jahre 59 n. Chr., als Cäsar an der Brücke, auf der die Via Cassia den Arno überwand, Veteranen seiner Kriegszüge ansiedelte. Colonia Florentina, die Blühende, nannten sie ihre Siedlung und ahnten wohl nicht, wie trefflich dieser Name den Weg beschrieb, den die Stadt in den folgenden Jahrtausenden gehen sollte. Die Lage dieser römischen Gründung ist heute noch durch einen Blick auf den Stadtplan nachzuvollziehen, auf dem sich das Viereck der römischen Anlage zwischen Dom und Palazzo Vecchio

Den schönsten Blick auf die Altstadt von Florenz mit dem Turm des Palazzo Vecchio und der Domkuppel von Brunelleschi genießt man von dem hoch über dem Arno gelegenen Piazzale Michelangelo.

deutlich von den umliegenden Straßenzügen abhebt. Eine reiche Stadt muß Florenz schon damals gewesen sein. Doch obwohl bald Sitz des Gouverneurs der Provinzen Umbrien und Etrurien, erlangte sie im Römischen Reich nie eine herausragende Stellung.

Nach dem Untergang des Römischen Reiches gingen über die Toskana die zerstörerischen Wellen der Völkerwanderung hinweg, die auch Florenz nahezu in Bedeutungslosigkeit versinken ließen. Erst mit den Franken kehrte wieder die Beständigkeit ein, die dem Marktort zu einem langsamen, aber stetigen Wachstum verhalf. Um das Jahr 1000 verlegte der Markgraf der Toskana seine Residenz von Lucca in das aufblühende Florenz, und 100 Jahre später unterstützte die Markgräfin Mathilde das guelfische Florenz als Gegenpol zu den ghibellinischen Metropolen Pisa und Siena.

Der erste »Erfolg« des wirtschaftlich aufblühenden Florenz und seiner selbstbewußten Bürger war 1125 die Zerstörung des nahen Fiesole. Ab dem 13. Jahrhundert regierte eine Oligarchie aus reichen Bürgern die Stadt, die immer wieder unter den Kämpfen zwischen Guelfen und Ghibellinen litt. Doch trotz der inneren Spannungen vermochten Handwerk und Bankwesen den Reichtum zu mehren, und der ab 1253 geprägte Fiorin wurde zum wichtigsten Zahlungsmittel in Europa. Die schwärzesten Tage erlebte Florenz im Jahre 1260, als ihm ghibellinische Truppen unter der Führung von Siena bei Montaperti eine verheerende Niederlage beibrachten und die Stadt nur durch Glück der Vernichtung entging.

War die Signoria ursprünglich gegen die Ghibellinen gerichtet, so wurde sie im 14. Jahrhundert zunehmend zum Instrument der Machterhaltung während der aufflammenden sozialen Spannungen zwischen den Reichen, dem »popolo grasso«, und den in Armut lebenden, besitzlosen Arbeitern, dem »popolo minuto«. Trotz dieser Konflikte vermochte Florenz nach außen hin seine Expansionspolitik erfolgreich zu gestalten. Nacheinander wurden Pistoia, Prato, San Gimignano, Volterra und Arezzo dem Florentiner Staat einverleibt. Anfang des

15. Jahrhunderts folgten Cortona und das einstmals so mächtige Pisa.

Nun hatte sich Florenz einen Zugang zum Meer gesichert und überstrahlte die übrigen Kommunen der Toskana. Nach den Versuchen anderer ehrgeiziger, reicher Familien gelang es Cosimo dem Älteren aus der Familie der Medici, 1429 faktisch die Macht über Florenz für die folgenden 30 Jahre an sich zu reißen. Nach seinem Tod folgte die kurze Herrschaft von Piero, dem ein altes Familienleiden der Medici den Beinamen »der Gichtige« einbrachte. Piero konnte die Macht zu seinem tatkräftigeren Sohn Lorenzo dem Prächtigen hinüberretten. Wie schon Cosimo der Ältere tat er sich als Kunstmäzen hervor, und nebenbei galt er selbst als angesehener Dichter. In seiner 23jährigen Regierungszeit sicherte er durch eine geschickte Politik den äußeren und inneren Frieden. Bis zu seinem Tod im Jahre 1492 erreichte Florenz den Höhepunkt seiner Machtentfaltung.

Dann begann der langsame Abstieg der Metropole Florenz. Mit der Entdeckung Amerikas verschoben sich die Handelswege allmählich nach Norden und Westen. Und in jenem Jahr 1492 errichtete, unterstützt vom einfachen Volk, der Bußprediger Savonarola seine Herrschaft über Florenz und vertrieb die Medici. Nach fünf Jahren waren die Florentiner der Gängelung im zunehmend totalitären Gottesstaat des Savonarola, auch der »Zorn Gottes« genannt, überdrüssig. Vor dem Palazzo Vecchio wurde der Scheiterhaufen errichtet, der den Bußprediger verschlang.

1512 drängten die ungeliebten Erben der großen Medici zurück in die Stadt. 1532 ernannte Kaiser Karl V. seinen Schwiegersohn Alessandro aus der Familie der Medici zum Herzog von Florenz, und 1537 folgte Cosimo I. auf den Thron. Er wurde 1569 zum Großherzog der Toskana ausgerufen. Mit ihm begann eine ruhige Zeit für die Toskana und Florenz. Landwirtschaft und Handel wurden gefördert und die ersten Kunstsammlungen eingerichtet. Doch von nun an war die Toskana nur noch Provinz, die nach dem Tode des letzten Medicifürsten Giovanni Gastone zum Spielball der Interessen der europäischen Herrscher wurde.

Der Ponte Vecchio mit seinen kleinen Geschäften überspannt als älteste Brücke in Florenz den Arno.
Der überdachte Gang verbindet den einstigen Regierungssitz, die Uffizien, mit dem Palazzo Pitti.

Als sich Italien in der zweiten Hälfte des 19. Jahrhunderts zum Nationalstaat formierte, wurde Florenz 1864 zur Hauptstadt bestimmt. Doch schon sieben Jahre später mußte es diese Funktion an das übermächtige Rom abgeben. Die politische Entwicklung lief nun parallel zu jener der Region Toskana ab, deren Hauptstadt Florenz blieb.

Die große Kunst, die es in Florenz zu besichtigen gibt, füllt ganze Bücher. Daher kann nur skizzenhaft eine Rundtour zu den bedeutendsten **Sehenswürdigkeiten** vorgeschlagen werden:

Wir beginnen die Runde auf der Piazza *Santa Maria Novella*, die an ihrem Nordende durch die gleichnamige Kirche vom Bahnhofsvorplatz abgetrennt ist. Die Kirche ist ursprünglich ein gotischer Bau aus dem 13. Jahrhundert, wurde jedoch später umgestaltet. Im Inneren der Dominikanerkirche und im angeschlossenen Kreuzgang interessiert neben einigen Plastiken herausragender Künstler vor allem die Vielzahl bedeutender Fresken aus Spätgotik und Renaissance.

Anschließend auf der Ostseite der Piazza S. Maria Novella in die Via dei Banchi, links in die Via del Giglio, stößt man bald auf die Piazza Madonna mit der *Grabkapelle der Medici*, die vor allem wegen der von Michelangelo geschaffenen Grabmäler sehenswert ist.

Nun nördlich vorbei an der Kirche San Lorenzo bis zur Via Cavour. Wer die geheimnisvollen Fresken des Fra Angelico in der Klosterkirche *San Marco* besichtigen will, muß sich nach links wenden. Von San Marco ist es nicht mehr weit zur *Galleria dell'Accademia*, in der viele Originale der großen Skulpturen von Michelangelo ausgestellt sind. Nahe der Accademia, in der Via della Colonna, lockt dann noch das *Archäologische Museum* mit bedeutenden Sammlungen ägyptischer und vor allem etruskischer Kunst.

Wir halten uns jedoch rechts und stoßen bald auf den Domplatz. Links der riesige *Dom Santa Maria del Fiore*, stilistisch zwischen Gotik und Renaissance einzuordnen. 1269 wurde mit dem Bau begonnen, der aber erst 1436 eingeweiht wurde, nachdem Brunelleschi die Kuppel aufgesetzt hatte. Drittgrößte Kirche der Christenheit, die Kuppel 114 Meter hoch, mit Platz für 30000 Menschen im Inneren. Daneben steht als Widerspruch zur Wucht der Kirche der schlanke, von Giotto entworfene Campanile. Unbedingt sehenswert außerdem das Dom-Museum mit der berühmten Pietà von Michelangelo.

Gegenüber dem Domportal erhebt sich das *Baptisterium*, ursprünglich vom Dom durch eine Häuserzeile getrennt. Im 11. Jahrhundert erbaut, zeigt es in den Inkrustationen Stilelemente, die später die Renaissance wieder aufnahm. Das Kuppelmosaik im Innern ist noch im byzantinischen Stil von venezianischen Künstlern ausgeführt worden (1270). Weltberühmt sind die drei Portale: das Südportal von Andrea Pisano, das Nordportal von Lorenzo Ghiberti und ein weiteres Portal gegenüber der Domfassade von demselben Künstler, für das Michelangelo voller Bewunderung den Namen »Paradiestür« prägte.

Vom Domportal leitet die Via de' Calzaiuoli nach Süden, an der die Kirche *Orsanmichele* aus dem 14. Jahrhundert liegt. Ursprünglich als Markthalle und Getreidespeicher geplant, kann sie bis heute ihren profanen Charakter nicht verbergen. An der Außenwand bestechen die Renaissanceskulpturen so berühmter Meister wie Donatello und Ghiberti und im Inneren das gotische Tabernakel von Orcagna.

Nur noch wenige Schritte trennen uns von der *Piazza della Signoria*, der guten Stube von Florenz, mit ihren Renaissancebrunnen und Straßencafés. An der Südostecke erhebt sich der *Palazzo Vecchio*, das Rathaus mit dem unverkennbaren Turm. Um 1300 erbaut, lebten hier die auf 60 Tage gewählten Stadtoberen und durften das Gebäude nur für Amtshandlungen verlassen. Im Inneren mehrere prunkvoll ausgeschmückte Säle mit Fresken von Vasari.

Rechts des Palazzo Vecchio steht die *Loggia dei Lanzi,* das Vorbild der Feldherrnhalle in München. Ende des 14. Jahrhunderts erbaut, diente sie ursprünglich als Versammlungshalle. Heute bietet sie einigen Plastiken aus der Antike und der Renaissance Schutz.

Zwischen diesen beiden Gebäuden führt der Weg zum Eingang der *Uffizien*, einem der weltweit bekanntesten Museen, das meist von einer beängstigend langen Menschenschlange belagert wird. Im 16. Jahrhundert von Vasari entworfen, bieten Dutzende von Sälen eine unüberschaubare Vielfalt an Kunstwerken. Die Sammlung der Medici wurde nach dem Aussterben der Dynastie im 18. Jahrhundert der Stadt Florenz vermacht. Den Schwerpunkt bildet die toskanische Malerei des 13. bis 16. Jahrhunderts.

Der Weiterweg führt vor der Fassade des Palazzo Vecchio nach links und anschließend noch einmal links über die Piazza S. Firenze zur nahen *Badia Bargello*, im 13. Jahrhundert erbaut und Vorgänger des Palazzo Vecchio als Sitz des Bürgermeisters. Was die Uffizien für die Freunde der Malerei sind, ist der Bargello für die Liebhaber der Bildhauerei. Die Skulpturen sämtlicher Großen sind hier versammelt, angefangen bei Donatello bis hin zu Michelangelo.

Vom Bargello führt die Via Ghibellina nach Osten, ehe rechts die Via G. Verdi zur Piazza *Santa Croce* mit der gleichnamigen Kirche leitet. Mögen auch die anderen Florentiner Kirchen mit Kunstschätzen wahrlich nicht geizen, so ist doch Santa Croce am reichlichsten ausgestattet. Im 14. Jahrhundert von den Franziskanern erbaut, wurden in der über 100 Meter langen Kirche die berühmtesten Söhne der Stadt beigesetzt (u. a. Dante, Michelangelo und Galilei). Im Hauptschiff das von Vasari gestaltete Grab von Michelangelo und Werke von Donatello, in den fünf Seitenkapellen Fresken von Giotto, Gaddi und anderen.

Von der Piazza Santa Croce bringt uns die Via de' Benci zum Arno. Wer möchte, kann hier den Fluß überqueren und linkshaltend zum *Piazzale Michelangelo* hinaufradeln, dem bekanntesten Aussichtspunkt über Florenz. Ganz nahe beim Piazzale lockt anschließend die liebenswürdigste und am schönsten gelegene Kirche von Florenz, *San*

Einer der Hauptanziehungspunkte in Florenz ist die Piazza San Giovanni. Über dem Baptisterium und der Domfassade schweben in unübertroffener Eleganz der schlanke Glockenturm von Giotto und die weltberühmte Domkuppel.

Bedeutende Künstler der Renaissance arbeiteten an der nur äußerlich schlichten Kirche San Lorenzo, deren Fassade nicht vollendet wurde. Hier ist jeden Tag Markt.

Miniato al Monte. 1018 im Stil der Romanik begonnen, locken auch hier wieder im Inneren große Künstlernamen der Renaissance wie Michelozzo, die Robbias oder Gaddi.

Wir wenden uns jedoch nach rechts und bleiben am Nordufer des Arno, bis wir auf dem *Ponte Vecchio* den Fluß überqueren. Seit dem 14. Jahrhundert gingen in den kleinen Läden die Metzger ihrem Geschäft nach. Als im 16. Jahrhundert die Großherzöge der Toskana in den Palazzo Pitti gezogen waren, wurde die Brücke als Verbindung zum Palazzo Vecchio überdacht. Wegen des Fleischgeruchs, zu stark für die sensiblen Nasen der hohen Herrschaften, wurden die Metzger vertrieben und Goldschmiede angesiedelt. 1944 blieb der Ponte Vecchio als einzige Brücke in Florenz von der Sprengung durch deutsche Truppen verschont.

An der Südseite des Ponte Vecchio beginnt die Via de' Guicciardini, die nach kurzer Strecke zum riesigen *Palazzo Pitti* leitet. 205 Meter lang und 36 Meter hoch ist die Fassade dieses größten Palastes in der Stadt. Er wirkt in seiner einschüchternden Monumentalität fremd und abweisend. Im 15. Jahrhundert wurde der Bau von der reichen Familie Pitti begonnen. 100 Jahre später von den Medici erworben, anschließend um- und ausgebaut, war der Palast bis ins 19. Jahrhundert Sitz der Großherzöge der Toskana. Seit 1864 residierte hier für wenige Jahre der italienische König. Heute beherbergt der Palast mehrere Museen, darunter eine Gemäldesammlung der Großherzöge mit europäischen Werken des 17. und 18. Jahrhunderts, ein Museum für moderne Malerei aus der Toskana, ein Silbermuseum und die «*Appartamenti Reali*», ein prunkvolles Beispiel höfischen Wohnens.

Vom Palazzo Pitti ziehen die *Boboli-Gärten* bis hinauf zum mächtigen *Forte Belvedere*. Die Medici erbauten es gegen Ende des 16. Jahrhunderts. Die Kanonen dienten nicht der Verteidigung nach außen, sondern waren drohend auf die eigene Stadt gerichtet. Die Gärten wurden in der Renaissancezeit auf einer Fläche von 45 000 Quadratmetern angelegt. Mit ihren lauschigen, von Hecken eingefaßten Wegen, mit den Skulpturen, Brunnen und Grotten gehören sie zu den schönsten Beispielen italienischer Gartenbaukunst.

An der Fassade des Palazzo Pitti entlang, dann führt nahe beim westlichen Ende die Via Mazzetta nach rechts zur Piazza Santo Spirito. Rechter Hand steht die Kirche des Augustinerordens, *Santo Spirito*, Spätwerk des Domkuppelbauers Brunelleschi. Dieses Bauwerk besticht durch seine einfache, klare Raumgestaltung. Neben der Kirche ist das Refektorium der Augustinermönche mit spätgotischen Abendmahlfresken und einer Kreuzigungsszene von Orcagna zu besichtigen. In dem an das Kloster angeschlossenen Spital soll Michelangelo seine anatomischen Studien betrieben haben.

In gerader Verlängerung der Via Mazzetta leitet uns anschließend die Via Agostino und, jenseits der Via de' Serragli, die Via Santa Monaca zur Kirche *Santa Maria del Carmine*. Im 13. Jahrhundert erbaut, fiel die Kirche 1771 einem Brand zum Opfer. Verschont blieb jedoch die Brancacci-Kapelle im rechten Querschiff mit ihrem Freskenzyklus aus dem Leben Petri. 1423 wurde der Zyklus von Masolino da Panicale und Masaccio begonnen und 1483 von Filippino Lippi vollendet. In altem Farbglanz restauriert, werden vor allem die Arbeiten von Masaccio in ihrer Bedeutung mit den Fresken verglichen, die Michelangelo in der Sixtinischen Kapelle schuf. Zurück zur Via Serragli und auf dieser links über den Arno, erreichen wir anschließend in nahezu gerader Linienführung die Piazza Santa Maria Novella, unseren Ausgangspunkt.

Südlich von Florenz wellt sich als Idealbild der toskanischen Landschaft das Hügelland des **Chianti**. Rebhänge und Ackerflächen, unterbrochen von kleinen Wäldern und den langen Zeilen der Zypressenalleen, schimmern in sanftem Licht. Wie kleine Burgen wirken die Bauernhöfe aus grauem Feldstein, und hübsche, bodenständige Landstädtchen scheinen sich der modernen Zeit verschlossen zu haben. Doch nirgendwo sonst in der ländlichen Toskana hört man soviel Deutsch und Englisch. Viele der urigen Gehöfte wurden von den Einheimischen verkauft, auf den Weingütern produzieren heutzutage in der Mehrheit Auswärtige den Chianti Classico. Nicht zuletzt verdankt der

Chianti-Wein den zugewanderten Winzern in den letzten Jahren eine stetige Qualitätssteigerung. Die Billigweine in Korbflaschen, bekannt in der ganzen Welt als Sinnbild für lieblosen, nur auf Quantität ausgerichteten Weinbau, wurden mehr und mehr von hochwertigen Tropfen verdrängt.

Das Weinzentrum des Chianti ist **Greve**, wo sich jedes Jahr im September auf einer großen Weinmesse Einkäufer aus aller Herren Länder treffen. Im 14. Jahrhundert zweimal überfallen und ausgeplündert, hat Greve heute keine großartigen Bauwerke zu bieten. Und doch weiß der Ort vor allem durch seinen dreieckigen Hauptplatz, die Piazza Matteotti, zu gefallen, um den lauschige, schattige Arkadengänge laufen.

Streckenbeschreibung

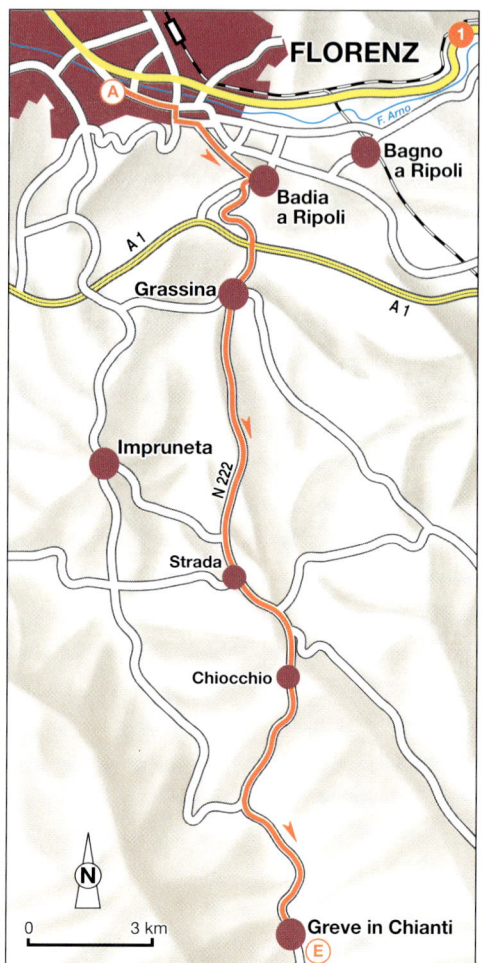

Wir beginnen die Tour am *Ponte Vecchio* und fahren am Arno entlang stromaufwärts nach Osten. Die übernächste Brücke ist der *Ponte San Niccolo*, an dessen Südende die weite *Piazza F. Ferrucci* liegt. An der Ostseite des Platzes setzt die *Via Giampaolo* als vielbefahrene Ausfallstraße nach Bagno a Ripoli an (ab hier immer Wegweiser Greve und Siena, teilweise Bagno a Ripoli). Nach wenigen Metern *rechts* in die *Via di Ricorboli* und gleich wieder *links* in die *Via Colluccio Salutati*. Nach weiteren 300 Metern quert die schmale *Via di Ripoli*, in die wir *rechts* einbiegen. Nun immer auf dieser Einbahnstraße, dann erreichen wir nach zwei Kilometern die *Piazza di Badia a Ripoli*, auf der wir *rechts* in die *Via Chiantigiana* abbiegen (in Gegenrichtung geradeaus über den Platz und nach 200 Metern links, der Beschilderung »Centro Storico« folgend, auf dem Straßenzug Viale Europa–Viale D. Giannotti zum Arno hinab und dann am Fluß entlang in das Stadtzentrum).

Leicht bergauf leitet uns diese Straße aus dem Stadtgebiet unter der Stadtautobahn hindurch und über einen kleinen Hügel nach sechs Kilometern nach *Bagno a Ripoli*. Immer auf der Hauptstraße, nun zusätzlich nach »Grassina« ausgeschildert, folgen wir der erholsam flachen Chiantigiana, der Staatsstraße *N222*. Nach acht Kilometern erreichen wir *Grassina*, durch das wir auf der

kurvigen Hauptstraße endgültig ins Hügelland des Chianti hinaufradeln.

Der Anstieg legt sich bald zurück, und auf einem aussichtsreichen Kamm fahren wir nach Süden. Längere Flachstücke wechseln mit kurzen, teils steilen Anstiegen, bis wir nach 17 Kilometern *Strada* erreichen. Hinter dem Ort geht es noch einmal steil bergab, ehe uns die Straße durch kuppiges Gelände in manchmal harten Anstiegen durch das kleine Dorf *Chiocchio* weiter in die Hügel hinaufleitet. Nach 21 Kilometern ist der höchste Punkt am heutigen Tag gewonnen. Einige erholsame Abfahrten bringen uns in das Tal des Fiume Greve hinab. Am Fluß entlang erreichen wir nach insgesamt 28 Kilometern das Zentrum von *Greve*.

Nützliche Informationen

Entfernung: Florenz – Greve: 28 km.
Höhendifferenz: 400 m.
Unterkunft: Hunderte Hotels und Pensionen in *Florenz*; zwei Hotels in *Greve*: ***»Del Chianti«, Tel. 055/85 37 63, und ***»Giovanni da Verazzano«, Tel. 055/85 31 89.
Jugendherbergen: In *Florenz*: Ostello Europa, Viale A. Righi 2–4, Tel. 055/60 14 51 (Richtung Fiesole, nur mit JH-Ausweis); Ostello Monaca, Via Santa Monaca 6, Tel. 055/26 83 38; Ostello Archi Rossi, Via Faenza 94r, Tel. 055/29 08 04.
Camping: In *Florenz*: Michelangelo, Viale Michelangelo 80 (nahe der Piazza Michelangelo), Tel. 055/6 81 19 77; Villa Camerata (neben Ostello Europa), Tel. 055/60 03 00.
Auskunft: In *Florenz*: ATT, APT, Via Manzoni 16, Tel. 055/2 33 20; Bahnhof Santa Maria Novella, Tel. 055/28 28 93.
Fahrräder: In *Florenz*: Via San Gallo 68, Tel. 055/48 69 97.
Sonstiges: Fahrradgarage »Ciao & Basta« in *Florenz*, im Untergeschoß des Bahnhofs S. M. Novella.

2 Von Greve nach Siena

Durch die südlichen Chiantihügel in die mittelalterliche Großstadt

Tourencharakter: Zu Beginn der Tour vor Panzano und Radda zwei lange Anstiege, dann in erholsamem Gelände nach Siena hinab.
Länge der Tour: 53 km.

Diese Etappe führt uns durch das Herzgebiet des »Gallo Nero«. Der schwarze Hahn ist das Qualitätszeichen für den Chianti Classico, einen Verschnitt aus mehreren Traubensorten, hauptsächlich aus der roten Sangiovese-Traube.

Von seiner aussichtsreichen Lage auf einem Hügelkamm blickt **Panzano** in vom Weinbau geprägte Täler hinab. Das Bild der Oberstadt wird durch verwinkelte, enge Gäßchen bestimmt. Im Süden unterhalb des Ortes liegt links der Straße die interessante *Pieve di Panzano*. Wie viele der toskanischen Landkirchen im Kern ein romanischer Bau, besticht die dreischiffige Kirche mit einigen qualitätvollen Gemälden im Inneren.

Hoch über den umliegenden Tälern thront **Radda**, das schon 1203 an Florenz gefallen war. Später wurde der Ort von den Florentinern mit einer (teilweise erhaltenen) Mauer umgeben. Im 15. Jahrhundert war Radda Hauptort der »*Lega del Chianti*«, in der sich unter dem Zeichen des schwarzen Hahns mehrere Orte zusammenschlossen, um nicht wehrlos den Ränkespielen der verfeindeten Mächte Florenz und Siena ausgeliefert zu sein. Große Kunstwerke gibt es hier nicht zu bestaunen, und doch ist Radda dank seiner verwinkelten Gassen und seines unverfälschten Ortsbildes eine der schönsten Landstädte im Chianti.

Am Südhang der Chiantihügel liegt in herrlicher Lage **Castellina**, neben Greve der zweite Knotenpunkt des Tourismus und des Weinhandels im Chiantiland. Der einzig repräsentative Bau inmitten der schlichten Gassen ist die wehrhafte Festung aus dem 14. und 15. Jahrhundert, die heute als Rathaus dient. Daß man sich auf altem Kulturland bewegt, wird nordwestlich des Ortes anschaulich vor Augen geführt. Hier liegt ein etruskischer Grabhügel aus dem 7. vorchristlichen Jahrhundert, der mit einem Durchmesser von 53 Metern zu den größten im Lande zählt. Die Reste eines Prunkwagens lassen darauf schließen, daß es sich hier um das Grabmal einer mächtigen etruskischen Adelsfamilie handelt.

Auf den flachen Kuppen dreier Hügel dehnt sich die Backsteinstadt **Siena**, umgürtet von einer kilometerlangen Mauer und überragt vom zerbrechlich schlanken Torre del Mangia und dem opulenten Dom, dem blendend hellen, quergestreiften Gegenpol zur roten Stadt. Die Geschichte hat es so gewollt, daß wir heute das geschlossene Ortsbild einer mittelalterlichen Großstadt aus der Zeit der Gotik erleben dürfen. Gerade als Radfahrer sollte man sich einen Tag im Mittelalter gönnen. In Siena sind nur wenige

Gassen steil, und schon seit den fünfziger Jahren ist der Autoverkehr aus der Altstadt verbannt.

In etruskischer und in römischer Zeit lag hier eine unbedeutende Siedlung. Der Aufstieg der Stadt begann erst im 11. und 12. Jahrhundert, als Siena dank der Frankenstraße, die an der Stadt vorbeiführte, und dank des florierenden Handels reich wurde. Die Macht ging nach und nach von Adel und Klerus auf die reichen Bürger über.

Als man Mitte des 12. Jahrhunderts die Silberminen in den Colline Metallifere erobern konnte, war der Weg zu einem Zentrum des Handels und Geldwesens endgültig geebnet. Natürlich geriet man in Interessenkonflikte mit der anderen aufstrebenden Metropole der Toskana, mit Florenz. Das ghibellinische, also kaisertreue Siena lieferte sich mit dem guelfischen (papsttreuen) Florenz erbitterte Kämpfe. Als man 1260 den florentinischen Truppen eine vernichtende Niederlage beibringen konnte, wähnte man den Kampf zugunsten Sienas als entschieden. Doch neun Jahre später holte Florenz zum Gegenschlag aus und besiegte Siena. Überraschend schnell erholte sich jedoch die Stadt, und bis in die Mitte des 14. Jahrhunderts entstand jenes Stadtbild, das wir noch heute bewundern.

Reichlich vorhandenes Geld lockte eine Heerschar bedeutender Künstler an. Der Anfang des 13. Jahrhunderts begonnene Dom sollte nun, sehr zum Ärger der Florentiner, zur größten Kirche der Christenheit ausgebaut werden. Jener Dom, der die Stadt eindrucksvoll überragt, sollte in der letzten Bauphase nur noch als Querschiff für eine weitaus größere Kirche dienen, deren unvollendete Reste heute an das bestehende Bauwerk anschließen. Doch die statischen Probleme waren nur schwer in den Griff zu bekommen, und finanziell hatte man sich mit dem Projekt etwas überhoben. Das endgültige Aus für die Domerweiterung und der Beginn des schleichenden Abstiegs von der Weltmetropole zu einer Provinzstadt begannen im Jahre 1348. Die Pest wütete in der Toskana und traf Siena besonders hart. Zwei Drittel der Einwohner fielen dem »Schwarzen Tod« zum Opfer, ein Schlag, von dem sich Siena nie mehr ganz erholte.

In den folgenden zwei Jahrhunderten konnte sich Siena zwar einige Macht sichern, doch Florenz überstrahlte es bei weitem. Die Silberbergwerke Sienas verloren an Bedeutung, da Gold als neues Münzmetall den Markt eroberte. Die Handelsströme liefen auf neuen Wegen (Via Cassia) mehr und mehr an der Stadt vorbei. In Florenz entwickelten sich die neuen Ausdrucksformen der Renaissance, während man in Siena weiterhin am gotischen Stil festhielt. Politisch war diese Zeit geprägt durch Kämpfe im Inneren, Guelfen gegen Ghibellinen, Bürger gegen Adlige. Nach außen verstärkte sich die Konfrontation mit Florenz. Jegliche Unterstützung verlor Siena im 16. Jahrhundert, als es sich sowohl die Feindschaft der Medici-Päpste als auch die von Kaiser Karl V. einhandelte. 1555 eroberte Karl V. die Stadt, die 1559 dem Großherzogtum Toskana der Medici einverleibt wurde. Siena versank endgültig in die Provinzialität einer toskanischen Landstadt.

Natürlich hält Siena für den Besucher eine ganze Palette bedeutender Paläste, Kirchen und Museen bereit, doch hier faszinieren nicht nur einzelne Punkte wie in Florenz. Man sollte sich dem Gesamtkunstwerk Stadt hingeben, die Stimmung genießen und sich treiben lassen. Nur auf wenige herausragende **Sehenswürdigkeiten** sei hier hingewiesen.

Am höchsten Punkt der Stadt, in beherrschender Lage, steht als Zentrum der kirchlichen Macht der *Dom Santa Maria Assunta.* Im 13. und 14. Jahrhundert erbaut, ist er von der italienischen Gotik geprägt. Wie ein Eisberg schwimmt er auf dem roten Häusermeer, und der Kontrast zu seiner Umgebung bündelt die Blicke auf seine weißen Mauern, die durch rote und grüne Bänder strukturiert werden. Wie schon erwähnt, stellt der Dom nur einen Teil des ursprünglich geplanten Projektes dar. Und doch ist er mit seinem schlanken Campanile, der Vierungskuppel und der von Giovanni Pisano Ende des 13. Jahrhunderts in verschwenderischer Strukturen- und Skulpturenfülle geschaffenen Fassade ein einmaliges Kunstwerk. Vom Domportal leiten die 56 Bildfelder des unvergleichlichen Marmorfußbodens, in verschiedenen Techniken vom 14. bis ins

Am höchsten Punkt von Siena erhebt sich der gotische Dom Santa Maria Assunta mit der reichverzierten, von Giovanni Pisano geschaffenen Fassade.

16. Jahrhundert geschaffen, bis in den Chor. Darüber schweben im mystischen Halbdunkel die mächtigen Säulen, die wundervolle Innenfassade mit ihren Reliefs und das Deckengewölbe mit den leuchtenden Sternen. Die Büsten von 172 Päpsten und 36 Kaisern blicken vom Gesims auf die Besucher herab. Im mächtigen Rundfenster der Apsis, 1288 entstanden, erstrahlen die Farben der ältesten, noch erhaltenen Glasmalerei Italiens.

Im Kircheninneren haben viele der bedeutendsten italienischen Künstler vom 13. bis zum 16. Jahrhundert ihre Spuren hinterlassen. Genies wie Pisano, Michelangelo und Bernini führen uns den Stilwandel von der Gotik über die Renaissance bis zum Barock vor Augen. Das berühmteste Kunstwerk in den Mauern des Doms ist die weiße Marmorkanzel mit den ausdrucksstarken, lebendigen Figuren, die Nicola Pisano 1268 fertigstellte. Assistiert wurde ihm dabei von seinem Sohn Giovanni, der 20 Jahre später die

Fassade des Doms ausführte. Ein weiterer Höhepunkt des Dombesuches ist die *Libreria Piccolomini*, in die man vom linken Seitenschiff aus gelangt. Pinturicchio beschrieb hier Anfang des 16. Jahrhunderts in zehn bezaubernden Renaissancefresken das Leben von Papst Pius II. Zwischen linkem Seitenschiff und Querschiff liegt die Cappella di San Giovanni Battista, in der Donatello mit dem Johannes der Täufer 1457 eines seiner reifsten Werke schuf.

Unter der Apsis, nur von der Piazza San Giovanni an der Rückseite des Doms zugänglich, liegt das *Baptisterium*. Anfang des 14. Jahrhunderts entstand dieser dreischiffige Raum als Unterbau für die Verlängerung des Doms. An den mächtigen Säulen im Inneren ist abzulesen, mit welchem Gewicht der Domchor auf ihnen lastet. An den Wänden prangen prächtige Fresken, und im Zentrum, leicht erhöht, bildet das Taufbecken eine der bildhauerischen Glanzleistungen des 15. Jahrhunderts. Donatello, Ghiberti und Jacopo della Quercia, die unbestrittenen Meister ihrer Zeit, üben in ihren Reliefs den Schritt von der Gotik hin zur Renaissance.

Neben dem Dom, im Mauerwerk der unvollendeten Kirchenerweiterung des Duomo Nuovo, befindet sich das *Museo dell'Opera*, das Dom-Museum. Römische Skulpturen sind neben Arbeiten von Giovanni Pisano, Quercia und anderen bedeutenden Künstlern ausgestellt. Unbestrittener Höhepunkt der Sammlung ist jedoch die »Maestà« des sienesischen Malers Duccio di Buoninsegna. Im Hauptbild ist Maria als thronende Königin dargestellt, ehemals umgeben von einer Vielzahl kleinerer Bilder. In ununterbrochener dreijähriger Arbeit entstand dieses Werk der Verehrung der Muttergottes, der sich Siena vor der Schlacht von Montaperti, in der 1260 Florenz besiegt wurde, geweiht hatte. Im Rahmen eines riesigen Volksfestes wurde es nach seiner Vollendung 1311 im Domaltar aufgestellt. Trotz der teilweisen Zerstückelung in den folgenden Jahrhunderten sehen Kunsthistoriker in diesem Bildnis den frühen, nie wieder erreichten Höhepunkt der Malerei der »Sieneser Schule«.

In einer Mulde zwischen den drei Stadthügeln schlägt das weltliche Herz Sienas, der unvergleichliche Hauptplatz »*Il Campo*«. Unbeschreiblich das Gefühl, wenn einen die schmalen Gassen auf die Weite dieses Amphitheaters entlassen. Den Vorgaben des Geländes harmonisch angepaßt, entstand hier im Mittelalter die muschelförmige Piazza, die nicht nur von den Freunden Sienas zu den schönsten Plätzen weltweit gezählt wird. Deutlich zu erkennen ist die ordnende Hand der Stadtverwaltung, die mit strengen Bauvorschriften das Bild prägte. Die Linie der Fassaden, das Baumaterial und die Form der Fenster waren für die Häuser am Platz genau festgelegt. Vom tiefsten Punkt läuft das Backsteinpflaster, durch helle Streifen zur Form der Muschel zerteilt, zur Mauer der roten Hausfronten hinauf. Auf der gekräuselten Wasserfläche der Fonte Gaia lösen sich das Blau des Himmels und das Rot der Stadt in ein Spiel der Farben auf. Die Originalreliefs von Jacopo della Quercia kann man im Palazzo Pubblico besichtigen. Am 2. Juni und am 16. August findet auf dem Campo der berühmte, seit nunmehr 700 Jahren ausgetragene »Palio« statt. Jeder der zehn Stadtteile stellt Pferd und Reiter, die in einem halsbrecherischen Rennen auf einer Sandbahn dreimal den Platz umrunden.

Von den Cafés am Rande des Platzes geht der Blick über flanierende Besucher, betriebsame Einheimische und lärmende Schulklassen hinüber zum Herrscher des Campo, zum *Torre del Mangia*. 102 Meter hoch und zerbrechlich schlank setzt der Turm sein Ausrufezeichen in die breitgelagerte, auf die Horizontale ausgerichtete Umrahmung des Platzes. Der Mitte des 14. Jahrhunderts erbaute Rathausturm gilt als eines der kühnsten architektonischen Wagnisse des Mittelalters. Wer nach einem anstrengenden Fahrradtag in den Oberschenkeln noch etwas Kraft verspürt, sollte sich den Aufstieg über 500 Stufen zur Aussichtsplattform nicht entgehen lassen.

50 Jahre vor dem Torre del Mangia entstand der *Palazzo Pubblico*, das Rathaus von Siena. Mit seinen Bogenfenstern, Arkaden, Portalen und dem abschließenden Zinnenkranz verkörpert es nicht nur den stolzen Willen der Bürger, sondern zählt zu den schönsten gotischen Rathäusern überhaupt. Eine perfekte Verbindung von Machtanspruch und Kunst! In den verschiedenen Sälen des Rathauses ist eine Reihe bedeutender Kunstwerke zu bewundern, vor allem Gemälde und Fresken des 14. bis 16. Jahrhunderts. Herausragend sind die Fresken von Ambrogio Lorenzetti, der hier von 1337 bis 1339 die größte mittelalterliche Profanmalerei schuf. Mit genauer Beobachtungsgabe beschreibt er in seinen Bildern die »Auswirkungen der guten und der schlechten Regierung« auf die Stadt.

Wer sich länger in Siena aufhalten möchte, der findet in den engen Gassen noch eine Anzahl weiterer sehenswerter Gebäude. Die Kirche *San Domenico* aus dem 13. Jahrhundert birgt bedeutende Renaissance-Fresken von Sodoma, in der Kirche *San Francesco* sind großartige Fresken von Pietro und Ambrogio Lorenzetti zu bewundern. *Sant'Agostino* überzeugt vor allem mit einigen qualitätvollen Renaissance-Gemälden, und in *Santa Maria dei Servi* aus dem

13. Jahrhundert stoßen wir wieder auf hervorragende Fresken von Pietro Lorenzetti. Wer sich für Malerei interessiert, der findet in der im Palazzo Buonsignori untergebrachten *Pinacoteca Nazionale* Werke der großen Künstler Sienas vom 12. bis zum 16. Jahrhundert, und dem Liebhaber antiker Kulturen steht das *Museo Archeologico Nazionale* mit seiner bedeutenden Etruskersammlung offen.

Streckenbeschreibung

Wir verlassen *Greve* auf der *N222* in südlicher Richtung (Wegweiser Siena). Von Alleebäumen beschattet, bringt uns die ebene Straße im Tal des Fiume Greve nach Süden, bis nach 1,5 Kilometern der Anstieg hinauf nach Panzano beginnt. Bald geht der Blick über die Weinberge in das Tal hinab und läßt uns die Anstrengungen des langgezogenen Anstiegs vergessen. Nach sechs Kilometern ist der Sattel unterhalb des alten Ortszentrums von *Panzano* erreicht. Anschließend fahren wir, weiterhin auf der *N222*, noch vier Kilometer nach Süden hinab, ehe an einer scharfen Rechtskurve *links* die Straße nach *Radda* abgeht (Wegweiser Lucarelli und Radda, in Gegenrichtung Florenz und Greve).

Nun durch Wald noch ein kurzes Stück bergab, bis wir *Lucarelli* erreichen. Entlang einem Flüßchen radeln wir im flachen Talgrund fünf Kilometer nach Osten, ehe der Anstieg nach Radda beginnt. Sanft quert die Straße drei Kilometer den Hang hinauf, der von den Häusern von Radda gekrönt wird. Einen Kilometer von Radda fahren wir in einem Tunnel unter der *N429* durch, auf die wir kurz darauf *links* einbiegen (Wegweiser Radda). Weiterhin bergauf erreichen wir nach insgesamt 20 Kilometern *Radda*.

Links am alten Ortskern vorbei leitet jetzt die *N429* auf dem First eines kargen Hügelkammes in sanftem Auf und Ab nach Westen. Zehn Kilometer lang können wir den

Die Altstadt und der Marktplatz von Siena. Als Wahrzeichen der Stadt überragt der mehr als 100 Meter hohe Torre del Mangia den Palazzo Pubblico, das Rathaus, und den muschelförmigen Campo.

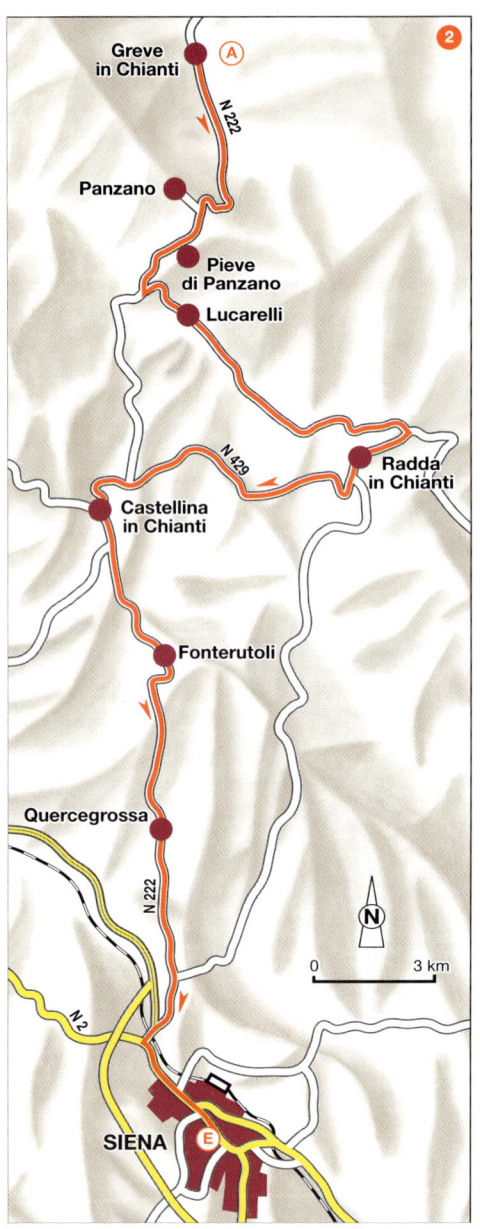

in leichtem Auf und Ab auf der N222 nach *Fonterutoli*, von wo aus wir zu den Türmen von Siena hinabblicken können. Meist sanft bergab, nur vor *Quercegrossa* von einem kurzen, steilen Anstieg unterbrochen, bringt uns die Hauptstraße bis zur Stadtgrenze von Siena. Hier treffen wir auf die *N2*, die uns *links* etwas bergauf durch die Vororte nach 2,5 Kilometern zur Altstadt von *Siena* bringt (in Gegenrichtung an der Porta Camollia in den Viale Vittorio Emanuele II., dann in gerader Verlängerung immer auf der Hauptstraße in Richtung Florenz; nach 2,5 Kilometern, an einer großen Kreuzung, rechts dem Wegweiser Castellina auf die N222 folgen).

Nützliche Informationen

Entfernung: Greve–Panzano: 6 km; Greve–Radda: 21 km; Greve–Castellina: 33 km; Greve–Siena: 53 km.
Höhendifferenz: 700 m.
Unterkunft: Zwei Hotels in *Panzano*: ***»Villa le Barone«, Tel. 055/852621, und ****»Villa Sangiovese«, Tel. 055/852461; mehrere Hotels in *Radda*: ****»Albergo Vescine«, Tel. 0577/741144 (Ortsteil Vescine), ****»Relais Fattoria Vignale«, Tel. 0577/738300, **»Albergo Villa Miranda«, Tel. 0577/738021 (Ortsteil Villa Radda), *»Albergo Il Girarrosto«, Tel. 0577/738010; mehrere Hotels in *Castellina in Chianti*: ****»Albergo Fattoria Casafrassi«, Tel. 0577/740621, ****»Albergo Villa Casalecchi«, Tel. 0577/740240 (Ortsteil Casalecchi), ****»Pensione Tenuta Di Ricavo«, Tel. 0577/740221 (Ortsteil Ricavo), ***»Albergo Il Colombaio SNC«, Tel. 0577/740444, ***»Hotel Salivolpi«, Tel. 0577/740484, ***»Hotel Belvedere«, Tel. 0577/740887 (Ortsteil San Leonino); eine große Anzahl von Hotels in *Siena*.
Jugendherberge: In *Siena*: Ostello Guidoriccio, Via Fiorentina 59, Tel. 0577/52212 (nordöstlich des Bahnhofs).
Camping: In *Siena*: Colleverde, Strada Scacciapensieri 47, Tel. 0577/280044 (3 km nordöstlich der Altstadt).
Fahrräder: In *Siena*: Via Camollia 213.
Auskunft: In *Siena*: APT, Via di Città 43, Tel. 0577/42209; Piazza del Campo, Tel. 0577/280551.

umfassenden Blick von dieser Panoramastraße genießen, ehe wir wieder auf die *N222* treffen.

Links (Wegweiser Siena, in Gegenrichtung Radda) trennt uns noch ein Sattel von den nahen Häusern von *Castellina*, in das ein sanfter Anstieg hinaufleitet. Auf der Hauptstraße durch den Ort (Wegweiser Siena) und

Von Siena durch die südliche Toskana nach Orbetello

3 Von Siena nach Asciano

Durch die surrealistische Hügelwelt der Crete

Tourencharakter: Nur zu Beginn flach, dann in anstrengendem Auf und Ab durch die Hügel der Crete.

Länge der Tour: 25 km.

Südöstlich von Siena erstreckt sich eine der eigenwilligsten und großartigsten Landschaften der Toskana, die **Crete Senesi**. So spröde wie die lehmige Erde, die in der trockenen Jahreszeit in kleine Schollen zerspringt, so spröde ist der Charme der Crete. Wie die Wellen eines urzeitlichen Meeres, eingefroren in einer Momentaufnahme, darbt die hügelige Landschaft unter der brennenden Sonne. Kein Olivenhain, kein Weinberg, kaum ein schattenspendender Baum am

Wegesrand lindern die seltsame Härte. Und doch sind es gerade die wenigen Bäume, vor allem die schlanken Zypressen, die den Charakter der Hügel prägen und dem Auge grandiose Fixpunkte in der haltlosen Weite geben. Mal beherrscht eine einsame, zerfledderte Zypresse ein ganzes Berglein, dann wieder zieht die erhabene Prozession einer Allee hinauf zu einem der Bauernhöfe auf den Hügelkuppen. Die Bilder der Surrealisten kommen einem beim Anblick dieses Landes in den Sinn. Wer die Crete Senesi in all ihrer vielfältigen Schönheit erleben will, der muß diese Landschaft zu verschiedenen Jahreszeiten besuchen. Im Frühjahr überrascht der grüne Schleier der Getreidefelder und der Schafweiden, der die Hügel überzieht. Im Sommer spiegelt sich das Wogen der Kuppen im goldgelben Getreide, über das der Wind streicht. Nach der Ernte schimmert der nackte Lehmboden in allen Farbvariationen von Weiß bis Sattrot, zwischen den Hügeln wabert das wattige Weiß der Herbstnebel.

Wie von einem surrealistischen Künstler erdacht wirken die kahlen Hügel, der weite Himmel und das einsame Ausrufezeichen einer Zypresse in den Crete Senesi.

Im Tal des Ombrone, der die Crete Senesi zerschneidet, liegt die kleine Stadt **Asciano**. Schon im 9. Jahrhundert als Lehen einer Adelsfamilie urkundlich erwähnt, war die Stadt von 1285 bis 1554 in sienesischem Besitz. In dieser Zeit wurde Asciano dank seiner strategisch wichtigen Lage mit einer Stadtmauer umgeben, die bis heute den mittelalterlichen Ortskern umschließt. Bedeutendstes Bauwerk ist die *Collegiata Santa Agata* an der Piazza Bandiera, eine romanische Kirche aus dem 11. Jahrhundert mit achteckigem Turm. Ein Muß für Kunstliebhaber ist das kleine *Museo di Arte Sacra* neben der Kirche. Neben hervorragenden Werken der sienesischen Kunst des 14. und 15. Jahrhunderts besticht ein »Heiliger Georg« von Ambrogio Lorenzetti, der im Palazzo Pubblico von Siena die Landschaft der Crete verewigte. Für geschichtlich Interessierte hält die Stadt in der Kirche San Bernardino am Corso Matteotti das kleine *Museo Etrusco* bereit.

Streckenbeschreibung

Wir beginnen die Tour an der *Porta Pispini*, dem östlichsten Stadttor von *Siena*. Nun die *Via Aretina* einen Kilometer bis zu einer großen Kreuzung hinab (Wegweiser Arezzo und Perugia). Hier *rechts* auf die breite *N326* (Wegweiser Arezzo, Perugia und Taverne d'Arbia; in Gegenrichtung kurz nach einer Eisenbahnunterführung links, Wegweiser Centro Storico).

Rund *vier Kilometer* folgen wir der breiten, flachen Schnellstraße, bis *rechts* die Straße in die Crete abzweigt (Wegweiser Asciano und Taverne d'Arbia, in Gegenrichtung Wegweiser Siena). Auf der Hauptstraße durch das unansehnliche *Taverne d'Arbia* (Wegweiser Asciano, in Gegenrichtung Siena) und am Ortsende einen steilen Berg hoch.

Jetzt beginnt der anstrengende, dafür um so schönere Teil der Tour. Immer auf der Hauptstraße geht es durch die surrealistische Traumlandschaft der Crete. Einige lange, teils harte Anstiege, nur von kurzen Abfahrten unterbrochen, bringen uns in die Hügel hinauf. Vorbei an den wenigen Häusern von *Vescona* erreichen wir bei *Fontanelle* nach zehn Kilometern den höchsten Punkt der Etappe. Lediglich vor *Pievina* bringt uns ein steiler Berg noch einmal ins Schwitzen, meist geht es aber bis Asciano bergab.

Kurz vor dem Ort, am Ende einer steilen Abfahrt, an zwei Kreuzungen auf der *Hauptstraße geradeaus* und dann über den schmalen Fiume Ombrone zur Altstadt. Nicht auf der Umgehungsstraße nach rechts, sondern geradeaus einen kurzen Berg hinauf und durch ein Tor in die Altstadt von *Asciano*, die wir nach insgesamt 25 Kilometern erreichen.

Nützliche Informationen

Entfernung: Siena–Asciano: 25 km.
Höhendifferenz: 350 m.
Unterkunft: In *Asciano*: ***»Albergo Il Bersagliere«, Tel. 0577/718755.

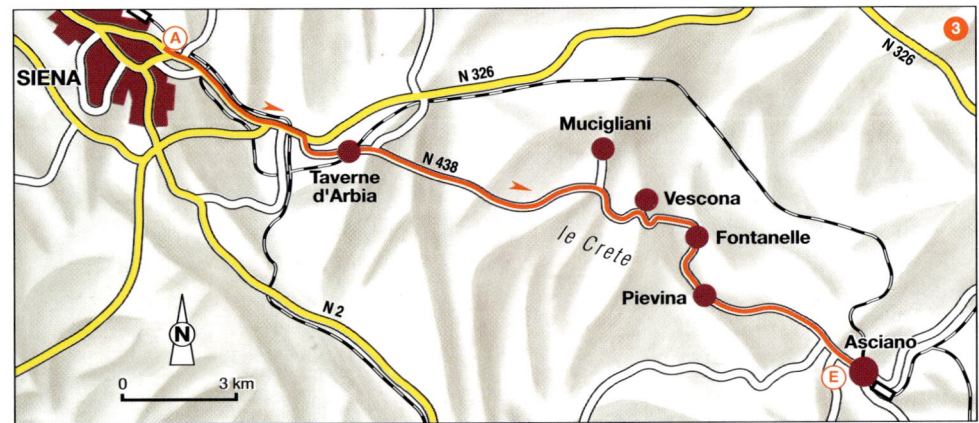

4 Von Asciano nach Montalcino oder Pienza

Mittelalter und Renaissance am Südrand der Crete

> **Tourencharakter:** Zwischen Asciano und San Giovanni d'Asso anstrengendes Hügelland, anschließend auf längeren Strecken angenehm flach; zum Abschluß vor Montalcino (oder Pienza) kraftraubende Anstiege.
>
> **Länge der Tour:** nach Montalcino 32 km; nach Pienza 39 km.

Von Asciano geht es wieder hinauf in die eigenwillige Hügelwelt der Crete, und schon nach neun Kilometern bietet sich ein lohnender Abstecher. Über den kleinen Ort Chiusure, der die Spitze eines Hügels beherrscht, ist nach vier Kilometern das Kloster **Monte Oliveto Maggiore** zu erreichen. Einst eines der bedeutendsten Klöster in weitem Umkreis, zählt es heute zu den Hauptsehenswürdigkeiten in den Crete und ist im Rahmen der Tour 30 beschrieben.

Endpunkt der ersten Alternative ist **Montalcino**, das zwischen den Flußtälern von Ombrone und Asso auf einem Hügel in nahezu 600 Metern Höhe schwebt und grenzenlose Blicke weit über die Landschaft der Crete gewährt. Schon in etruskischer und römischer Zeit besiedelt, gehörte der Ort im Hochmittelalter der nahen Abtei von Sant'Antimo. Später zwischen Florenz und Siena heftig umstritten, kam er nach der Schlacht von Montaperti im Jahre 1260 zu Siena. Rund um die Stadt, einen ihrer wichtigsten Außenposten, errichteten die Sienesen eine bis heute gut erhaltene Mauer mit Wehrtürmen. Ende des 14. Jahrhunderts wurde am höchsten Punkt die mächtige Festung erbaut, die noch immer die Stadt beherrscht. Diese Verteidigungsanlagen bewährten sich, als 1525 die Truppen von Papst Clemens VII. und 28 Jahre später jene von Kaiser Karl V. Montalcino erfolglos belagerten. 1555 mußte sich Siena den Truppen von Karl V. endgültig geschlagen geben und wurde dem Herzogtum Toskana von

Cosimo I. de' Medici einverleibt. Doch 600 sienesische Republikaner flüchteten in das wehrhafte Montalcino und errichteten hier, unterstützt von französischen Truppen, eine Exilregierung. Vier Jahre später mußten die Franzosen abziehen, und auch Montalcino, der letzte Hort der alten toskanischen Städtefreiheit, wurde dem Herzogtum Toskana eingegliedert.

Obwohl großartige Kulturdenkmäler fehlen, besticht die Stadt durch das geschlossene mittelalterliche Ortsbild mit seinen Plätzen und steilen, engen Gassen, von denen sich immer wieder Aus- und Durchblicke in die weite Landschaft ergeben. Dem Kunstinteressierten steht das *Museo di Arte Sacra* mit bedeutenden Plastiken und Malereien vorwiegend Sieneser Künstler in der Via Ricasoli 31 offen. Wer noch tiefer in die Geschichte eintauchen möchte, findet nahe der Porta Castellana das kleine *Museo Archeologico* mit Ausstellungsstücken aus vorgeschichtlicher und etruskischer Zeit. Untergebracht ist dieses Museum in der Apotheke des ehemaligen Krankenhauses, die von dem berühmten Maler Sodoma um 1500 mit Fresken ausgeschmückt wurde. Die beiden bedeutendsten Kirchen sind *San Egidio* an der Piazza Garibaldi, ein romanisch-gotischer Bau, und *Sant'Agostino* in der Via Ricasoli, aus dem 14. Jahrhundert, mit Fresken aus jener Zeit.

Die politische und kulturelle Nähe zu Siena manifestiert sich am deutlichsten im *Palazzo Comunale*, dem Rathaus aus dem 13. und 14. Jahrhundert an der Piazza del Popolo. Mit seinem hohen, schlanken Turm läßt es Erinnerungen an das Rathaus von Siena aufkommen. Am höchsten Punkt der Stadt steht die gut erhaltene *Fortezza*, die Festung aus dem 14. Jahrhundert, in der sich die letzten Anhänger eines unabhängigen Siena vier Jahre verschanzt hatten. In den Räumen der Burg kann man in einer Weinprobierstube den *Brunello di Montalcino* kosten, einen edlen und teuren Rotwein, der den Namen Montalcino weit über die Grenzen Italiens hinaus berühmt gemacht hat. Mindestens vier Jahre muß der Saft der Rebsorte *Sangiovese grosso* reifen, ehe er als Brunello auf den Markt gebracht werden darf.

Sanfter Morgennebel steigt aus den Tälern und verstärkt den unwirklichen Eindruck, den die Landschaft nördlich von San Giovanni im Betrachter hervorruft.

Wendet man sich in Torrenieri der zweiten Alternative folgend nach Osten, radelt man durch eine Landschaft, die das Herz jedes Fotografen höher schlagen läßt, in die kleine Stadt **San Quirico d'Orcia** hinauf. Sie war bereits in etruskischer Zeit besiedelt, und durch den Ort führte die römische Via Cassia, die bis heute ein wichtiger Reiseweg geblieben ist. Im Mittelalter lief dann die *Via Francigena*, die Frankenstraße, durch die Stadt. Dies erklärt ihre einstige Bedeutung.

Hier, nahe der Schnittstelle zwischen weltlicher und kirchlicher Macht, trafen sich immer wieder Fürsten und Bischöfe, Kaiser und Päpste. Und hier wurden zwischen den unterschiedlichen Parteien Verhandlungen geführt und Verträge geschlossen. Mehrere Hospize lagen im Stadtgebiet, die die Reisenden und Pilger auf ihrem Weg von und nach Rom aufnahmen.

Daß mit den Handelsstraßen Geld in die Stadt floß, zeigt sich am deutlichsten an der kunstgeschichtlich bedeutenden *Collegiata*, der romanischen Kirche aus dem 12. Jahrhundert nahe dem südwestlichen Stadttor. Bemerkenswert sind vor allem das wundervolle romanische Fassadenportal mit seinen verschlungenen Säulen, das gotische Portal an der rechten Seite, das in Teilen Giovanni Pisano zugeschrieben wird, und im Inneren das intarsienverzierte Chorgestühl aus dem 15. Jahrhundert, das ursprünglich für den Dom von Siena vorgesehen war.

Neben der Collegiata steht der beachtliche barocke *Palazzo Chigi*, am Hauptplatz der Stadt die gotische Kirche *San Francesco* mit erwähnenswerten Kunstwerken im Inneren und an der Hauptstraße die romanische Kirche Santa Maria Assunta aus dem 13. Jahrhundert.

Schon von San Quirico d'Orcia aus sind auf einem nahen Hügel die Türme von **Pienza** zu erkennen. Bis 1462 hieß der Ort Corsignano und wäre wohl eines unter vielen toskanischen Dörfern geblieben, hätte hier nicht 1405 Enea Silvio Piccolomini das Licht der Welt erblickt. 1458 bestieg der Gelehrte und Humanist als Pius II. den päpstlichen Thron. Bereits ein Jahr später ließ er unter der Leitung des Architekten Bernardo Rossellino seinen Heimatort umgestalten. Eine »città ideale«, eine Idealstadt im neuen Stil der Renaissance, schwebte dem kunstsinnigen Bauherrn und seinem Architekten vor. Nach kurzer Zeit nahm die Idee erste Formen an, und die Stadt wurde zu Ehren von Pius II. in Pienza umbenannt. 1464 waren die Bauten, die noch heute zu bewundern sind, fertiggestellt. Aber die hochfliegenden Träume endeten, als Pius II. und kurze Zeit später sein Architekt Rossellino verstarben.

Was das Herz aller Kunstfreunde noch heute höher schlagen läßt, gruppiert sich um die zentrale *Piazza Pio II*. Geschickt setzte hier der Architekt Rossellino die Wirkung der Perspektive ein, um dem kleinen Platz Weite zu geben. Im Süden öffnet er sich zur feierlichen *Kathedrale Maria Assunta*. Der Dom ist als Hallenkirche mit drei gleich hohen Kirchenschiffen konzipiert, ein für Italien ungewöhnlicher Baustil, den Pius II. auf seinen Reisen nördlich der Alpen kennengelernt hatte. Dank der großen Fenster wird die Kirche von einer wahren Lichtfülle überflutet. Ein Kranz von Seitenkapellen, die von sienesischen Künstlern jener Zeit ausgeschmückt wurden, umschließt den Chor.

Im Westen schließt der mächtige *Palazzo Piccolomini*, der Palast von Pius II. und seiner Familie, den Platz ab. Hinter der strengen Renaissancefassade und dem repräsentativen Portal verbirgt sich ein eleganter Innenhof, um den eine säulengetragene Loggia läuft. Auf der Südseite öffnet sich der Palast zu den mit aufwendigen Unterbauten konstruierten Gärten, von denen der Blick über das Orciatal zum Monte Amiata geht.

Gegenüber dem Palazzo Piccolomini, auf der anderen Seite des Corso Rossellino, ließ sich der Kardinal Giacomo Ammannati, ein alter Freund von Pius II., einen schlichteren Palast errichten. Daneben steht der *Palazzo Communale*, der den nördlichen Abschluß der Piazza Pio II. bildet. Mit seiner Loggia und dem Turm bietet er eine gelungene Verschmelzung des neuen Stils der Renaissance mit den alten Vorbildern der mittelalterlichen Rathäuser der Toskana.

Mit dem bischöflichen Palast, dem *Palazzo Vescovile*, schließt sich auf der Ostseite

Bei Torrenieri: Lange Zypressenalleen ziehen aus dem Val d'Asso hinauf zu den Höfen und Weilern

der Kreis um die Piazza Pio II. Bischof Rodrigo Borgia, der spätere Papst Alexander VI., ließ für sich dieses Gebäude errichten. Wie beim Palazzo Piccolomini ist auch hier der Grundriß aus dem rechten Winkel geneigt, um der Piazza Pio II. zur Kathedrale hin die erwünschte Raumwirkung zu verleihen. In der *Casa dei Canonici*, einem einfachen Renaissancebau am Steilabfall links neben der Kathedrale, ist das Diözesanmuseum untergebracht. Neben Tafelbildern, Chorbüchern und anderen sakralen Gegenständen bestechen vor allem zwei Liturgiegewänder.

Streckenbeschreibung

Wir beginnen die Tour auf dem Platz vor dem südöstlichen Stadttor von *Asciano*. Gegenüber dem Tor, das die Hauptstraße der Altstadt abschließt, setzt als Nebenstraße der Weg an, der uns wieder in die Hügellandschaft der Crete leitet (Wegweiser Monte Oliveto Maggiore und SS 2, Via Cassia).

Fast eben radeln wir drei Kilometer in ein Tal hinein. Dann führt uns ein vier Kilometer langer, schattenloser Anstieg auf einen

Hügelkamm hinauf. Immer in sanftem Auf und Ab auf diesem Kamm entlang, bis nach weiteren drei Kilometern rechts die Straße zum Kloster Monte Oliveto Maggiore abzweigt. Hin und zurück anstrengende acht Kilometer kostet dieser Umweg, und trotzdem ist der Abstecher wegen der landschaftlichen Reize und der kulturgeschichtlichen Bedeutung des Klosters unbedingt zu empfehlen.

Unser Weg läuft jedoch von der Kreuzung weiterhin auf der Hauptstraße (Wegweiser Montalcino, in Gegenrichtung Asciano) über einen aussichtsreichen Kamm meist sanft bergab nach *San Giovanni d'Asso*. Auf der Hauptstraße durch den langgezogenen Ort (an zwei Kreuzungen Wegweiser Torrenieri und Montalcino, in Gegenrichtung Asciano) und anschließend auf einer angenehm flachen Straße durch ein Tal hinaus nach Torrenieri, wo wir uns für einen der beiden Weiterwege entscheiden müssen.

Nach Montalcino

In *Torrenieri* fahren wir *geradeaus* über die Kreuzung (Wegweiser Montalcino und SS 2, in Gegenrichtung San Giovanni und Asciano), durch den Ort und dann unter der N2 hindurch. Unser Weg schwenkt jetzt auf die vierspurig ausgebaute *N2* (Wegweiser Roma, San Quirico und Montalcino), der wir für einen knappen Kilometer folgen müssen. Die nächste *Ausfahrt rechts* (Wegweiser Montalcino und Grosseto) bringt uns zu einer vorfahrtsberechtigten Straße, auf der wir nach *rechts* fahren. (In Gegenrichtung auf dieser Straße noch über die N2, dann links der Beschilderung nach Siena folgend auf die N2; nach wenigen hundert Metern folgt die Ausfahrt Torrenieri, von der aus wir geradewegs durch den Ort fahren).

Lockend nahe und doch weit entfernt steht nun Montalcino wie ein Adlerhorst auf einem Hügel über der Straße. Der unvermeidliche Anstieg beginnt mit moderater Steigung, wird aber nach oben hin immer steiler. Doch für die Mühen entlohnen während der kurzen Pausen die grenzenlosen Blicke über das Land. An einer *scharfen Linkskurve* vor der Stadtmauer, nach anstrengenden 6,5 Kilometern, ist nach links der Weg zum »Centro Storico« ausgeschildert. Mit unseren Rädern fahren wir jedoch schon hier *rechts* durch ein Tor in die Altstadt und erreichen nach wenigen hundert Metern durch enge, grob gepflasterte Gassen das Zentrum von *Montalcino*.

Nach Pienza

An der Kreuzung im Zentrum von *Torrenieri* fahren wir nicht geradeaus, sondern *links* zur Bahnstrecke hinab (unbeschildert). Nun sind wir auf der alten Via Cassia, die uns über zwei steile Hügel durch traumhafte toskanische Landschaft zur *N2* bringt, auf die wir am Ortsrand von *San Quirico d'Orcia* treffen. Auf einer Brücke über die Schnellstraße und an der Kreuzung vor der Stadt nach *links* (Wegweiser Pienza; in Gegenrichtung Torrenieri und Via ex Cassia). Ein kurzes Stück an der Stadt entlang und unterhalb von einem Stadttor an einer weiteren Kreuzung *links* auf die *N146* (Wegweiser Pienza und Montepulciano; in Gegenrichtung San Quirico, Roma, Grosseto und Siena).

Ohne große Anstrengung radeln wir drei Kilometer durch die wunderschöne Hügellandschaft, über der Pienza thront. Dann beginnt der lange, meist sanfte Anstieg, der uns nach weiteren sechs Kilometern bis zur Altstadt von *Pienza* bringt (in Gegenrichtung Wegweiser San Quirico, Roma, Siena und SS 2).

Nützliche Informationen

Entfernung: Asciano–Montalcino. 32 km; Asciano–San Quirico d'Orcia: 30 km; Asciano–Pienza: 39 km.
Höhendifferenz: Nach Montalcino 550 m; nach Pienza 500 m.
Unterkunft: In *Montalcino*: ***»Albergo Al Brunello«, Tel. 0577/849304 (1 km außerhalb), ***»Albergo Il Giglio«, Tel. 0577/848167, **»Albergo Giardino«, Tel. 0577/848257; in *San Quirico d'Orcia*: ***»Hotel Palazzuolo«, Tel. 0577/897080, **»Motel Patrizia«, Tel. 0577/897715; in *Pienza*: ***»Albergo Corsignano«, Tel. 0578/748501.
Auskunft: In *Montalcino*: Costa del Municipio 8, Tel. 0577/849321; Pro Loco, Via Mazzini 33; in *Pienza*: Piazza Pio II., Tel. 0578/748502.

5 Von Montalcino nach Arcidosso

Romanische Landkirchen, Bergstädte und rauschende Wälder am alten Vulkankegel

 Tourencharakter: Im ersten Abschnitt angenehmes Fahrradgelände mit einer langen Abfahrt zum Fiume Orcia hinab; anschließend lange, teils steile und sehr anstrengende Anstiege.
Länge der Tour: 32 km.

Diese kraftraubende Etappe bildet den Schlüssel auf dem Weg in die südliche Toskana. Zunächst geht es ohne Mühe auf gleichbleibender Höhe nach Süden, bis wir nach zehn Kilometern die Klosterkirche **Sant'Antimo** erreichen. Um das Jahr 800 soll das Kloster von Karl dem Großen gegründet worden sein. 813 wird es zum ersten Mal in einer Urkunde erwähnt. Schenkungen machten das Benediktinerkloster bald zu einem der reichsten in der Toskana. Bis Mitte des 13. Jahrhunderts konnte das Kloster, dessen Abt den Titel eines Pfalzgrafen tragen durfte, seine Macht behaupten. Doch dann geriet es in finanzielle Abhängigkeit von Siena, verarmte und wurde 1462 der Diözese von Montalcino zugeschlagen.

Wohl einer der Gründe für den finanziellen Niedergang des Klosters war der ehrgeizige Bau jener Kirche, die heute so dekorativ inmitten eines Olivenhains liegt und als schönste romanische Landkirche der Toskana gilt. Nach einer Chronik, eingemeißelt in die Stufen des Altars, wurde 1118 mit den Bauarbeiten begonnen, die dann um 1260, noch vor der Vollendung, abgebrochen werden mußten. An den Außenseiten akzentuieren die sparsam eingesetzten Zierelemente die schlichte Eleganz der über 40 Meter langen, aus Travertin und Alabaster erbauten Kirche und des wuchtigen Turms. Innen zeigt sie die typisch romanische Basilikaform mit zwei niedrigen Seitenschiffen, über denen eine Empore läuft, und dem ungewöhnlich hohen Mittelschiff. Getrennt werden die Schiffe durch Säulen, die in bemer-

Über Jahrhunderte bestand eine enge Verbindung zwischen Siena und Montalcino. So erinnert auch der schlanke Rathausturm an sein berühmtes Vorbild in Siena.

kenswerten, plastisch verzierten Kapitellen ihren Abschluß finden. Rund um den Chor läuft nach französischem Vorbild ein Umgang mit drei Kapellen. Rechts vom Altar führt eine Treppe in die Krypta, in der ein römischer Grabstein als Altar dient.

An die Kirche schließt rechts die sogenannte »Karolingische Kapelle« aus der Gründungszeit des Klosters an, unter der sich eine Krypta befindet, die zu den ältesten der Toskana zählt. Daneben liegen die Überreste der ehemaligen Klostergebäude.

Erster Zwischenstop auf dem anstrengenden Weg durch die Hänge des Monte Amiata ist **Seggiano**. Da es auf einem steilen Hügel errichtet wurde, sind zusätzliche Mühen unvermeidlich, wenn man den verwinkelten Ortskern besichtigen will. Die Geschichte von Seggiano ist nahezu deckungsgleich mit jener der anderen Orte am Monte Amiata und sei daher exemplarisch aufgeführt. Im 10. Jahrhundert wurde es als Besitzung des Klosters San Salvatore erwähnt, das 743 als eines der ersten in der Toskana auf der Ostseite des Monte Amiata entstand, gestiftet vom Langobardenkönig Ratchies. Später gehörte Seggiano der mächtigen Adelsfami-

lie Aldobrandeschi, auf deren Namen man in der südlichen Toskana immer wieder stößt, und ging schließlich in den Besitz Sienas über. Überraschenderweise hält der kleine Ort einige sehenswerte Kunstwerke bereit. Im Oratorio San Rocco sienesische Fresken des 15. Jahrhunderts, in der Pfarrkirche San Bartolomeo ein Tafelbild aus dem 13. Jahrhundert und im Palazzo Comunale ein Werk des »Maestro de Panzano« aus dem 14. Jahrhundert.

Die aussichtsreiche Lage von **Castel del Piano** wurde bereits im 16. Jahrhundert von Papst Pius II. gelobt. Sehenswert ist vor allem die gut erhaltene mittelalterliche Altstadt mit der Burg der Aldobrandeschi, daneben die beiden Kirchen Chiesa della Propositura und Chiesa della Madonna, die im 17. und 18. Jahrhundert erbaut wurden.

Vor allem in **Arcidosso** ist der Strukturwandel zu spüren, dem die Orte rund um den Monte Amiata in den letzten Jahrzehnten unterworfen waren. Die Altstadt ist von einem breiten Gürtel aus Neubauten umgeben, in dem eine Anzahl von Hotels um Gäste werben. Neben Abbazia San Salvatore und Seggiano sind hier die Bemühungen am deutlichsten zu spüren, den Tourismus anzukurbeln. Wanderern steht bereits ein weitläufiges Wegenetz zur Verfügung, das nun auch auf die Bedürfnisse der Mountainbiker ausgelegt werden soll. Dem Wintersport wurde im Gipfelbereich des Monte Amiata ein Teil der kostbaren Wälder geopfert, um Skipisten mit einer Länge von 15 Kilometern einzurichten. Zusätzlich gewinnen die Waldwirtschaft sowie die industrielle Viehhaltung und -verarbeitung an Bedeutung. Ausgelöst wurden die wirtschaftlichen Probleme nach dem Zweiten Weltkrieg zum einen durch den Wandel in der traditionellen Landwirtschaft. Zum anderen mußte in den siebziger Jahren der Quecksilberbergbau am Monte Amiata eingestellt werden.

Trotz der vielen Neubauten ist auch in Arcidosso eine kleine, sehenswerte Altstadt mit engen Gassen und Treppenwegen erhalten geblieben. Am höchsten Punkt thront die mittelalterliche *Rocca*, die mächtige Burg der Aldobrandeschi. Auf breiter Basis erbaut, verengt sich das Mauerwerk nach

oben hin und läuft in einem wehrhaften Turm aus. Bedeutendste Kirche ist das *Santuario della Madonna delle Grazie*, am westlichen Ortsausgang in Richtung Montelaterone gelegen. Mitte des 14. Jahrhunderts zum Dank für das plötzliche Ende einer Pestepidemie erbaut, zählt sie noch heute zu den meistbesuchten Wallfahrtskirchen rund um den Monte Amiata. Da die Kirche im 15. Jahrhundert umgebaut wurde, tritt sie uns im Gewande der Renaissance entgegen. Die Bilder im Inneren sind dagegen Werke Sieneser Künstler des 17. Jahrhunderts, als das Barock seine Blüte erlebte.

Streckenbeschreibung

Wir starten an einer großen *Kreuzung* am höchsten Punkt von *Montalcino*, direkt neben dem *Kastell*. Von hier in das flach verlaufende Sträßchen *links* (Wegweiser Castelnuovo dell'Abate, Sant'Antimo und Monte Amiata Scalo), das uns weite Blicke über die Cretelandschaft gewährt. Anfänglich meist

***Um 800 wurde die Abtei Sant' Antimo gegründet.
Die Klosterkirche südlich von Montalcino zählt
zu den bedeutendsten romanischen Bauwerken in der Toskana.***

durch Wald, dann in einem breiten Tal, ragt bald vor uns auf einem Hügel Castelnuovo auf. Am Ortsschild zweigt *rechts* die einen Kilometer lange Zufahrt zur Kirche *Sant'Antimo* ab, an der sich wundervoll rasten läßt.

Zurück auf der Hauptstraße hinauf nach *Castelnuovo dell'Abate*, links am Ort vorbei (Wegweiser Seggiano, Castiglione d'Orcia und Stazione M. Amiata, in Gegenrichtung Montalcino und Siena), beginnt jetzt die anfänglich sanfte, später sehr steile und kurvige Abfahrt nach *Stazione Monte Amiata*.

In einer S-Kurve über die Gleise und den Fiume Orcia zum Anstieg auf den Monte Amiata. Nach 3,5 Kilometern anstrengendem Bergauf treffen wir in einer Kehre auf eine Hauptstraße, fahren *geradeaus* (Wegweiser Seggiano, Castel del Piano, Arcidosso und Grosseto; in Gegenrichtung Montalcino, Monte Amiata Scalo und Castelnuovo del-

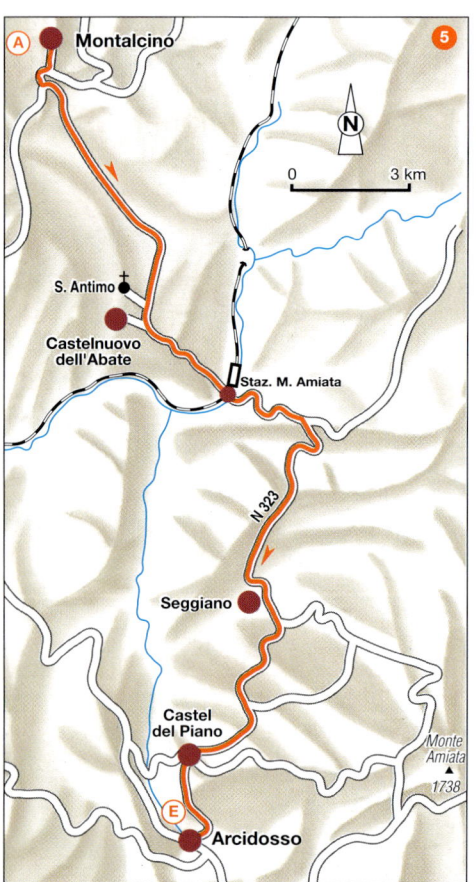

l'Abate) und können auf einem kurzen Flachstück neue Kräfte sammeln. Teilweise steil geht es dann weitere zwei Kilometer bergauf, bis uns eine erholsame Abfahrt zu einem Flüßchen am Fuß jenes Hügels bringt, auf dessen Gipfel sich die Häuser von *Seggiano* klammern (an allen Kreuzungen bis Castel del Piano auf der Hauptstraße bleiben).

Nun führt die Straße an der Stadt vorbei, 2,5 Kilometer bergauf. Ein Flachstück, von dem aus man die Blicke auf die Täler, Hügel und Bergnester genießen kann, bringt kurzzeitig etwas Erholung. Noch einmal folgt ein zwei Kilometer langer, zu Beginn bis zu 9 Prozent steiler Anstieg, ehe die Straße ein kurzes Stück nach *Castel del Piano* hinabläuft.

An den *ersten beiden Kreuzungen* folgen wir der Beschilderung »*Arcidosso, Pagánico und Grosseto*« (in Gegenrichtung Seggiano, Siena und SS 2), bis wir an einem *Kreisverkehr* in Richtung »*Arcidosso*« und »*Santa Fiora*« fahren (in Gegenrichtung Wegweiser Seggiano, Siena und SS 2). Zumeist bergauf führt uns die Straße in das nahe *Arcidosso*, das wir nach insgesamt 32 Kilometern erreichen (in Gegenrichtung Wegweiser Castel del Piano, San Quirico d'Orcia und Siena).

Nützliche Informationen

Entfernung: Montalcino–Seggiano: 24 km; Montalcino–Castel del Piano: 30 km; Montalcino–Arcidosso: 32 km.
Höhendifferenz: 750 m.
Unterkunft: In *Castel del Piano*: *** »Impero«, Tel. 0564/955337, **»Da Venerio«, Tel. 0564/955244, **»Poli«, Tel. 0564/955287, **»Stella«, Tel. 0564/955391, *»Amiata«, Tel. 0564/955407, *»Nicola« ,Tel. 0564/955626; in *Arcidosso*: ***»Toscana«, Tel. 0564/967488, **»Giardino«, Tel. 0564/966406, mehrere Hotels etwas außerhalb.
Camping: In *Castel del Piano*: Tel. 0564/955107 (an der Ortsausfahrt Richtung Arcidosso).
Auskunft: In *Seggiano*: Piazza della Fonte 7, Tel. 0564/977124; in *Castel del Piano*: Via Marconi 9, Tel. 0564/955284; in *Arcidosso*: Via Ricasoli 1, Tel. 0564/966083.

6 Von Arcidosso nach Pitigliano

Zu atemberaubenden Städten auf bizarren Tuffelsen

> **Tourencharakter:** Einige kürzere Anstiege, auf weiten Strecken jedoch sehr angenehmes Fahrradgelände.
> **Länge der Tour:** 51 km.

Der **Monte Amiata** gilt dank seiner beherrschenden Höhe von 1738 Metern in der gesamten südlichen Toskana als unübersehbare Landmarke. Schon von weitem zieht er die Blicke auf sich, und die unverkennbare Form seines breiten Kegels läßt seine Entstehungsgeschichte erahnen. Vor 2,5 Millionen Jahren begann hier die vulkanische Tätigkeit, die während der folgenden zwei Millionen Jahre den Gipfel aufbaute. Heute überziehen ausgedehnte, in der Toskana einzigartige Wälder die wasserreichen Flanken des Berges.

In der ersten kleinen Siedlung auf unserem Weg, in **Bagnore**, wird uns deutlich vor Augen geführt, daß die Erde am ehemaligen Vulkan noch nicht gänzlich zur Ruhe gekommen ist. Weiße Dampffahnen stehen am Himmel, und ein stechender Geruch liegt in der Luft. Heißes Wasser im Untergrund wird am Monte Amiata durch Bohrungen erschlossen und dient dann zum Betrieb von Erdwärmekraftwerken oder als Heizung für ausgedehnte Gewächshäuser. Außerdem sprudelt in Bagnore eine Thermalquelle.

An den Südhängen des Monte Amiata liegt **Santa Fiora**, der wohl schönste Ort dieser Region. Wieder treffen wir hier auf dieselben geschichtlichen Wurzeln wie in den anderen Orten der Gegend. Als die Aldobrandeschi 1278 ihren Machtbereich in zwei Gebiete aufteilten, nahm ein Familienzweig, der die nördliche Maremma und den Monte Amiata beherrschte, in Santa Fiora seinen Sitz. 1479 endete die männliche Linie der Aldobrandeschi von Santa Fiora, und der Besitz ging auf die Familie Sforza über. Erst 1789 wurde dann das Gebiet endgültig dem Großherzogtum Toskana einverleibt.

In den Gebäuden an der Piazza Garibaldi spiegelt sich die Geschichte des Ortes wider. Beherrscht wird der Hauptplatz vom *Palazzo Sforza Cesarini*, einem mächtigen Palast aus der Renaissance. Daneben rücken die Überreste des alten *Kastells der Aldobrandeschi* und der *Palazzo Comunale* mit dem hübschen Uhrtum etwas in den Hintergrund. An der Via Carolina steht die romanische Pfarrkirche *Pieve delle SS. Fiore e Lucilla*. Zwischen 1460 und 1495 schuf Andrea della Robbia aus der berühmten Florentiner Künstlerfamilie für diese Kirche eine Anzahl von Terrakotten, die bis heute in ihrem ursprünglichen Glanz erstrahlen. Etwas unterhalb der Pieve liegt die Kirche *Sant'Agostino*, die im Inneren einige qualitätvolle Holzplastiken des 15. Jahrhunderts birgt. Rechts der Pieve erreicht man auf schmalen Gassen, die durch die malerische Altstadt führen, das *Oratorio della Madonna delle Nevi* mit Fresken aus dem 17. Jahrhundert. Nahe dieser Kirche liegt im idyllischen Talgrund die *Peschiera* aus dem 18. Jahrhundert. Das klare Wasser der Fiora ist hier inmitten eines Parks zu einem Fischteich aufgestaut. Und das große Brunnenbecken wird, als sei die Zeit stehengeblieben, noch immer zum Wäschewaschen benutzt.

Unterhalb des kleinen Dorfes Selvena lohnt der kurze Abstecher zur **Rocca Silvana**, einer mächtigen mittelalterlichen Burgruine, die auf steil abfallendem Fels das Tal der Fiora bewacht. Hier hatten 1240 Truppen des exkommunizierten Kaisers Friedrich II. ihr Hauptquartier aufgeschlagen, um ein Jahr lang das südlich gelegene Sovana, Sitz der papsttreuen Adelsfamilie Aldobrandeschi, erfolglos zu belagern. Heute bietet die Burg ein beschauliches Bild, und auf den weichen Wiesen in der Ruine läßt sich das Zelt für eine Nacht aufschlagen.

Südlich des Dorfes Elmo erreichen wir das **Tuffsteinplateau**, das Teile der südlichen Toskana und des nördlichen Latium einnimmt. »Tuff« bezeichnet in diesem Fall vulkanische Asche, die bei den Ausbrüchen weit über das Land geschleudert wurde und sich zu Stein verfestigte. Quelle dieses Ascheregens waren Vulkanschlote im südlich gelegenen Latium, die sich noch heute als kleine und große, meist kreisrunde Kraterseen auf der Landkarte abzeichnen. Später gruben sich die Flüsse tief in das weiche Tuffgestein und modellierten eine Landschaft von ungeahnter Dramatik.

Grandios und einzigartig, diese Wörter schwirren uns durch den Kopf, als wir kurz vor **Sorano** in das Tal des Fiume Lente hinabfahren. Wer einen kleinen Spaziergang nicht scheut, der sollte gleich zu Beginn der Abfahrt an einer Rechtskurve dem Schild »*Rocco Necropoli Rupestre*« folgen. Nach fünf Minuten ist eine phantastische Aussichtsterrasse erreicht, von der der Blick über eine bizarre Felslandschaft geht. In ihrer Nähe sind einige etruskische Felsgräber zu entdecken. Tief in die weichen Felsen eingekerbt, führt die Straße anschließend zur Brücke hinab. Im Talgrund lösen sich die Felswände in schwindelerregende Türme auf, über denen die Häuser von Sorano dem Fels zu entwachsen scheinen. Gleich nach der Brücke weisen in den Tuffstein geschlagene Nischen auf die Geschichte des Ortes hin. Es handelt sich um Kolumbarien, in die vor 2000 Jahren die Urnen der Verstorbenen gebettet wurden. Von der Brücke aus läßt sich noch eine Anzahl weiterer, besser erhaltener Grabstellen entdecken. Noch einmal geht es dann durch einen schluchtartigen, von Menschenhand in den weichen Fels geschlagenen Hohlweg hinauf zum Rathausplatz von Sorano.

Wie schon angedeutet, reicht die Geschichte der Stadt bis weit in die Zeit vor Christi Geburt zurück. Schon damals schätzten die Etrusker die günstige Lage auf dem leicht zu verteidigenden, von der Hochfläche in das Tal des Fiume Lente vorspringenden Felssporn. Zudem bot ihnen der weiche Fels die Möglichkeit, für ihre Toten Grotten in den Stein zu graben. Ab dem 3. Jahrhundert v. Chr. beherrschten die Römer die Stadt. Doch wie schon in den anderen Orten der Gegend konnten auch in Sorano die Etrusker ihre eigenständige Kultur, obwohl unter römischer Herrschaft, bis in das erste nachchristliche Jahrhundert bewahren. Ein Jahrtausend fand anschließend der Ort keine Erwähnung, bis er im 12. Jahrhundert in einem Dokument als Besitz der Familie Aldobrandeschi bestätigt wurde. Im 13. Jahrhundert übernahm die Familie Orsi-

ni die Stadt. In den folgenden Jahrhunderten lag sie zunehmend im Spannungsfeld zwischen der weltlichen und der kirchlichen Macht, zwischen Orvieto, Siena und Florenz. Vor allem das beständig nach Süden expandierende Siena besetzte immer weitere Ländereien, bis sich 1454 Herzog Aldobrandino in der letzten ihm verbliebenen Festung, jener von Sorano, mit einer Handvoll Männer erfolgreich verteidigte. In den folgenden zwei Jahrhunderten konnten die Orsini ihren Machtbereich wieder stabilisieren, bis die Grafschaft im 17. Jahrhundert im Großherzogtum Toskana aufging.

Beherrschendes Bauwerk von Sorano ist die mächtige »*Fortezza ursinea*«, die Festung der Orsini, die die Stadt zur Hochebene hin abschirmt. 1380 begonnen, wurde die Burg bis in das 16. Jahrhundert von den Orsini immer weiter verstärkt. Noch die Medici nutzten die uneinnehmbare Festungslage, die sie bis 1700 ausbauten, als südliches Bollwerk ihres Großherzogtums.

Steile Treppen und enge Gassen leiten durch die Altstadt von Sorano, die sich im Schatten der überragenden Burg an die steilen Abhänge schmiegt. Torbögen spannen sich zwischen bröckelnden Häusern, und Keller, die schon in etruskischer Zeit gegraben sein mögen, durchlöchern den weichen Fels. Sorano ist die richtige Stadt für Liebhaber leiser Schönheit, denen die Stimmungen gewachsener Geschichte und berauschende Durch- und Ausblicke wichtiger sind als »Dreisterne-Sehenswürdigkeiten« aus dem Highlight-Katalog der Reiseführer.

Einige Kilometer südwestlich von Sorano wächst **Pitigliano**, die größte der Tuffsteinstädte der Toskana, hoch über den Schluchten der Flüsse Lente, Procchio und Meleta aus dem Fels. Mauerreste des 5. Jahrhunderts v. Chr. belegen die Anwesenheit der Etrusker in Pitigliano, dessen Geschichte eng mit jener der Nachbarorte Sorano und Sovana verbunden war. Wie dort kamen und gingen die Römer, wie dort legt sich undurchdringliches Dunkel während der Zeit der Völkerwanderung und des frühen Mittelalters über den Ort. Die Aldobrandeschi gewannen auch die Macht über Pitigliano, das 1293 die Orsini, als deren Nachfolger, zum Mittelpunkt ihres Herrschaftsbereiches erho-

Die Häuser von Pitigliano stehen auf weichen Tuffelsen, die bereits von den Etruskern für ihre Grabstätten ausgehöhlt wurden.

ben. Nach den kräftezehrenden Kämpfen in den folgenden Jahrhunderten wurde Pitigliano Anfang des 17. Jahrhunderts von den Medici erworben und 1660 Sitz eines Bischofs.

Den schönsten Blick zur Stadt auf den schwindelerregenden Felsen genießt man von der Kirche *Madonna delle Grazie*, die auf der anderen Seite des Meletatales am Ende einer Pestepidemie im 16. Jahrhundert erbaut wurde. Von hier aus gesehen verschmelzen die grauen Häuser mit dem grauen, von Höhlen und Kellern durchlöcherten Fels zu einem uneinnehmbaren, zinnengekrönten Bergkamm.

Die eleganten Bögen des *Aquädukts* aus dem 16. Jahrhundert leiten zur *Porta della Citadella*, durch die man die Altstadt betritt. Erster Blickfang ist der ausladende *Palazzo Orsini* an der Piazza della Repubblica. Im 13. Jahrhundert von den Aldobrandeschi begonnen, wurde der Palast in der Folgezeit von der Familie Orsini immer wieder verändert, um schließlich ab dem 18. Jahrhundert

als Bischofssitz zu dienen. Durch das reichgeschmückte Portal gelangt man in den bezaubernden Renaissance-Innenhof mit seinen Säulen und dem hübschen Brunnen.

An der Piazza della Repubblica beginnt die verzauberte Altstadt mit den engen, gewundenen Gassen. Die Via Zuccarelli leitet in das *jüdische Viertel*, in dem man noch die Reste des Friedhofs und der Synagoge findet. Nicht zuletzt der Arbeit der beachtlichen jüdischen Gemeinde, die vom 16. bis in das 19. Jahrhundert in der Stadt lebte und ihr den Beinamen »Klein-Jerusalem« einbrachte, verdankte Pitigliano in jener Zeit seine wirtschaftlichen Erfolge.

Im Herzen der Altstadt steht der *Dom SS. Pietro e Paolo*. Er geht auf eine romanische Kirche aus dem 13. Jahrhundert zurück, die im 16. Jahrhundert stark verändert wurde. Im 18. Jahrhundert, nachdem die Kirche zum Dom erhoben wurde, entstanden die barocke Fassade und der Hochaltar. Im Inneren sind neben anderen Arbei-

Auf halbem Weg vom Monte Amiata nach Pitigliano führt ein kurzer Abstecher zur einsamen Ruine der Rocca Silvana.

ten zwei Gemälde des berühmten Künstlers Francesco Zuccarelli, der 1702 in Pitigliano geboren wurde, zu sehen. Der mächtige, zinnenbewehrte Glockenturm, der schon von weitem das Bild der Stadt bestimmt, diente früher der Verteidigung.

Freunden des Weins bietet Pitigliano neben dem Augenschmaus auch Gaumenfreuden. Der ausgezeichnete Bianco di Pitigliano, in vielen Weinhandlungen angeboten, zählt zu den besten Weißweinen der Toskana.

Streckenbeschreibung

Am Kreisverkehr vor der Altstadt von *Arcidosso* folgen wir den Wegweisern nach »Santa Fiora, Scansano und Roccalbegna«. Bald darauf in den dicht bewaldeten Hän-

gen des Monte Amiata, teilweise mit Hilfe von Kehren, aufwärts, bis zu einer *Kreuzung*, an der wir die N323 nach *links* verlassen (Wegweiser Santa Fiora, Piancastagnaio und Castell'Azzara; in Gegenrichtung Arcidosso, Castel del Piano).

Wenige Meter nach dieser Kreuzung zweigt links hinauf die Straße zum Gipfel des Monte Amiata ab, wir halten uns aber auf der Hauptstraße geradeaus. Meist leicht bergab führt die Straße durch Wald und den kleinen Ort *Bagnore* in erholsamen vier Kilometern nach *Santa Fiora*. Links am sehenswerten alten Ortskern vorbei folgen wir an mehreren *Kreuzungen* den *Wegweisern* »Castell'Azzara« (in Gegenrichtung Wegweiser Arcidosso). An der letzten Kreuzung sind dann schon unsere nächsten Ziele Selvena, Sorano und Pitigliano ausgeschildert.

Anschließend über einige Kehren steil in ein Flußtal hinab.

Nun ein Stück angenehm im Talboden am Flüßchen entlang, bis die Straße wieder links hinauf in die Hügel ansteigt. Rund zwei Kilometer geht es auf der Hauptstraße bergauf, ehe sie in einer scharfen Kurve nach rechts umbiegt und erholsam flach einen Hang zum kleinen Dorf *Selva* hinüberquert. Ein kurzer, nicht allzu steiler Anstieg bringt uns nach dem Dorf auf einen Paß, von dem die Straße bergab zu einer Kreuzung westlich unterhalb des markanten Monte Civitella leitet.

An der *Kreuzung rechts* bergab (Wegweiser Selvena, Sorano, Sovana; in Gegenrichtung Santa Fiora und Arcidosso), geradewegs durch das unscheinbare *Selvena* und an der folgenden *Kreuzung links* (Wegweiser Sovana und Sorano; in Gegenrichtung Selvena). Die Straße führt nun bald wieder bergauf. Rechts zweigt die Zufahrt zur mächtigen Burgruine Rocca Silvana ab, die wir schon von oben bestaunten und an der sich wundervoll schattige Wiesen als Campingplätze anbieten.

Nach dem Abzweig zur Burg noch kurz bergauf. Dann beginnt eine begeisternde Fahrradstrecke. Die Straße ist meist leicht abschüssig. Über dem breiten Tal des Fiume Fiora verzahnen sich im dunstigen Nachmittagslicht die Bergrücken, die erst weit im Westen in das Meer eintauchen.

Nach *Elmo*, das wir auf der Hauptstraße durchfahren, beginnt das Tuffsteingebiet der südlichen Toskana. Durch einen in den weichen Fels geschnittenen Hohlweg erreichen wir eine *vorfahrtsberechtigte Straße*. Linkshaltend (Wegweiser Sorano; in Gegenrichtung Elmo, Selvena und Santa Fiora) führt die Straße bald, tief in den Tuffstein gekerbt, ungemein eindrucksvoll in die felsige Schlucht hinab. Auf der gegenüberliegenden Seite wachsen die Häuser von Sorano aus dem Fels. Ebenso beeindruckend, vorbei an den Nischen alter Etruskergräber, geht es jetzt vom Fiume Lente nach *Sorano* hinauf.

Die Straße schlängelt sich rechts der Altstadt von Sorano den Berg hinauf. Nach der unvermeidlichen Stadtbesichtigung folgen wir problemlos der *Beschilderung nach Pitigliano* (in Gegenrichtung Wegweiser Santa Fiora). Etwas oberhalb der Altstadt von Sorano nimmt die Steigung schnell ab. Über eine Hochebene führt der Weg meist sanft bergab nach Süden. Sieben Kilometer hinter Sorano leitet die Straße wieder hinab zum Fiume Lente, über dem die Häuser von Pitigliano die steilen Tuffelsen krönen. Ein kurzer Anstieg bringt uns, vorbei an in den Fels geschlagenen Kellern, hinauf zur Kreuzung, von der man rechts in die Altstadt von *Pitigliano* gelangt (in Gegenrichtung Wegweiser Sorano).

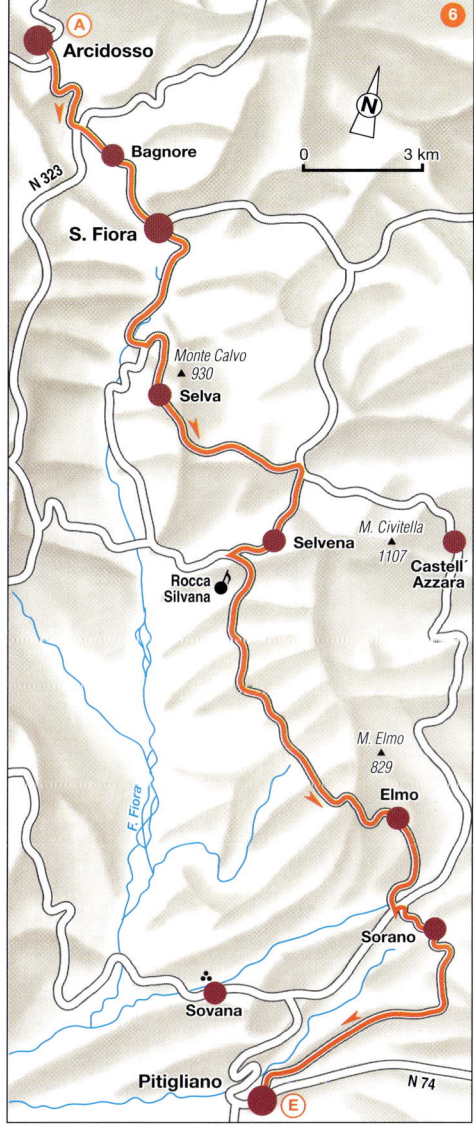

Nützliche Informationen

Entfernung: Arcidosso–Santa Fiora: 7,5 km; Arcidosso–Sorano: 42 km; Arcidosso–Pitigliano: 51 km.

Höhendifferenz: 450 m.

Unterkunft: Eine Pension in *Bagnore*: *»Gaia«, Tel. 0564/977058; zwei Hotels in *Santa Fiora*: **»Eden«, Tel. 0564/977033, **»Fiora«, Tel. 0564/977043; eine Pension in *Sorano*: *»La Botte«, Tel. 0564/638633 (Ortsteil Montorio); drei Hotels in *Pitigliano*: **»Guastini«, Tel. 0564/616065, **»Corano«, Tel. 0564/616112 (Ortsteil Corano), **»Valle Orientina«, Tel. 0564/616611 (Ortsteil Valle Orientina).

Auskunft: In *Santa Fiora*: Piazza Garibaldi, Tel. 0564/977124, in *Sorano*: Piazza della Chiesa, Tel. 0564/633277; in *Pitigliano*: Via Roma, Tel. 0564/615243.

7 Von Pitigliano nach Manciano

Etruskische Gräber, mittelalterliche Dörfer und eine heiße Quelle im grünen Hügelland

 Tourencharakter: In stetem Auf und Ab durch eine reizvolle Hügellandschaft, in der verschiedene Kulturen aus mehreren Jahrtausenden ihre Spuren hinterlassen haben.

Länge der Tour: 48 km.

Schon wenige Kilometer nach Pitigliano erreicht man das kleine Dorf **Sovana**, dem man die wichtige Rolle nicht mehr ansieht, die es seit etruskischer Zeit bis in das späte Mittelalter spielte. Die ältesten etruskischen Gräber lassen darauf schließen, daß die Gegend um Sovana im 7. Jahrhundert v. Chr. nur dünn besiedelt war. Doch schon zu Beginn des 6. Jahrhunderts v. Chr. hatte sich auf dem Stadthügel eine bedeutende etruskische Siedlung etabliert, die den Namen »Suana« trug und bald mit einer eineinhalb Kilometer langen Mauer umgeben wurde.

Bis 278 v. Chr. die Römer das Gebiet der südlichen Toskana ihrem Machtbereich einverleibten, war Suana ein mächtiger Verbündeter des etruskischen Stadtstaates von Vulci. In der Folgezeit mag es der abgeschiedenen Lage zu verdanken gewesen sein, daß Suana gerade unter der Herrschaft der Römer, die sonst auf die Unterdrückung des etruskischen Lebens hinwirkten, seine kulturelle Blüte erlebte. Bis in das erste vorchristliche Jahrhundert hielt man hier am etruskischen Glauben und an der etruskischen Schrift fest.

In der römischen Kaiserzeit verfiel der Glanz der späten etruskischen Epoche. Doch schon im 4. Jahrhundert nahm der Ort durch die frühe Christianisierung einen neuen Aufschwung. Im 5. Jahrhundert wurde Sovana Bischofssitz. Zu Beginn des 6. Jahrhunderts wurden die Grenzen der Diözese festgelegt, die bis heute Bestand haben.

Im 9. Jahrhundert gewann eine Adelsfamilie langobardischen Ursprungs, die Aldobrandeschi, in der südlichen Toskana zunehmenden Einfluß. Ihren Stammsitz richteten sie nahe der Küste in Roselle ein. Als diese Stadt jedoch im Jahre 935 von den Sarazenen überfallen und geplündert wurde, verlegten sie das Zentrum ihrer Grafschaft nach Sovana, das weitab vom Meer größeren Schutz bot.

Kurz nach der Jahrtausendwende wurde Hildebrand oder Ildebrando, der berühmteste Sohn Sovanas, geboren. Er versuchte als Papst Gregor VII. die Kirche zu reformieren und zwang 1077 Kaiser Heinrich IV. auf den bitteren Bußgang nach Canossa, wo dieser die päpstliche Oberhoheit anerkennen mußte, um sich vom Kirchenbann zu befreien.

Die Aldobrandeschi weiteten in jener Zeit ihren Machtbereich aus und trieben zwischen Kirchenstaat und der Markgrafschaft Toskana eine eigenständige und erfolgreiche Politik. Bis in das 13. Jahrhundert konnten sie ihre Stellung behaupten. Doch die große Zeit der feudalen Herrscher ging nun allmählich zu Ende, und starke Stadtstaaten wie Siena, Florenz oder Orvieto streckten ihre Finger nach den Städten und Ländereien der Aldobrandeschi aus. Sogar Sovana erhob sich, verbündet mit Orvieto, gegen die alten Herren. Ihr Einfluß schwand weiter, als

Bei Montemerano leuchten zwischen knorrigen Olivenbäumen die Wiesen in ihrem bunten Frühjahrskleid.

die Grafschaft unter verschiedenen Familienzweigen aufgeteilt wurde. Als die männliche Linie der Aldobrandeschi von Sovana endete, ging der Besitz durch Heirat auf die Adelsfamilie Orsini über. Pitigliano wurde nun Zentrum der Grafschaft.

Im 14. Jahrhundert kam es immer häufiger zu Konflikten mit Siena, das Sovana mehrmals überfiel und die ausgeblutete Stadt Anfang des 15. Jahrhunderts seinem Machtbereich einverleibte.

Als Sovana 1558 dem Großherzogtum der Medici angegliedert wurde, befand es sich in einem elenden Zustand. Die Versuche, Handwerk und Handel in der dahinsiechenden Stadt durch Steuererleichterungen wiederzubeleben, scheiterten. Albanische und griechische Flüchtlinge sollten im 16. und 17. Jahrhundert die Straßen aufleben lassen,

doch wurden sie ebenso wie lothringische Einwanderer im 18. Jahrhundert von der grassierenden Malaria hingerafft.

Mitte des 19. Jahrhunderts entdeckten die ersten Forscher die etruskischen und mittelalterlichen Kunstschätze Sovanas. Hundert armselige Einwohner bevölkerten zu jener Zeit die Trümmer der glorreichen Vergangenheit. Die Besucher sahen Parallelen zwischen Sovana und der zerstörten Stadt des biblischen Propheten Jeremias, und so war der Beiname »Stadt des Jeremias«, den Sovana noch heute trägt, geboren.

Erster Besichtigungspunkt sollte das mittelalterliche Zentrum von Sovana sein. Obwohl nur eine geringe Anzahl der Häuser erhalten blieb, strahlt das Dorf noch unverkennbar städtischen Charakter aus. Am östlichen Ortsrand erhebt sich die Ruine der einstmals mächtigen Burg *(Rocca)* der Aldobrandeschi. Im 11. Jahrhundert wurde sie über der etruskischen Stadtmauer erbaut, deren große Steinblöcke sich an der Basis deutlich vom übrigen Mauerwerk abheben.

Der einzige erhaltene Straßenzug zieht von hier in das Zentrum des Stadtdorfes, zur *Piazza del Pretorio.* Rechts liegt der *Palazzo Pretorio* aus dem 13. Jahrhundert mit den Wappen der sienesischen und Florentiner Statthalter an der Fassade, dessen Ratssaal ein sienesisches Fresko aus dem 15. Jahrhundert schmückt. An dieses Gebäude schließt die *Loggia del Capitano* mit einem großen Wappen der Medici an. An der Stirnseite des Platzes steht der *Palazzo Comunale* mit seinem zierlichen Glockenturm.

Auf der linken Seite wird die Piazza del Pretorio von der äußerlich schlichten romanisch-gotischen *Kirche Santa Maria* begrenzt, die im 12. und 13. Jahrhundert errichtet wurde. Im Inneren, das durch gedrungene Säulen in drei Schiffe geteilt wird, birgt das Gotteshaus ein vorromanisches Ziborium, das als einziges aus jener Zeit in der Toskana erhalten blieb. Im 8. oder 9. Jahrhundert wurde dieser reichverzierte Altarbaldachin, der auf vier Säulen ruht, aus weißem Marmor gearbeitet. Als eine ältere Kirche im 12. Jahrhundert dem Neubau des Doms von Sovana weichen mußte, fand dieses einzigartige Kunstwerk hier eine neue Heimat.

Der *Palazzo Bourbon del Monte* trennt die Kirche Santa Maria von der Ruine der *Kirche San Mamiliano,* die vom Schutzpatron Sovanas geweiht ist. Sie gilt, errichtet auf etruskischen und römischen Fundamenten, als älteste Kirche der Stadt und war wohl ihre erste Kathedrale. Unter der Kirche befindet sich eine Krypta mit Säulen, die Kapitelle aus römischer Zeit tragen.

Vorbei am Palazzo Comunale erreicht man auf der Via del Duomo den *Dom SS. Pietro e Paolo* am westlichen Ortsrand. Begonnen wurde mit seinem Bau wahrscheinlich im 11. Jahrhundert auf einer älteren Vorgängerkirche. Im 12. Jahrhundert war die erste Bauphase abgeschlossen, doch schon im 13. Jahrhundert wurde der Dom in gotischem Stil umgestaltet. An der Außenmauer der Apsis findet man Steinmetzarbei-ten der Vorgängerkirche eingemauert. Das Seitenportal ist von wundervollen Skulpturen aus vor- oder frühromanischer Zeit umgeben, die ebenfalls der älteren Kirche entstammen. Im Inneren bestechen vor allem die ausdrucksstarken Kapitelle der Säulen, die die drei Schiffe voneinander trennen und Einblick in die mystische Welt des Mittelalters gewähren. Im rechten Seitenschiff steht der Sarkophag des heiligen Mamiliano. Der Sage nach soll er Sovana im 4. Jahrhundert zum Christentum bekehrt haben.

Das antike Sovana erschließt sich dem Besucher nicht so einfach, an einer Stelle konzentriert, wie das mittelalterliche. Von der eigentlichen etruskischen Siedlung, die in ihrer bedeutendsten Phase über 1000 Menschen beherbergt haben soll, sind nur Teile der Stadtmauer erhalten. Rund um Sovana liegen, versteckt in Wald und Macchia, die antiken Totenstädte. Wie so oft bilden sie auch hier den Schlüssel zur Enträtselung der Geschichte der geheimnisvollen Etrusker, ihres Lebens und ihres Glaubens. Der weiche, leicht zu bearbeitende Tuffels an den Talhängen rund um Sovana war der ideale Werkstoff, aus dem sie ihre monumentalen Gräber schlagen konnten. Waren sie hier in Sovana in der frühen, archaischen Phase (des 7. und 6. Jahrhunderts v. Chr.) noch recht einfach, so zählen die Gräber der hellenistischen Epoche zu den bedeutendsten etruskischen Kunstwerken.

Die erste Möglichkeit zur Annäherung an den Totenkult der Etrusker bietet ein Graben, der noch vor der Rocca von der Hauptstraße nach rechts zieht. Hält man sich an der nahen Weggabelung nach rechts, erreicht man die *Tomba del Sileno,* ein Grab, das erst 1963 entdeckt wurde und das zu den wenigen gehört, die nicht geplündert waren. Es wurde, wie die meisten Grabanlagen von Sovana, im 3. oder 2. Jahrhundert v. Chr. als sogenanntes Ädikula-Grab in der Form eines klassischen Tempels aus dem Fels geschlagen und besitzt als einziges eine runde Grabkammer. Geht man an der zuvor erwähnten Weggabelung nach links, trifft man auf das *Colombaro a lacunari,* eine etruskische Grabkammer, die in römischer Zeit mit Wandnischen für Aschenurnen versehen wurde.

Fährt man auf der Hauptstraße rechts an Sovana vorbei, lohnt unmittelbar nach dem Tunnel, der unterhalb von Sovana den Tufffels durchbricht, ein weiterer Abstecher. Auf einem schmalen Pfad kurz nach rechts und anschließend auf künstlich angelegten Stufen an einer Grabkammer vorbei zu drei Grotten. In die Seitenwände der rechten sind *Kolumbarien* eingelassen, Nischen zur Aufbewahrung von Urnen. In der mittleren und linken Höhlung jedoch befindet sich als einzigartiges Denkmal ein wahrscheinlich *frühchristliches Oratorium*, das im 4. oder 5. Jahrhundert entstanden sein könnte. Die Stirnwand der rechten Grotte ist zu einer Apsis gerundet, in der sich ein Altar aus Tuffstein befindet. Im Gewölbe sind die Reste eines aus dem Fels gemeißelten Kreuzes zu erkennen, an den Wänden entlang laufen Sitzbänke, und unter dem Fußboden befindet sich ein heute verschütteter Raum, der ehemals als Krypta gedient haben könnte. Die links anschließende Grotte ist im Aufbau ähnlich und weist Freskoreste des 14. und 15. Jahrhunderts auf.

Nur wenige hundert Meter nach dem Tunnel lockt links der Straße an einem kleinen Parkplatz das Schild »*Tomba della Sirena*« zu einem weiteren kurzen Ausflug. In wenigen Minuten auf schmalem Pfad erreicht

Bis heute beeindruckt die Kunstfertigkeit, mit der etruskische Künstler die Tomba Ildebranda in der Form eines Tempels aus dem Tuff schlugen. Das Grab entstand Ende des 2. Jahrhunderts v. Chr. und ist Teil der Nekropole von Sovana.

![Photograph of the Tomba Ildebranda tuff tomb in the Sovana necropolis]

man das Grab der Sirene, benannt nach der geflügelten Frauengestalt mit nixenartigem Fischunterkörper, die das arg verwitterte Giebelfeld beherrscht. Auch die Tomba della Sirena entstand im 3. oder 2. Jahrhundert v. Chr. in der Form eines Tempels. An der linken Seite der Fassade leiten Stufen in die dunkle Grabkammer, rechts führt der Weg weiter zu einigen sogenannten Halbwürfelgräbern und zur Cava di San Sebastiano, einem engen, tief eingeschnittenen etruskischen Verkehrsweg.

Zurück an der Straße, zwingt uns schon nach wenigen hundert Metern das Schild »Tomba Ildebranda« an einem Parkplatz rechts nach einer Brücke zum nächsten Zwischenstop. Wer sich auch sonst nicht für etruskische Kultur interessiert, der sollte doch hier anhalten und sich vom bedeutendsten Grab von Sovana und den schummrigen etruskischen Straßen verzaubern lassen. Der Fahrweg geradeaus führt direkt hinein in den *Cavone*, jene etruskische Straße, die früher die Verbindung zum Monte Amiata herstellte. Außer einigen etruskischen Gräbern sind in den Seitenwänden noch ein mittelalterliches Madonnenbild, etruskische Inschriften und ein verkehrtes Hakenkreuz (eine sogenannte »Swastika«) als Sinnbild der Sonne zu erkennen.

Vom Parkplatz führt links ein kurzer, steiler Weg zur berühmten *Tomba Ildebranda* aus dem 2. Jahrhundert v. Chr., von den Entdeckern benannt nach Hildebrand aus Sovana, dem späteren Papst Gregor VII. Hier ist die Idee des Ädikula-Grabes, also des in Tempelform aus dem Fels geschlagenen Grabes, in unvergleichlicher Weise verwirklicht. Nicht nur die Fassade, sondern auch die beiden Seitenpartien wurden samt der Verzierungen aus dem Fels geschlagen. Zwei Treppen leiten zum Tempel hinauf, um den ein Kranz von ursprünglich zwölf Säulen lief, von denen nur noch eine vollständig erhalten geblieben ist. Sie endeten in reichverzierten Kapitellen, die einen breiten, skulpturengeschmückten Fries trugen. Die ganze Anlage aus porösem Tuffstein war mit einer Stuckschicht überzogen, die in verschiedenen Farben bemalt war und in etruskischer Zeit einen herrlichen Anblick geboten haben muß.

Die eigentliche Grabstelle ist unterhalb des repräsentativen Tempels durch einen schmalen Tunnel *(Dromos)* zu erreichen und überraschend klein und schlicht. Wie viele andere ist sie wahrscheinlich schon zur Zeit der Völkerwanderung geplündert worden. Gemeinsam mit dem Dromos der Tomba Ildebranda beginnt der Tunnel zur *Tomba a lacunari* aus dem 4. Jahrhundert v. Chr., die mit einer fein gearbeiteten Kassettendecke überrascht. 1974 wurde bei Restaurierungsarbeiten am Ende des Dromos der Tomba a lacunari eine Treppe entdeckt, die zu einer weiteren Grabkammer führt. Sie enthielt unberührte Grabbeigaben aus Bronze und Terrakotta. Neben den Eingängen liegen die Steinplatten, mit denen die Gräber verschlossen waren.

Rechts schließen in den Tuffwänden noch weitere Gräber an, bis sich jäh die enge Schlucht der *Cava Prisca* auftut. Ein schmaler Weg, der möglicherweise schon in etruskischer Zeit angelegt wurde, zwängt sich zwischen überhängenden Tuffwänden zur Hochebene hinauf. Nur schummriges Licht durchdringt das dichte Grün, das den Hohlweg überwuchert.

Wer nun dem Etruskerfieber erlegen ist, der kann auf dem Weiterweg rechts oberhalb der Straße nach San Martino sul Fiora der *Tomba Pola* (3. Jahrhundert v. Chr.), dem letzten Grab der Nekropolen von Sovana, einen Besuch abstatten. Wieder handelt es sich um ein Tempelgrab, von dessen acht Säulen in der breiten Fassade nur eine erhalten blieb. Ein schmaler Gang führt in die 20 Meter lange Grabkammer.

Über die kleinen, malerisch gelegenen Bergdörfer San Martino sul Fiora und Capanne geht es anschließend nach **Saturnia**, das von antiken Historikern zu den ältesten Städten in ganz Italien gezählt wurde. Funde aus prähistorischer Zeit scheinen diese Annahme zu stützen, und so mag es nicht verwundern, daß Saturnia schon vor 2500 Jahren den Höhepunkt seiner Macht erreicht hatte. In den ersten Jahrhunderten der etruskischen Epoche gehörte es als bedeutender Verbündeter zum Einflußbereich der Etruskerstadt Vulci. Im 5. Jahrhundert v. Chr. verlor die Stadt jedoch an Einfluß, konnte sich aber nach der Eroberung durch die Römer

Viele Badegäste tummeln sich in den Sinterbecken, in denen sich das warme, schwefelhaltige Wasser der Quelle von Saturnia am Fuße eines Wasserfalls sammelt.

280 v. Chr. wieder erholen. Seit 183 v. Chr. war Saturnia römische Kolonie mit Bürgerrechten; die wichtige Via Clodia führte nun durch die Stadt.

82 v. Chr. wurde die Stadt im Kampf zwischen Sulla und Marius zum ersten Mal zerstört, nach dem Ende der römischen Herrschaft gingen die Wirren der Völkerwanderungszeit nicht spurlos an ihr vorüber. Im 9. Jahrhundert geriet der Ort in den Einflußbereich des langobardischen Adelsgeschlechts der Aldobrandeschi, die die südliche Toskana beherrschten. Doch auch diese mächtige Familie konnte Saturnia nicht davor bewahren, 935 von den Sarazenen (Arabern) geplündert zu werden. Drei ruhigere Jahrhunderte der Erholung unter der Herrschaft der Aldobrandeschi folgten, bis die Stadt Ende des 13. Jahrhunderts in den Strudel der Kämpfe zwischen Siena, Orvieto und der Herrscherfamilie geriet und mehrmals erobert, geplündert und zerstört wurde. Ausgeblutet fiel sie 1410 an Siena, das die Stadt durch die Ansiedlung von Kolonisten wie-

derbeleben wollte. Doch wirtschaftliche Probleme, Pest und Malaria ließen alle Versuche scheitern; 1555 kam Saturnia als bedeutungsloses, nahezu entvölkertes Nest in den Besitz der Medici.

Von der einstigen Bedeutung ist im verschlafenen Dorf Saturnia heute nicht mehr viel zu verspüren. Die etruskische *Nekropole del Puntone* liegt weitab in Richtung Arcidosso (zwei Kilometer vor dem Ort die ausgeschilderte Abzweigung). Die Gräber konnten hier wegen der geologischen Gegebenheiten nur als sogenannte Plattenkammern ausgeführt werden und halten dem Vergleich mit den eleganten Kunstbauten im nahen Sovana nicht stand.

Im Ort selbst lohnt unbedingt der kurze Abstecher zum alten Römertor. Vom verschlafenen Hauptplatz, auf dem sich die alten Männer zum Bocciaspiel treffen, geht es zur *Burg*, die von den Aldobrandeschi auf den Grundmauern eines römischen Kastells erbaut wurde. Unterhalb der Burg fährt man auf römischem Pflaster zur *Porta Romana* hinab, durch die schon vor über 2000 Jahren der Verkehr auf der Via Clodia rollte. Deutlich sind neben dem Tor die mächtigen Steinquadern der etruskischen Stadtmauer zu erkennen, durch die die Römer diesen Zugang schlugen.

Wer einen steilen, holprigen Abkürzer nicht scheut, der kann sein Rad von der Porta Romana zur Hauptstraße hinabrollen lassen. Spätestens dort unten wird man dann den Geruch jener Naturerscheinung in die Nase bekommen, die vielleicht der Grund für die frühe Besiedlung von Saturnia war und die in den letzten Jahrzehnten für den steten Aufschwung des Ortes sorgte. Eine schwefelhaltige Thermalquelle entspringt mit einer Temperatur von 37,5 Grad im Tal. Im teuren Thermalbad, das an der Quelle erbaut wurde, wird das Wasser zur Linderung von Gicht, Rheuma und manch anderen Krankheiten angewandt.

Doch hier kann jedermann zu seinem Recht kommen. Von Schilf umstanden, fließt das dampfende, hellblaue Wasser anschließend durch eine grüne Wiese, quert die Straße und stürzt kurz darauf als *Cascate del Molino* neben einer alten Mühle zu Tal (am besten davor in der scharfen Linkskurve auf holpriger Sandstraße zum Wasserfall). Ausgefällte Mineralien haben am Fuße des Wasserfalls im Laufe der Jahrtausende strahlend weiße Sinterbecken aufgebaut, in denen sich das warme Wasser staut. Hunderte von Badegästen tummeln sich, umweht vom Faule-Eier-Gestank des Schwefels, vergnügt im warmen Wasser oder schmieren sich dunklen Schlamm in die Gesichter.

Wer zu lange im angenehm temperierten Wasser von Saturnia gelegen ist, der wird sich mit schlaffen Muskeln nach **Montemerano** hinaufquälen. Im Mittelalter hatten die Aldobrandeschi hier das Sagen, bis der Ort Ende des 14. Jahrhunderts an Siena fiel. Im 14. und 15. Jahrhundert erfolgte dann der Ausbau von Montemerano, der bis heute das Bild des hübschen, gut erhaltenen Ortes prägt.

Sehenswert ist die romanische, im 15. Jahrhundert umgestaltete Kirche *San Giorgio*. Im teilweise barocken Inneren vor allem Kunstwerke des 14. und 15. Jahrhunderts. Unbedingt lohnend ist ein Spaziergang in den verwinkelten und engen Gassen im ältesten Teil von Montemerano oberhalb der Kirche, der von den Einheimischen *Il Castello* genannt wird.

Die Geschichte von **Manciano** verlief ähnlich wie in Montemerano, doch verhalf die günstigere Lage zu einem unübersehbaren wirtschaftlichen Aufschwung. So mischen sich in den steilen Gassen, die zur Burg der Aldobrandeschi hinaufführen, zwischen die mittelalterlichen Häuser Bausünden des 20. Jahrhunderts. Trotzdem läßt sich an engen Treppengassen und gewundenen Straßenzügen die Anlage der mittelalterlichen Stadt ablesen und in den Abendstunden das Flair der lebhaften italienischen Stadt genießen.

Streckenbeschreibung

In *Pitigliano* beginnen wir an der Kreuzung am Eingang zur Altstadt. Von hier lassen wir die Räder nach *Süden* hinunterlaufen (Wegweiser Manciano). Kurz nach einer *Kehre* wechseln wir nach *rechts* auf eine *Nebenstraße* (Wegweiser Sovana). Unterhalb der Stadt leitet uns die Straße zum Fiume Lente hinab. Von hier aus bringt uns ein drei Kilometer langer Anstieg auf die gegenüberliegende Hochfläche.

Auf der Hochfläche treffen wir auf eine vorfahrtsberechtigte Straße, fahren *links* (Wegweiser Sovana und Saturnia; in Gegenrichtung Pitigliano) und lassen die Räder nach *Sovana* hinabrollen. Rechts am Tuffhügel vorbei, auf dem die Stadt liegt, radeln wir nach wenigen hundert Metern links in das Zentrum hoch.

Nach der Besichtigung zurück auf der *Hauptstraße*, leitet uns ein Berg und ein in den Fels geschlagener Tunnel in ein grünes Tal hinab. Ohne Anstrengung führt die Straße, vorbei an den ausgeschilderten Nekropolen, zum Talgrund des *Fiume Fiora*, den wir auf einer langen Brücke überqueren.

Noch ein Stück oberhalb des Flusses flach entlang, bis der vier Kilometer lange, aber an keiner Stelle ausgesprochen steile Anstieg nach *San Martino sul Fiora* beginnt. Nach dem aussichtsreichen Dorf in einem weiten Bogen immer auf der Hauptstraße ohne Anstrengung zu einer *Kreuzung* kurz nach den

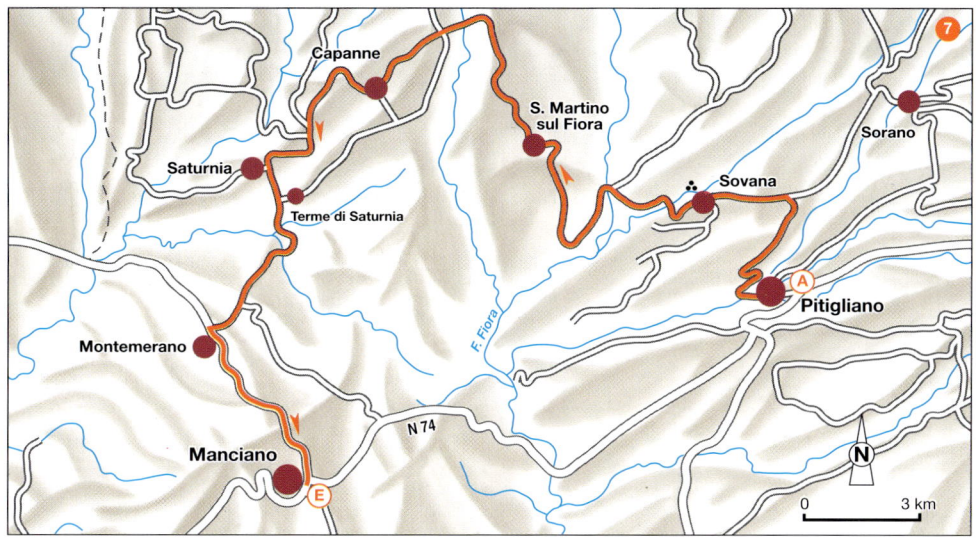

wenigen Häusern von *Catabbio*. Hier *links-haltend* weiterhin auf der Hauptstraße (Wegweiser Saturnia und Manciano; in Gegenrichtung San Martino und Sovana, nicht weiterhin Richtung Semproniano) bergab in das Dorf *Poggio Capanne*. Auf der *Hauptstraße* geradeaus durch den Ort (Wegweiser Scansano, Saturnia und Manciano; in Gegenrichtung Semproniano) und weiterhin beständig bergab zu einer *Kreuzung* im Tal vor Saturnia. Wieder *geradeaus* auf der Hauptstraße und anschließend hinauf zur Abzweigung der Zufahrtsstraße, die in einem Kilometer auf den Hügel von *Saturnia* führt.

Die *Hauptstraße* schwenkt nach links und läuft in das Tal hinab, in dem sich unübersehbar das Thermalbad und der warme, von vielen Campingmobilen belagerte Wasserfall von Saturnia befinden. Den unverkennbaren Schwefelgeruch in der Nase, radeln wir in weitem Bogen durch das Tal und dann einen kurzen, steilen Berg hinauf. Jetzt meist angenehm flach bis zur *Kreuzung* unterhalb des Hügels, dessen Gipfel das trutzige Dorf *Montemerano* einnimmt.

Auf der Hauptstraße, der *N322*, nach *links* (Wegweiser Montemerano und Manciano; in Gegenrichtung Saturnia, Semproniano, Sovana) und einen kurzen Berg hoch zu einer weiteren *Kreuzung*. Auf der N322 *scharf links* (Wegweiser Manciano und SS 74, in Gegenrichtung Scansano) und dann durch

grünes Weideland meist sanft bergauf die letzten sechs Kilometer bis nach *Manciano* (in Gegenrichtung an der N74 Wegweiser Scansano und Montemerano).

Nützliche Informationen

Entfernung: Pitigliano–Sovana: 8 km; Pitigliano–Saturnia: 33 km; Pitigliano–Montemerano: 41 km; Pitigliano–Manciano: 48 km.
Höhendifferenz: 650 m.
Unterkunft: Zwei Hotels in *Sovana*: **»Taverna Etrusca«, Tel. 0564/616183, *»Scilla«, Tel. 0564/616531; eine Pension in *San Martino sul Fiora*: *»Pellegrini«, Tel. 0564/607815; je ein Hotel in *Poggio Capanne* und im nahen *Poggio Murella*: *»Scalabrelli«, Tel. 0564/607843, **»Al Poggio«, Tel. 0564/607953; drei Hotels in *Saturnia*: ***»Villa Clodia«, Tel. 0564/601212, **»La Cascata«, Tel. 0564/602978, **»Saturnia«, Tel. 0564/601007; zwei Hotels in *Montemerano*: ***»L'Oliveto«, Tel. 0564/602849, ***»Villa Acquaviva«, Tel. 0564/602890 (1 km Richtung Scansano); vier Hotels in *Manciano*: ***»Il Boscaccio«, Tel. 0564/620283, **»Rossi«, Tel. 0564/629248, *»Miravalle«, Tel. 0564/620245, *»Stella«, Tel. 0564/629263.
Auskunft: In *Saturnia*: Via Aldobrandeschi, Tel. 0564/601208.

Das Wahrzeichen von Orbetello ist eine Windmühle, die heute vom flachen Wasser der Lagune umgeben ist.

8 Von Manciano nach Orbetello

Von den Hügeln der Maremma Alta zur Lagunenstadt Orbetello

Tourencharakter: In der beschriebenen Richtung eine erholsame Etappe, die aus den Bergen zum Meer hinabführt; in entgegengesetzter Richtung vor allem auf dem letzten Teilstück vor Manciano lange Anstiege.

Länge der Tour:
47 km.

Maremma, das Land am Meer, werden die Küstenebenen *(Maremma Bassa)* und das angrenzende Hügelland *(Maremma Alta)* zwischen Cecina im Norden und Tarquinia im Süden genannt. Es ist eine eigenwillige Landschaft voller Weite und Licht, voller Geschichte und Geschichten.

Den zentralen Teil nimmt die »Maremma Grossetana« ein, die sich ungefähr mit den Grenzen der Provinz Grosseto deckt. Hier scheint auf engem Raum alles vereint, was den Reiz, die Atmosphäre der Maremma ausmacht. Im Landesinneren liegen Städte wie Pitigliano, Sovana und Saturnia, die auf

eine jahrtausendealte Geschichte zurückblicken können. Die Hügel sind einsam und von dichter Macchia überwuchert, unter der Tausende von Etruskergräbern schlummern. Über den weiten, fruchtbaren Küstenebenen und den Ruinen verlassener Etruskerstädte flimmert die Luft in der Mittagshitze. In den Lagunenseen, Flußläufen und Entwässerungskanälen lassen sich unschwer die Brutstätten der Malaria erkennen, die bis in das 20. Jahrhundert die geplagte Bevölkerung dezimierte. Bis heute ist die Provinz Grosseto der am dünnsten besiedelte Teil der Toskana. Und bis heute sind es, abgesehen von einigen Küstenabschnitten, nur wenige Touristen, die sich so weit in die südliche Toskana verirren.

Vor einigen Jahrtausenden lag der **Monte Argentario** als Insel vor der Küste der Toskana. Heute verbinden schmale Landzungen, die von den Meeresströmungen aufgehäuft wurden, den Berg mit dem Festland. Zwischen diesen Sandstreifen liegt inmitten einer weiten Lagune an der Spitze einer vier Kilometer langen Halbinsel **Orbetello**. Dieser einzigartige, leicht zu verteidigende Ort war schon früh ein bevorzugter Siedlungsplatz, wie Funde aus der Bronzezeit belegen. Selbst die Etrusker, die ihre Siedlungen sonst auf Hügeln errichteten, waren von der

Lage angetan. Sie gründeten eine Stadt, deren Mauern noch heute an einigen Stellen die Basis der neueren Kaimauern bilden. Im Mittelalter gehörte Orbetello zum Einflußbereich der Aldobrandeschi, war jedoch ab 1300 ständig umkämpft und wechselte immer wieder den Besitzer. Die Sienesen eroberten im 15. Jahrhundert die Stadt, die von den Kampfhandlungen schwer gezeichnet war. Im 16. Jahrhundert fielen die südlichen Küstenregionen der Toskana an die Spanier, die Orbetello zum Hauptort ihrer toskanischen Besitzungen machten und damit eine Phase der Erholung einleiteten. 1808 wurde das Gebiet einschließlich Orbetello von Napoleon dem Königreich Etrurien angeschlossen, bis es 1815 an das Großherzogtum Toskana fiel.

Die Gassen in der Altstadt von Orbetello besitzen einen eigenartigen Reiz, auf den man nirgendwo sonst in der Toskana stößt. Deutlich ist an den Häusern und kleinen Palästen die Handschrift der Spanier zu erkennen, die hier fast 300 Jahre lang die Herren waren. Im Osten, auf der Landseite, be-

schützen mächtige *Festungsanlagen* die Altstadt. Im 16. Jahrhundert wurden die Bauten von den Sienesen begonnen und im 17. Jahrhundert von den Spaniern vollendet. Gewaltige Tore durchbrechen die meterdicken Mauern, die die imposanten Bastionen verbinden.

Der kleine *Dom* von Orbetello besticht durch seine ausgewogene gotische Travertinfassade, die in der Abendsonne in warmen Brauntönen erstrahlt. 1376 wurde das Gotteshaus erbaut und im 17. Jahrhundert um die beiden Seitenschiffe erweitert. Das Innere wurde in dieser Zeit barock umgestaltet. In der ersten Seitenkapelle rechts ist eine präromanische Altarverkleidung zu sehen, die Jahrhunderte vor dem Bau des Doms entstand.

An der Westseite der Altstadt bauen die kleineren Steine der Kaimauer auf mächtigen, dunklen Felsblöcken auf, die typisch für die etruskische Bauweise sind. Es handelt sich um eines der seltenen Beispiele einer erhaltenen *etruskischen Hafenmauer*, die hier im 4. und 3. Jahrhundert v. Chr. errichtet wurde. Wenige Meter außerhalb der

Das Städtchen Orbetello liegt inmitten einer Lagune auf einer Landzunge. Der Ort war für die Etrusker und später für die Sienesen wegen seiner reichen Fischbestände und der Salzgewinnung interessant.

Stadt in Richtung Monte Argentario steht mitten in der Lagune eine malerische, alte *Windmühle*, das begehrteste Fotomotiv von Orbetello.

Streckenbeschreibung

In *Manciano* fahren wir auf der *N74* in Richtung Grosseto, Albinia und Orbetello. Meist bergab oder eben leitet uns die Hauptstraße ohne Orientierungsprobleme durch einsames Hügelland, bis wir nach ca. 20 Kilometern am Fuße des markanten Burgberges von *Marsiliana* die weite Ebene des Fiume Albegna erreichen.

Immer auf der *Hauptstraße*, meist beschattet von mächtigen Pinien, treffen wir nach weiteren neun Kilometern auf eine *Kreuzung*, an der nach links »Orbetello« ausgeschildert ist. Dieser Weg ist zwar kürzer und schneller, folgt aber auf mehreren Kilometern der autobahnähnlichen Via Aurelia. So bleiben wir auf der *Hauptstraße* und fahren *geradewegs* die letzten Kilometer nach *Albinia* hinaus.

Über die Eisenbahngleise in den Ort und dann über die Autobahn, folgen wir an mehreren Kreuzungen immer der guten *Beschilderung* nach »*Porto Santo Stefano*« und »*Porto Ercole*« (in Gegenrichtung Wegweiser Manciano). Jetzt radeln wir auf der schmalen, flachen Landzunge des Tombolo della Giannella, die die Lagune von Orbetello nach Nordwesten abschließt, auf den Monte Argentario zu. Nach zehn Kilometern treffen wir an seinem Fuß auf die *N440* und fahren auf ihr *links* (Wegweiser Orbetello und Porto Ercole; in Gegenrichtung Albinia) an der Lagune entlang, in der Orbetello liegt. Nach einigen Kilometern schwenkt die Hauptstraße nach links und läuft auf einem aufgeschütteten Damm mitten durch die Lagune in das nahe *Orbetello*.

Nützliche Informationen

Entfernung: Manciano–Albinia: 32 km; Manciano– Orbetello: 47 km.
Höhendifferenz: In umgekehrter Richtung 450 m.
Unterkunft: Drei Hotels in *Albinia*: ***»Corallo«, Tel. 0564/870065, **»Da Renato«, Tel. 0564/870030 (an der N1), *»Il Fagiano«, Tel. 0564/870143; vier Hotels in *Orbetello*: ***»I Presidi«, Tel. 0564/867601 oder 02, ***»Sole«, Tel. 0564/860410, *»La Perla«, Tel. 0564/863546, *»Piccolo Parigi«, Tel. 0564/867233.
Camping: Mehrere Campingplätze an der Route zwischen *Albinia* und *Orbetello*.
Auskunft: In *Orbetello*: Tel. 0564/860560.

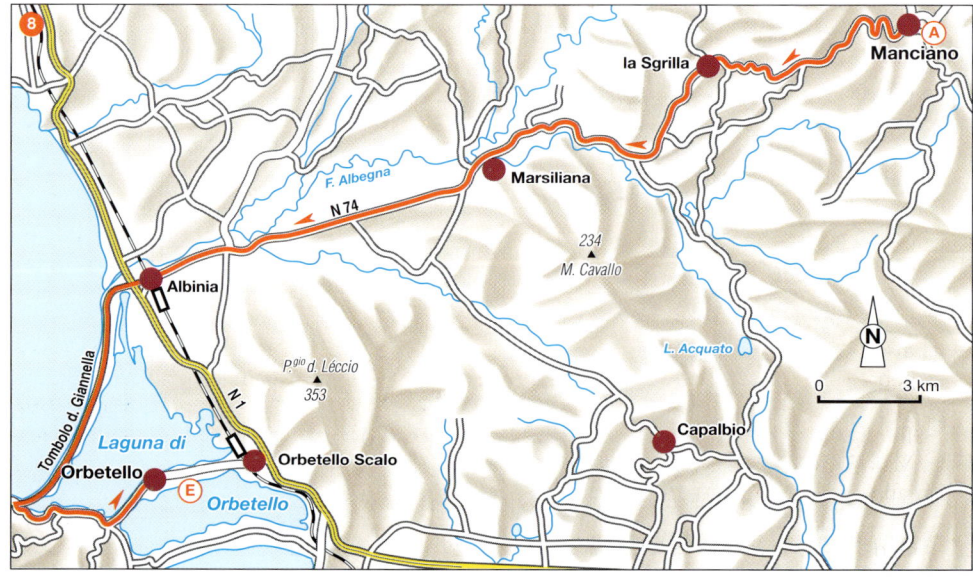

Von Orbetello entlang der Maremmaküste nach Volterra

---

9 Von Orbetello nach Grosseto

Auf schmalen Straßen durch die sanften Hügel der Maremma Grossetana

 Tourencharakter: Meist angenehmes Fahrradgelände in einsamer Landschaft; nur bei Magliano und Montiano einige längere, aber meist sanfte Anstiege.

Länge der Tour: 58 km.

Die Anfänge von **Magliano in Toscana** liegen im Dunkel der Geschichte. Sicher ist, daß im 7. Jahrhundert v. Chr. »Heba«, wie die Etrusker ihre Stadt nannten, auf dem Höhepunkt ihrer Macht stand. Von der einst bedeutenden Siedlung blieb kaum etwas erhalten. Auch die mit Wandmalereien geschmückten Grabkammern der Etrusker aus jener Zeit sind nicht mehr zugänglich. Der wichtigste Fund aus dem antiken Magliano in Toscana befindet sich heute im archäologischen Museum von Florenz. Auf einer runden Bleiplatte sind 70 Wörter eingeritzt – Namen von Gottheiten und Bestimmungen über den Totenkult –, die wesentlich zur Entschlüsselung von Schrift und Sprache der Etrusker beitrugen.

Im Mittelalter gehörte Magliano in Toscana zum Gebiet der Familie Aldobrandeschi, fiel aber schon im Jahre 1345 an Siena. Wegen seiner günstigen strategischen Lage wurde es alsbald mit einer mächtigen Stadtmauer umgeben. Doch schon im 15. Jahrhundert erlitt Magliano ein ähnliches Schicksal wie so viele andere Orte der Maremma Grossetana. Malaria, Pest und wirtschaftliche Probleme führten zum Niedergang, der Magliano zu dem vergessenen Landstädtchen machte, das es bis heute geblieben ist.

Die gut erhaltene *Stadtmauer* mit den Türmen und den drei Toren entstand im 14. und 15. Jahrhundert. Von der Porta San Giovanni zieht der Corso Garibaldi, an dem die wichtigsten Bauten liegen, zur Porta San Martino. Rechter Hand steht die leider etwas verunstaltete gotische *Palazzo di Checco il Bello* und etwas weiter der *Palazzo dei Priori* von 1430, zu erkennen an der wappengeschmückten Fassade.

Die Kirche *San Giovanni Battista* beherrscht mit ihrer schönen Renaissance-Fassade die Piazza della Repubblica. Ursprünglich im 12. Jahrhundert in romanischem Stil erbaut, wurde sie in den folgenden Jahrhunderten mehrmals umgestaltet. Im Inneren links ein Travertin-Taufbecken von 1493 und Fresken aus dem 14. und 15. Jahrhundert. Nahe dem nordwestlichen Stadttor steht die älteste Kirche der Stadt, *San Martino*. Das Kirchenschiff entstand um das Jahr 1000, Querschiff und Apsis im 14. Jahrhundert. In der Fassade Fenster und Portal einer frühromanischen Vorgängerkirche und im Inneren Fresken aus dem frühen 14. Jahrhundert.

Für Romantiker bietet sich der kurze, aber etwas anstrengende Abstecher zur romanischen Klosterruine *San Bruzio* an. Sie liegt links an der Straße nach Marsiliana und besticht neben den wundervoll gearbeiteten Kapitellen vor allem durch die himmlische Ruhe rund um die vergessene Ruine.

Trotz seiner 70000 Einwohner konnte sich **Grosseto** einen angenehm provinziellen Charakter bewahren. Nur wenige Touristen kommen in die Stadt, das Geld bringen Gewerbe, Handel und vor allem die Landwirtschaft. Die Einheimischen sind beim allabendlichen Spaziergang unter sich, und am Morgen, wenn man in der Bar seinen Espresso trinkt oder auf den Stufen des Doms die Zeitung liest, fehlt jene Hektik, die in den bekannteren Städten das Leben bestimmt. Dabei hat die Altstadt durchaus ihre Reize, und nicht ganz zu Unrecht wird Grosseto dank der mächtigen Stadtmauer »Piccola Lucca« genannt.

Die Anfänge Grossetos liegen im frühen Mittelalter, als hier ein Kastell die Via Aurelia bewachte. Zu Beginn des 9. Jahrhunderts wurde es von der langobardischen Adelsfamilie der Aldobrandeschi erworben, die in der Folgezeit in der Maremma ein mächtiges Herzogtum aufbaute. Ihren Sitz nahmen sie in Roselle, der alten etruskisch-römischen Stadt, die in den Hügeln nur wenige Kilometer nördlich von Grosseto liegt. Mit der Zerstörung Roselles im Jahre 935 begann der Aufschwung Grossetos. Hafen und Salinen brachten Geld in die Kassen, der Bischofssitz wurde hierher verlegt.

Ab dem 12. Jahrhundert weckte die erstarkte Stadt die begehrlichen Blicke der aufstrebenden toskanischen Republiken. Obwohl die Aldobrandeschi zwischen Siena und Florenz hin und her lavierten, wurde Grosseto von den verschiedenen Seiten mehrmals angegriffen und erobert. 1336 ging es dann in den Besitz von Siena über, das die Befestigungsanlagen schleifen ließ. Die Zerstörungen, Pest und Malaria entvölkerten Grosseto in den folgenden zwei Jahrhunderten, bis es 1559 in den Besitz des Großherzogtums Toskana überging.

Als Bollwerk gegen die spanischen Besitzungen an der toskanischen Küste ließen nun die Medici Grosseto mit dem mächtigen, sechseckigen Mauerring befestigen, der noch heute die Altstadt umschließt. Doch die Stadt litt weiterhin unter der Versumpfung der Ebene am Ombrone und der damit verbundenen Malaria. Im 18. Jahrhundert unternahm Großherzog Peter Leopold die ersten Versuche zur Entwässerung, um die Niederung in jene fruchtbare Kornkammer zurückzuverwandeln, die sie 2000 Jahre zuvor in etruskischer Zeit war. Doch erst mit Leopold II., der die Entwässerungsmaßnahmen im 19. Jahrhundert weiter verstärkte, begann der endgültige Aufschwung Grossetos.

Das Bild der Altstadt wird durch den wehrhaften *Mauerring* mit sechs Bastionen geprägt, auf dem sich ähnlich wie in Lucca wunderbar flanieren läßt. Mittelpunkt des historischen Stadtkerns ist die *Piazza Dante* mit dem Denkmal von Leopold II., dem

Grosseto durch die Trockenlegung der Sümpfe seinen Wohlstand verdankt. Wie sehr die Stadt zuvor unter kriegerischen Zerstörungen und unter der Verelendung durch die Malaria gelitten hatte, läßt sich an den Gebäuden rund um den Platz ablesen. Vermitteln sie auch die Illusion einer mittelalterlichen Stadt, so entstanden sie doch erst als Imitation in der Zeit des Aufschwungs im 19. Jahrhundert.

An die Piazza Dante schließt der Domplatz mit dem *Dom San Lorenzo* an. Der Baubeginn liegt um 1300, die Arbeiten zogen sich aber bis in das 15. Jahrhundert hinein. Im 16. Jahrhundert war das Gotteshaus jedoch schon in so schlechtem Zustand, daß es bei den notwendigen Restaurierungsarbeiten erheblich umgestaltet wurde. Im 19. Jahrhundert, in den Zeiten des Aufschwungs, wurde der Dom ein weiteres Mal umgebaut. So bietet er heute ein Sammelsurium von geschickt zusammengefügten Bauelementen aus unterschiedlichen Bauphasen. Weitgehend im ursprünglichen Zustand belassen sind das Portal auf der Südseite und die Innenseite der Fassade.

An der Piazza dell'Indipendenza steht die gotische Kirche *San Francesco*. Sie wurde im 13. Jahrhundert von Benediktinern erbaut und ging später auf den Franziskanerorden über. Das wundervoll bemalte Holzkreuz hinter dem Hauptaltar wurde Ende des 13. Jahrhunderts geschaffen. Außerdem bietet die Kirche Fresken und Plastiken der »Sieneser Schule« aus dem 14. und 15. Jahrhundert. Links schließen am Kirchenschiff die Gebäude des ehemaligen Franziskanerklosters mit dem stillen Kreuzgang an.

Das *Museo Archeologico e d'Arte della Maremma* an der Piazza Beccarini birgt eine der bedeutendsten Etruskersammlungen. Neben Exponaten aus der Stein- und Bronzezeit ist das Hauptaugenmerk auf Funde aus den Etrusker- und Römerstädten der Maremma gerichtet. Im zweiten Stock ist außerdem eine beachtliche Sammlung sakraler Kunst hauptsächlich aus dem 14. und 15. Jahrhundert zu sehen.

Zentrale Bedeutung kommt den Exponaten aus dem zehn Kilometer nördlich gelegenen *Roselle* zu, das einen Ausflug lohnt. Es gehörte zu den mächtigsten Etruskerstäd-

![Blick durch eines der Stadttore von Magliano in Toscana auf die satten Wiesen und schimmernden Olivenhaine in der Umgebung.]

Blick durch eines der Stadttore von Magliano in Toscana auf die satten Wiesen und schimmernden Olivenhaine in der Umgebung.

ten und war von seiner Gründung im 8. Jahrhundert v. Chr. bis zu seiner Zerstörung durch die Sarazenen im Jahre 935 bewohnt. Die drei Kilometer lange etruskisch-römische Stadtmauer umgibt die Reste antiker Straßenzüge und Häuser aus unterschiedlichen Epochen. Die Fundamente etruskischer Tempel, des römischen Amphitheaters und Thermalbades wurden bei den Grabungsarbeiten ebenso freigelegt wie die Grundmauern eines mittelalterlichen Turms – 1800 Jahre Geschichte und Kultur konzentriert auf der kleinen Fläche der zwei Stadthügel von Roselle.

Streckenbeschreibung

Von *Orbetello* folgen wir auf den ersten 18 Kilometern der *Etappe 8*, also auf der N440 Richtung Porto Santo Stefano, dann rechts über den Tombolo della Giannella

nach Albinia, durch den Ort in Richtung Manciano und anschließend auf der N74 bis zu einer *Kreuzung* drei Kilometer östlich von Albinia.

An dieser Kreuzung nach *links* auf die N323 (Wegweiser Magliano in Toscana und Scansano; in Gegenrichtung Albinia) und durch die Ebene nach Norden. Anschließend in leichtem Auf und Ab durch die faszinierende Hügellandschaft und zum Ende hin in einem langgezogenen Anstieg bis unter die Stadtmauer von *Magliano*. Rechts führt die kurze, steile Zufahrt in die sehenswerte Stadt hinauf.

Geradewegs durch die Gassen und am Ende der Altstadt links hinab. Wir treffen auf die N323, von der *links* eine Straße abzweigt (Wegweiser Montiano, Grosseto). Nun auf der schmalen Straße durch das stille, sanftgewellte Hügelland bis kurz vor Montiano. An einer *Kreuzung rechts* (Weg-

Vor dem Dom von Grosseto dehnt sich die Piazza Dante Alighieri mit dem Denkmal von Großherzog Leopold II., der im 19. Jahrhundert die Malaria in den umliegenden Ebenen bekämpfen ließ.

weiser Montiano und Grosseto; in Gegenrichtung Magliano in Toscana) und bergauf nach *Montiano*, das rechts der Straße auf einem Hügel thront.

Links am Ort vorbei, an einer *Kreuzung geradeaus* (Wegweiser Grosseto; in Gegenrichtung Talamone) und durch Weideland sanft bergauf zu einem Sattel. Jenseits führt uns ein bewaldetes Tal anfangs etwas steiler, später fast eben in acht Kilometern hinaus zur Via Aurelia, der *N1.*

Rechts auf die vielbefahrene, vierspurige Schnellstraße (Wegweiser Grosseto; in Gegenrichtung Montiano), die nach zwei Kilometern, beim Abzweig nach Scansano, zweispurig wird. Nun auf der *N1* über den Fiume Ombrone und in weiteren drei Kilometern in das Zentrum von *Grosseto* (in Gegenrichtung Wegweiser Orbetello und Roma).

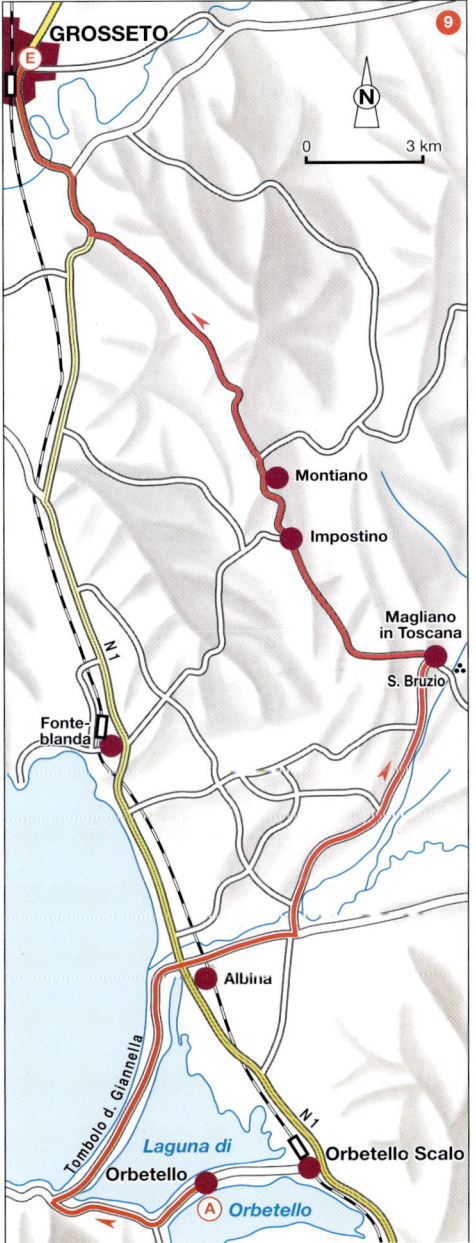

Nützliche Informationen

Entfernung: Orbetello–Magliano in Toscana: 30 km; Orbetello–Grosseto: 58 km.
Höhendifferenz: 350 m.
Unterkunft: Eine Pension bei *Montiano*: *»I Butteri«, Tel. 05 64/58 98 24; ca. 20 Hotels in *Grosseto.*
Camping: Jeweils mehrere Campingplätze in *Marina di Grosseto* und *Principina a Mare* (Tour 10).
Auskunft: In *Magliano in Toscana*: Via Garibaldi, Tel. 05 64/59 20 47; in *Grosseto*: APT, Via Monterosa 206, Tel.· 05 64/45 45 10; Corso Carducci, Tel. 05 64/48 82 07.

10 Von Grosseto nach Follonica

An der Küste der Maremma Grossetana

Tourencharakter: Zwischen Grosseto und Castiglione della Pescaia durch eine weite Ebene, anschließend zwei langgezogene Anstiege.
Länge der Tour: 48 km.

Der Fiume Ombrone leitet uns von Grosseto aus durch die Ebene zum nahen Meer. Dort erwartet uns die **Pineta del Tombolo**, ein Pinienwald, der typisch ist für die Vegetation entlang der Sandstrände der Toskana. Ver-

Über Hafenmole und Strand erhebt sich auf einem steilen Hügel die Altstadt von Castiglione della Pescaia mit der mächtigen Burg aus dem 14. Jahrhundert.

steckt zwischen den Bäumen liegen einige moderne Badeorte mit wenig Atmosphäre, aber langen, sauberen Stränden.

Der einzige Fahrradweg, auf den wir auf unserer Fahrt durch die Toskana gestoßen sind, bringt uns jetzt nach **Castiglione della Pescaia**, das von einem Felssporn aus die flache Küste bewacht. Wahrscheinlich siedelten an dieser Stelle schon die Etrusker. Gesichert ist auf jeden Fall die Anwesenheit der Römer, denn im 19. Jahrhundert stieß man am landseitigen Ende des schmalen Hafenkanals auf die Reste eines römischen Thermalbades. Im Mittelalter stritten sich lokale Adelsfamilien mit den Pisanern und Grosseto um den Ort. Florenz, Alfons von Aragón und Siena folgten als Besitzer, bis

Castiglione della Pescaia im 16. Jahrhundert an die Medici fiel.

Über der Stadt thront die *Rocca Aragonese*, die im 14. und 15. Jahrhundert erbaut wurde. Unter der Burg schmiegt sich die mittelalterliche Oberstadt, *Castiglione Castello* genannt, an den steilflankigen Hügel. Die Häuser dieses ältesten Stadtteils sind allesamt in hervorragendem Zustand. Durch die stillen, engen und steilen Gassen geht der Blick hinunter zum Hafen und hinaus auf das Meer. Im 12. und 13. Jahrhundert umgaben die Pisaner diesen Ortsteil mit einer bis heute gut erhaltenen Mauer, die von elf Türmen und drei Toren unterbrochen wird.

An die Unterstadt, die von einer jüngeren, nur in Teilen erhaltenen Mauer umgeben ist, schließt der schmale Hafenkanal an, mit seinem malerischen Gewirr aus Jachten und Fischerbooten und dem bunten Treiben auf dem angrenzenden Fischmarkt. Von Castiglione della Pescaia bietet sich ein Abste-

Zwischen Marina di Grosseto und Castiglione della Pescaia wird die Straße vom wahrscheinlich einzigen Fahrradweg in der Toskana begleitet.

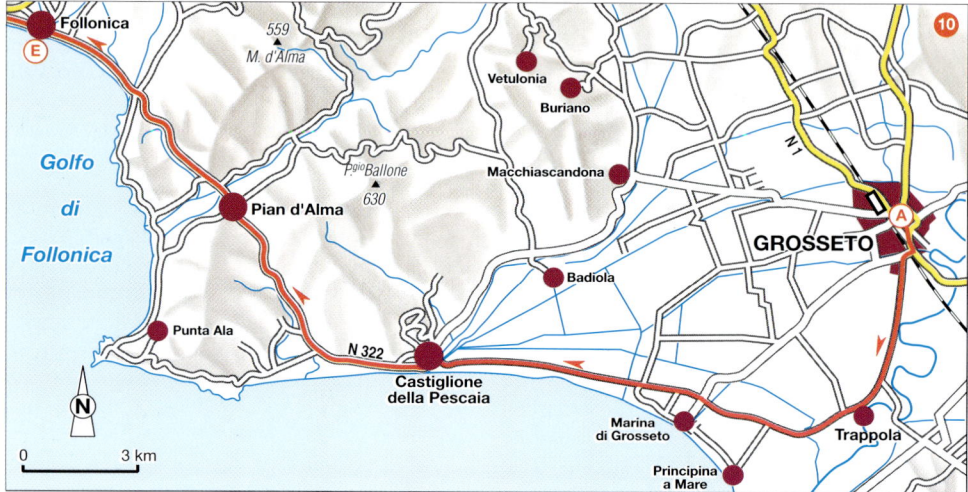

cher in das malerisch gelegene **Vetulonia** an, das einst zu den mächtigsten Städten der Etrusker gehörte (siehe Tour 36).

Man merkt **Follonica** an, daß es kein historisch gewachsener Ort ist. Moderne Architektur und Industrieanlagen, ein schmaler Strandstreifen und eine von Menschen überquellende Strandpromenade, so lautet der Kurzsteckbrief der Stadt. Und doch bietet sich Follonica dank der guten touristischen Infrastruktur als Zwischenstop auf dem Weg entlang der toskanischen Küste an.

Streckenbeschreibung

Von der *Porta Vecchia* am Südende der Altstadt von *Grosseto* folgen wir der *N1* (Wegweiser Roma), bis die Ausfallstraße in Richtung Rom nach wenigen hundert Metern nach rechts ausgeschildert ist. Hier *geradeaus* (Wegweiser Castiglione P.[escaia] und Marina Principina), anschließend *geradeaus* über eine große Kreuzung (Wegweiser Marina di Grosseto und Principina) und unter der *Eisenbahn* hindurch. An der Kreuzung hinter der Eisenbahn *links* (Wegweiser Principina) und am folgenden Kreisverkehr wieder *links* (Wegweiser Principina; in Gegenrichtung ab hier Wegweiser Centro Storico). Nach 1,5 Kilometern verlassen wir das Stadtgebiet.

Nun sind wir auf der wenig befahrenen Straße, die, vorbei an *Trappola* und dem Abzweig nach *Principina a Mare*, in weitem

Bogen durch die Ebene südlich von Grosseto leitet. Nach 14 Kilometern treffen wir bei *Marina di Grosseto* auf die vorfahrtsberechtigte *N322*, auf die wir *geradeaus* überwechseln (Wegweiser Castiglione della Pescaia und Follonica; in Gegenrichtung Principina a Mare). Die letzten acht Kilometer auf einem geteerten Fahrradweg links der Straße, dann erreichen wir nach insgesamt 24 Kilometern *Castiglione della Pescaia*.

Über den Fiume Bruna auf den Altstadthügel zu, anschließend bei erster Gelegenheit unter der Altstadt nach *links* (nicht rechtshaltend der Beschilderung nach Follonica folgen!) zum *Hafen* (Wegweiser Punta Ala und Follonica; in Gegenrichtung nicht dem Wegweiser Grosseto nach links folgen, sondern nach dem Hafen rechts in Richtung Marina di Grosseto und Principina a Mare). Auf der Hauptstraße, der *N322*, zwischen Meer und Altstadthügel entlang, ist das Ortsende schnell erreicht.

Einige Kilometer geht es noch erholsam flach, ehe die Straße in einer ca. drei Kilometer langen, schattenlosen Steigung hundert Höhenmeter zu einem Paß zwischen macchiabestandenen Hügeln hinaufführt. Durch den Tunnel am höchsten Punkt und anschließend schwungvoll hinab nach *Pian d'Alma*. Von hier noch einmal in die Hügel hinauf und dann hinab in die Ebene südlich *Follonica*. Nun wieder eben die letzten Kilometer hinein in die ausufernde Stadt (an den

Kreuzungen im Stadtgebiet den Wegweisern Centro folgen; in Gegenrichtung nicht Richtung Grosseto, sondern Richtung Castiglione della Pescaia und Punta Ala).

Nützliche Informationen

Entfernung: Grosseto–Castiglione della Pescaia: 25 km; Grosseto–Follonica: 48 km.
Höhendifferenz: 200 m.
Unterkunft: Ca. 10 Hotels in *Marina di Grosseto*; ca. 30 Hotels in *Castiglione della Pescaia*; ca. 25 Hotels in *Follonica*.
Camping: Ca. 10 Campingplätze zwischen *Principina a Mare* und *Castiglione della Pescaia*; zwei Campingplätze bei *Follonica*: Tel. 0566/53969, Tel. 0566/60255 (an der nördlichen Ortsausfahrt, Tour 11).
Fahrräder: In *Follonica*: Via Colombo 28.
Auskunft: In *Castiglione della Pescaia*: Tel. 0564/93 36 78; in *Follonica*: Tel. 0566/40177.

11 Von Follonica nach San Vincenzo

An der »Etruskischen Riviera«

Tourencharakter: Zum größten Teil durch flache Küstenebenen; nur auf dem Abstecher hinauf nach Populonia ein längerer Anstieg.
Länge der Tour: 37 km; nach Populonia zusätzlich 10 km.

Daß wir auf dieser Etappe der meist lauten Küstenstraße folgen und nicht in das Landesinnere ausweichen, hat zweierlei Gründe. Zum einen läßt sich hier im Vergleich zu den steilen Hügeln bedeutend angenehmer radfahren. Zum anderen bringt uns ein kurzer Abstecher zu einem der interessantesten und schönsten Abschnitte an der Küste der Toskana, zum **Golf von Baratti** und dem steilen Vorgebirge, auf dem **Populonia** liegt. Vor einigen Jahrtausenden durchbrach dieser Höhenzug noch als Insel die Meeresfluten und wurde erst nach und nach durch an-

geschwemmten Sand ans Festland angebunden. Noch aus römischer Zeit ist überliefert, daß sich nur ein schmaler Sandstreifen zur Halbinsel hinzog.

Freilich hatte um die Zeitenwende die Stadt Populonia, das etruskische Pupluna, ihre große Zeit schon hinter sich. Im 7. Jahrhundert v. Chr. war sie, als einzige Etruskerstadt direkt am offenen Meer erbaut, aus dem Zusammenschluß zweier Dörfer entstanden. Bald zahlte sich die unvergleichliche Lage aus. Man besaß mit dem Golf von Baratti einen geschützten Naturhafen, und die Colline Metallifere mit ihren Erzlagerstätten und ausgedehnten Wäldern waren nahe. Alle Voraussetzungen waren erfüllt, daß sich hier im 7. Jahrhundert v. Chr. eine etruskische Industriemetropole entwickeln konnte. Als auf Elba, das auf Sichtweite vor der Küste liegt, die Wälder abgeholzt waren, wurden auch die Erze der Insel nach Populonia gebracht und hier verhüttet. Schon im 6. Jahrhundert v. Chr. wurde die Oberstadt auf dem steilen Hügel mit einer 2,5 Kilometer langen Mauer umgeben. Im 4. Jahrhundert v. Chr., als Populonia auf dem Höhepunkt seiner Macht stand, wurde auch die Unterstadt in die Verteidigungsanlage miteinbezogen. Eine Mauer mit Wachttürmen zog sich damals vom Golf von Baratti über die Hügel nach Süden und umschloß eine Fläche von 150 Hektar, auf der 25000 Menschen lebten. Die Stadt hatte sich aus dem Einfluß der mächtigen Nachbarn Vetulonia und Volterra gelöst und prägte ihre eigenen Münzen. Und unten am Golf von Baratti rauchten die Verhüttungsanlagen, die die Grundlage des Reichtums bildeten.

Im 3. Jahrhundert v. Chr. geriet Populonia in den Machtbereich Roms, konnte aber vorerst seine Bedeutung beibehalten. Doch 80 v. Chr. wurde die Stadt von den Truppen des römischen Diktators Sulla vollkommen verwüstet, nachdem sie sich auf die Seite seines Gegners Marius gestellt hatte. Danach blieb Populonia für die nächsten 500 Jahre ein bedeutungsloses Dorf.

Im 5. und 6. Jahrhundert wurden die erfolgreichen Bemühungen um einen Neuanfang mit der Einrichtung eines Bischofssitzes gekrönt. Der Aufschwung wurde 570 von plündernden Langobarden unterbrochen, die den Ort erneut zerstörten. Im 9. Jahrhundert verlegte der Bischof seinen Sitz endgültig nach Massa Marittima, und aus Populonia wurde zusehends eine verlassene Einöde. Seiner strategisch günstigen Lage verdankte es der Ort, daß er im 14. Jahrhundert erneut wiederbelebt wurde. Die im nahen Piombino herrschende Adelsfamilie umgab Populonia wieder mit einer Mauer und errichtete auf dem höchsten Punkt das mächtige Kastell.

Wie eine ungestörte Idylle liegt bei der Anfahrt der Golf von Baratti vor uns. Durch dunkle Pinien glitzert die blaue Wasserfläche, die von einer weißen, unverbauten Sandsichel eingefaßt ist. Links führt vom Wasser weg eine kurze, staubige Stichstraße zum Eingang der eingezäunten *Nekropole* *von Populonia.* Vom 7. bis in das 5. vorchristliche Jahrhundert wurden hier die Toten beigesetzt. Dann wurde die Totenstadt verlegt und die Gräber unter den Schlacken der nahen Erzhütten angelegt. Im Ersten

Am weiten, unverbauten Golf von Baratti bieten unter Naturschutz stehende Pinienhaine
Schutz vor der stechenden Mittagssonne.

Weltkrieg verhütteten die Italiener die etruskischen Schlacken, die noch einen Erzanteil von über 50 Prozent enthielten, ein zweites Mal. Zwei Millionen Tonnen wurden abgebaut. Darunter kamen die alten Gräber wieder zum Vorschein.

Wer sich ein wenig für etruskische Geschichte interessiert, der sollte sich für eine Führung dem Kustoden Bruno anvertrauen. Drei verschiedene Grabtypen gibt es in der Nekropole zu entdecken. Gleich in der Nähe des Eingangs liegt die *Tomba dei Carri*, ein mächtiges Tumulusgrab aus dem 7. Jahrhundert v. Chr. Der runde Grabhügel weist einen Durchmesser von 28 Metern auf und ist nach den verzierten Streitwagen benannt, die man in einer seiner Grabkammern fand und die, wie die meisten anderen Grabbeigaben von Populonia, im archäologischen Museum von Florenz aufbewahrt werden. Vorbei an anderen Gräbern, die meist nach in ihnen gefundenen Beigaben benannt sind, erreicht man nahe der Hauptstraße das besterhaltene der sogenannten Ädikula-Gräber, die *Tomba del Bronzetto dell' Offerente*. Die Ädikula-Gräber sind in der Form eines Hauses oder eines kleinen Tempels gestaltet. Sie lösten den älteren Typ der Tumulusgräber ab. In der Nähe findet sich auch der dritte Grabtypus, unscheinbare, aus Steinplatten zusammengestellte Kästen, in denen wohl die weniger Wohlhabenden bestattet wurden.

Mit einem angemessenen Trinkgeld läßt sich der Kustos sicherlich auch dazu überreden, einen kleinen Einblick in das industrielle Populonia zu gewähren. Inmitten der Nekropole wurden in den letzten Jahren ein Teil einer etruskischen Straße, die Grundmauern einer Fabrik und Reste eines Schmelzofens freigelegt.

Die Hauptstraße leitet am Golf entlang zu den wenigen Häusern von *Baratti*, die ungefähr an jener Stelle liegen, an der sich der antike Hafen befand. Hinter den Häusern beginnt der anstrengende Anstieg hinauf nach Populonia, das auf einem 180 Meter hohen, bewaldeten Hügel den Golf von Baratti bewacht. In schattenspendendem Wald erreichen wir einen Sattel südlich der Ortschaft, in dessen Nähe die äußere der antiken Mauern lief. Links im Tal, das von hier

Populonia ist die einzige Etruskerstadt direkt am Meer: Seit dem 3. Jahrhundert v. Chr. wurde hier hauptsächlich Erz aus Elba für die römischen Rüstungsschmieden verhüttet. Die Rocca aus dem 14. Jahrhundert ist den Pisanern zu verdanken.

zur Küste hinunterzieht, versteckt sich die jüngere etruskische Nekropole.

Die Straße wird nun steiler und folgt der verfallenen etruskischen Mauer, die den äußeren mit dem inneren Verteidigungsring verband. Kurz darauf radeln wir durch das Stadttor in das mittelalterliche *Populonia*. Wie eine Geisterstadt liegt es unter der sengenden Mittagshitze. Die wenigen Straßen sind schnell erkundet.

Am höchsten Punkt steht die mächtige, mittelalterliche *Rocca*. Gottlob sind wir noch vor der Siesta der Kustodin hierhergelangt und können die berauschende Aussicht genießen, die sich vom Burgturm aus bietet. Gegenüber der Burg, auf der anderen Seite der ausgestorbenen Piazza Curzio Desiderio, steht das bescheidene Kirchlein *Santa Croce* und bezaubert uns durch seine Einfalt. Wer von etruskischer Kunst nicht genug bekommen kann, der sollte im Keramikgeschäft am Ortseingang nach dem Kustoden des kleinen »*Museo Etrusco*« fragen, in dem Grabbeigaben, Urnen und Gebrauchsgegenstände der Etrusker ausgestellt sind.

Nach dem Abstecher zum Golf von Baratti führt unser Weg entlang des Meeres, von dem wir meist durch die typischen Pinienwälder getrennt sind, nach **San Vincenzo**. Die Stadt gehört zu den meistbesuchten Badeorten an der »Etruskischen Riviera«, ist allerdings kaum von den häßlichen Hotelmonstern umzingelt, wie man sie sonst an der Küste häufig sieht.

Streckenbeschreibung

Von der Fußgängerzone im lebhaften Zentrum von *Follonica* fahren wir zur *Strandpromenade* hinab und auf dieser und den anschließenden Straßen immer nahe am Meer nach *Nordwesten*. Nach *fünf Kilometern*, am Ortsendeschild von Follonica, müssen wir *rechts* über die nahen Eisenbahngleise und treffen kurz darauf auf die vielbefah-

rene *N1*. Auf dieser *links* (Wegweiser Livorno; in Gegenrichtung erster Abzweig rechts nach der Autobahnauffahrt zur neuen N1 mit Hinweisschildern zum Camping Tahiti und zum Golfhotel Sole) und nach einem Kilometer nicht auf die autobahnähnliche Neubaustrecke der Via Aurelia, sondern *geradeaus* auf die *alte*, nunmehr ruhige Trasse der *N1* (Wegweiser Livorno und Venturina; in Gegenrichtung Wegweiser Follonica).

Nun vier Kilometer parallel zur Autobahn, bis nach *links* »*Piombino*« ausgeschildert ist (in Gegenrichtung Wegweiser Follonica). Im nahen Kreisverkehr wieder Richtung »Piombino« (in Gegenrichtung Wegweiser Riotorto und Vignale), unter der Via Aurelia hindurch und anschließend über die Eisenbahnstrecke. Zehn Kilometer leitet die Straße nun *schnurgerade* durch die Küstenebene auf den Hügelzug zu, unter dem die Industrieschlote von Piombino qualmen. An einer Kreuzung hinter dem Fiume Cornia *geradeaus* und wenig später über die Eisen-

bahn und bergauf zur Straße, die den Hang vor uns quert. Hier *rechts* (Wegweiser San Vincenzo; in Gegenrichtung Follonica) und in hügeligen vier Kilometern bis zur Kreuzung, an der nach *links* »Populonia« und »Baratti« ausgeschildert sind.

Nach dem insgesamt zehn Kilometer langen, anstrengenden *Abstecher* zum unverbauten Golf von Baratti und hinauf zum verschlafenen Dorf *Populonia* setzen wir, zurück an der Kreuzung, den Weg nach San Vincenzo fort. Auf der flachen Hauptstraße, meist beschattet von Pinienwäldern und den lockenden Duft des nahen Meeres in der Nase, erreichen wir nach weiteren zwölf Kilometern das Zentrum von *San Vincenzo* (in Gegenrichtung Wegweiser Piombino).

Nützliche Informationen

Entfernung: Follonica–Populonia: 30 km; Follonica–San Vincenzo: 37 km (ohne Abstecher nach Populonia).

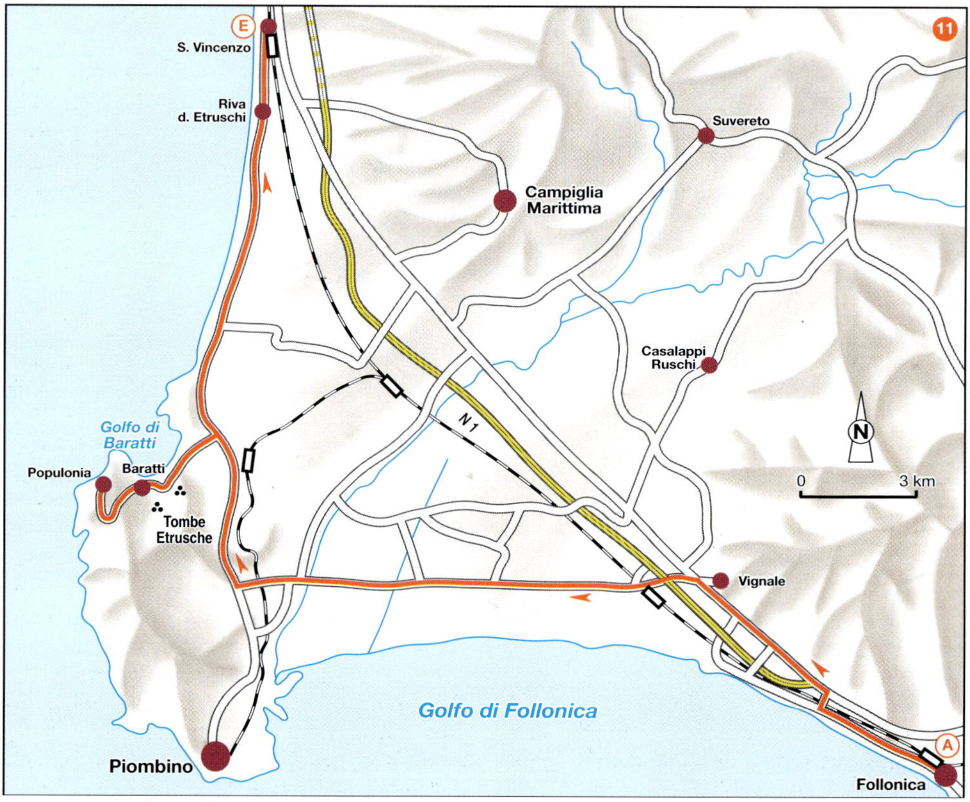

![Karte der Region zwischen Piombino, Populonia, San Vincenzo und Follonica mit eingezeichneter Radroute]

Höhendifferenz: 100 m; nach Populonia
zusätzlich 200 m.
Unterkunft: Eine Pension in *Baratti*:
*»Alba«, Tel. 05 65/2 95 21; ca. 20 Hotels in
San Vincenzo.
Camping: Ein Campingplatz bei *San Vincen*
zo: Tel. 05 65/70 10 18.
Auskunft: In *San Vincenzo*: Via Alliate 2.

12 Von San Vincenzo nach Volterra

Durch die Colline Metallifere
zur schwebenden Stadt

Tourencharakter: Bis Saline di Volterra in meist leichtem Auf und Ab
durch sanftes, fruchtbares Hügelland; der
abschließende, schattenlose Anstieg hinauf nach Volterra ist mit fast 500 Metern
Höhenunterschied sehr kräftezehrend.
Länge der Tour:
61 km.

Kurz nach San Vincenzo führt uns ein
schmales Sträßlein von der Küste weg an
den Fuß der bewaldeten Colline Metallifere.
Unterhalb des hübschen Städtchens **Castagneto Carducci** (siehe Tour 38) vorbei, radeln wir im Schatten von Steineichen zur
Zypressenallee von **Bolgheri**. Vier Kilometer
zieht sie von der Via Aurelia schnurgerade
zu dem hübschen Ort hinauf. Berühmt wurde die Allee durch die Verse des italienischen Dichters Giosuè Carducci, der hier als
Kind gelebt hatte und 1906 den Nobelpreis
für Literatur erhielt. Viele italienische Ausflügler, darunter zahllose Schulklassen, sind
hier auf den Spuren des Dichters unterwegs.

Vorbei an kleinen Dörfern wie Bibbona
und Casale Marittima führt uns der Weg
anschließend in das Tal des Fiume Cecina.
Nur wenig über dem Meeresniveau befindet
man sich hier, doch bald steht das heutige
Ziel, **Volterra**, in flirrendem Licht wie eine
entrückte Fata Morgana hoch über dem Tal.
Dieser Anblick erklärt den Namen der Stadt,
der sinngemäß als die »über dem Land
Schwebende« übersetzt werden kann.

In beherrschender Lage erbaut, gehörte
das etruskische Velathri schon im 6. Jahrhundert v. Chr. zum Bund der mächtigsten
zwölf Etruskerstädte. Damals wurde mit dem
Bau der Stadtmauer begonnen, die im Endstadium eine Länge von acht Kilometern aufwies und ca. 20 000 Einwohnern Schutz gewährte. Zu Beginn des 3. Jahrhunderts
v. Chr. unterlag die Stadt den Römern, konnte aber auch unter den neuen Herren ihre
wichtige Stellung behalten. In den römischen Bürgerkriegen stellte sich Volterra
zwar auf die falsche Seite und wurde daraufhin geplündert. Doch im 1. Jahrhundert war
die Stadt immer noch reich genug, sich ein
Theater mit 2000 Sitzplätzen zu leisten, und
an der Wende vom 3. zum 4. Jahrhundert
entstanden neue Thermen.

In der Zeit der Völkerwanderung überlebte Volterra die Angriffe der Vandalen und
konnte sich im Mittelalter wieder zu einem
blühenden Gemeinwesen entwickeln. Im
12. Jahrhundert war es eine selbständige
Kommune, einer der Stadtstaaten der Toskana, mit demokratisch gewählten Gremien.
Die mittelalterliche Stadtmauer wurde erbaut, die bis heute in einer Länge von drei
Kilometern um die Altstadt läuft.

Das neue Selbstbewußtsein manifestierte
sich im Bau öffentlicher Gebäude. Daß diese Zeit auch innerhalb der Stadtgrenzen
nicht allzu harmonisch verlief und sich
Adel, Klerus, Vertreter der Zünfte und Partrizier bekämpften, bezeugen einige der Turmhäuser, in denen sich, wie in San Gimignano, die gegnerischen Parteien verschanzten.
Doch die größere Gefahr kam von außen.
Ab Mitte des 14. Jahrhunderts stand die Stadt
unter der Kontrolle von Florenz, versuchte
aber in Aufständen immer wieder die Fesseln abzuschütteln. Doch 1472 wurde Volterra von den Truppen des Lorenzo de' Medici erobert, geplündert und endgültig unterworfen. Zur Festigung des Herrschaftsanspruches entstand in der Folgezeit die gewaltige Festungsanlage, die noch heute die
Stadt drohend beherrscht.

Herzstück der Altstadt von Volterra ist die
Piazza dei Priori. Hier wirkt die mittelalterliche Bausubstanz nicht so einladend, so
menschlich wie in vergleichbaren Städten
der Toskana. Eindrucksvoll umstellen grau-

Der Palazzo dei Priori in Volterra mit seinem asymmetrischen Glockenturm ist der älteste Rathauspalast in der Toskana (1208–1254).

braune, strenge Fassaden den Platz und wirken wohl so einschüchternd und machtbewußt, wie es die Bauherren einst geplant hatten.

Im Südwesten wird der Platz vom *Palazzo dei Priori* begrenzt, dem ältesten Rathaus der Toskana und Vorbild für viele weitere Stadtpaläste. In der ersten Hälfte des 12. Jahrhunderts wurde er erbaut, und von 1257 bis heute tagt hier der Rat der Stadt. Dem Palazzo dei Priori gegenüber steht der *Palazzo Pretorio*, der bis 1511 Sitz des Capitano del Popolo war. Überragt wird der Palast vom Torre del Podestà, der wegen einer Skulptur an der Fassade auch Torre del Porcellino, der Schweinchenturm, genannt wird.

Die Piazza dei Priori eignet sich am besten als Ausgangspunkt für die Erkundung der Stadt. An den Palazzo dei Priori stößt im

Westen der romanische *Dom Santa Maria Assunta.* 1120 wurde er geweiht, im 13. Jahrhundert jedoch in pisanischem Stil weitgehend umgestaltet. Von außen wirkt das Gotteshaus eher schlicht, birgt aber im Inneren einige herausragende Kunstwerke. Links im Mittelschiff eine Kanzel, in der Szenen aus dem Alten und Neuen Testament, von Künstlern in mehreren Jahrhunderten geschaffen, zu einem harmonischen Ganzen zusammengefügt sind. Im rechten Querschiff, in der sogenannten Pauluskapelle, beeindrucken die Figuren einer romanischen Kreuzabnahme aus dem 13. Jahrhundert durch ihre farbige Lebendigkeit. Über allem schwebt die geschnitzte, farbig gefaßte Kassettendecke aus dem 16. Jahrhundert. Gegenüber dem Dom steht auf achteckigem Grundriß das romanische *Baptisterium.* Beachtenswert sind ein aus einem etruskischen Grabmal gefertigtes Weihwasserbecken und das schöne Taufbecken von Andrea Sansovino aus dem Jahre 1502.

Vom Südende der Piazza dei Priori führt die Via Porta all'Arco zur nahen mittelalterlichen Stadtmauer mit der alten *Porta all'Arco.* Ursprünglich wurde dieses Tor von den Etruskern in ihre Stadtmauer eingelassen, die sich hier mit der mittelalterlichen deckt. Von diesem Bau aus dem 4. Jahrhundert v. Chr. blieben allerdings nur die großen Steinquader zu beiden Seiten erhalten. Der Bogen mit den drei verwitterten Köpfen wurde von den Römern aufgesetzt, und das übrige Mauerwerk rund um das Tor ist mittelalterlich. Daß wir noch heute dieses uralte Stadttor besichtigen können, verdanken wir einer eintägigen Gewaltleistung der Einwohner Volterras. Um die Sprengung des Tores durch deutsche Besatzungstruppen zu verhindern, verbarrikadierten sie es am 30. Juni 1944 mit Pflastersteinen aus den umliegenden Gassen. Die anrückenden alliierten Truppen nahmen die Stadt allerdings kurz darauf von der anderen Seite ein.

An der Via Porta all'Arco liegen jene Werkstätten, in denen ein weltweit einzigartiges Handwerk betrieben wird. *Alabaster* heißt der Werkstoff, der zu Kunst oder Kitsch verarbeitet wird und der eines der wichtigsten wirtschaftlichen Standbeine von Volterra bildet. In großen Knollen wird das Material, eine besonders dichte und feinkörnige Abart von Gips, in der Nähe von Volterra abgebaut. Arbeit gibt der Alabaster einigen hundert Personen, die ihn zerschneiden, zufeilen, polieren und die schimmernden Endprodukte in einem der vielen Läden verkaufen.

Zurück an der Piazza dei Priori, geht es über den Straßenzug Via Matteotti – Piazza San Michele – Via Guarnacci zur Porta Fiorentina in der nördlichen Stadtmauer. Links liegt direkt an der mittelalterlichen Stadtmauer das *römische Theater*. Den besten Einblick erhält man, wenn man noch innerhalb der Stadtmauer nach links zum nahen Aussichtspunkt radelt. Im 1. Jahrhundert n. Chr. wurde das Theater erbaut und bot Platz für 2000 Besucher.

Wieder zurück in Richtung Piazza dei Priori, biegen wir auf halbem Weg, an der Piazza San Michele, links in die Via di Sotto ein. Von der anschließenden Piazza XX Settembre in die Via Don Minzoni, die zum *Museo Etrusco Guarnacci* leitet. Als erstes Etruskermuseum überhaupt wurde es 1761 gegründet. Hunderte von Urnen, Reliefs und Statuen aus Alabaster, Tuff und Terrakotta vermitteln ein lebendiges Bild etruskischer Kultur und etruskischen Glaubens.

Anschließend noch kurz auf der Via Don Minzoni nach Osten und dann rechts in die Via di Castello und an der *Festung* entlang, die als eines der gewaltigsten Festungswerke der Renaissance in Italien gilt. Der östliche Teil, die Rocca Vecchia, entstand Mitte des 14. Jahrhunderts. Den westlichen Teil, die Rocca Nuova, ließ Lorenzo de' Medici als Zwingburg nach der endgültigen Unterwerfung Volterras von 1472 bis 1475 errichten. Westlich schließt an die Burg der malerische *Parco Archeologico Enrico Fiumi* an. Der Blick geht über die Häuser und Türme Volterras. Unter einem Türmchen verbirgt sich eine römische Zisterne, und die Reste der antiken Akropolis werden zur Zeit freigelegt.

Auf der Via di Castello links zurück zur Piazza dei Priori. Auf der gegenüberliegenden Seite des Platzes, im Nordwesten, setzt die Via Ricciarelli an, auf der man in Richtung Pisa am nächsten Tag die Stadt verlassen kann. Rechts stehen mittelalterliche Turmhäuser und Paläste aus dem 12. und 13. Jahrhundert. Anschließend leitet die Via San Lino aus dem mittelalterlichen Volterra heraus. Auf der Straße Richtung Pisa am Stadtviertel Borgo Santo Stefano entlang in den Borgo San Giusto. In der Nähe des Campingplatzes liegt an einsamer Stelle die Kirche *San Giusto* aus dem 17. und 18. Jahrhundert. Ganz nahe sind nun die bis zu 100 Meter hohen Abbrüche der sogenannten »Balze«, die am Stadthügel von Volterra nagen. Am oberen Rand läuft die teilweise abgestürzte etruskische Stadtmauer aus dem 4. Jahrhundert v. Chr. Die efeuüberwucherte Ruine eines im 11. Jahrhundert gegründeten Klosters erzählt von den Mönchen, die das Gebäude aus Angst vor dem Absturz 1861 verließen.

Streckenbeschreibung

In *San Vincenzo* fahren wir in gerader Verlängerung der Fußgängerzone vom Zentrum nach Norden und nach wenigen hundert Metern *rechts* über die Bahngleise auf die *alte Trasse* der N1. Hier halten wir uns *links* (Wegweiser Donoratico, Cecina und Livorno; in Gegenrichtung San Vincenzo Centro), radeln geradewegs vorbei an der Auffahrt zur neuen N1 und kurz darauf über die Schnellstraße. Jetzt parallel zur vierspurigen Superstrada und nach vier Kilometern *rechts* auf ein schmales Sträßlein (Wegweiser Castagneto Carducci; in Gegenrichtung San Vincenzo). Anschließend leicht bergauf auf Castagneto Carducci zu, bis wir auf die N329 treffen.

Wir fahren auf der *N329 links* 200 Meter hinunter und biegen dann *rechts* ab (Wegweiser Bolgheri und Sp 16). Immer auf der schmalen, einsamen und meist flachen Hauptstraße, bis wir nach neun Kilometern auf die berühmte *Zypressenallee* von Bolgheri stoßen. Einige hundert Meter durch die Allee *rechts* hoch (Wegweiser Bolgheri, Bibbona und Sp 16, in Gegenrichtung Castagneto C. und Sp 16), dann *links* (Wegweiser Bibbona und Sp 16; in Gegenrichtung Castagneto C. und SS 1) und über einige Buckel in vielen Kurven zur nächsten *Kreuzung*.

Hier *rechts* (Wegweiser Bibbona, Livorno und Volterra; in Gegenrichtung Roma, Bolgheri und Castagneto C.) in das nahe *Bib-

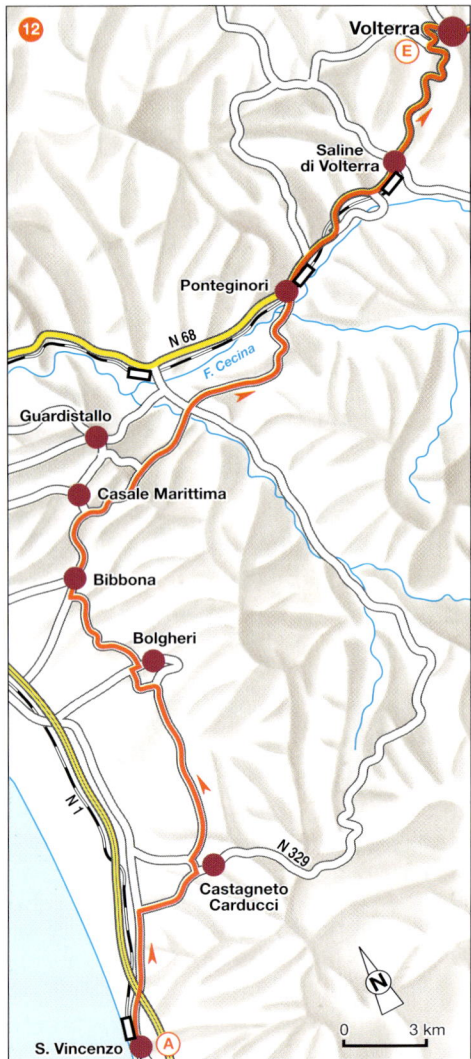

bequemere führt gleich hier nach links zur nahen, aber vielbefahrenen N68, die Cecina mit Volterra verbindet. Wir entscheiden uns für die etwas anstrengendere, aber ruhige und schönere Variante und fahren *geradeaus* über die Kreuzung (Wegweiser Querceto und Ponteginori; in Gegenrichtung Casale, Bibbona und La California). Nach hügeligen acht Kilometern, an der Abzweigung nach Querceto und Micciano geradewegs vorbei, stoßen wir erst in *Ponteginori* auf die *N68*.

Auf der Hauptstraße *rechts* (Wegweiser Volterra; in Gegenrichtung Castello di Querceto), geht es noch die nächsten sieben Kilometer ohne größere Anstrengungen entlang des Fiume Cecina bis *Saline di Volterra*. Durch schattenlose Landschaft leitet ein zermürbender, zehn Kilometer langer Anstieg nach *Volterra* hinauf (immer auf der nach Volterra ausgeschilderten Hauptstraße bleiben; in Gegenrichtung Wegweiser Cecina).

Nützliche Informationen

Entfernung: San Vincenzo–Volterra: 61 km.
Höhendifferenz: 800 m.
Unterkunft: Ein Hotel in *Saline di Volterra*: ***»Africa«, Tel. 0588/44193; fünf Hotels in *Volterra*: ****»San Lino«, Tel. 0588/85250, *** »Etruria«, Tel. 0588/87377, ***»Nazionale«, Tel. 0588/86284, ***»Sole«, Tel. 0588/84000, ***»Villa Nencini«, Tel. 0588/86386.
Jugendherberge: In *Volterra*: Via del Poggetto, Tel. 0588/85577.
Camping: Ein Campingplatz unterhalb von *Castagneto Carducci* an der beschriebenen Route: Tel. 0565/763667; ein Campingplatz in *Volterra*: Tel. 0588/87880.
Auskunft: In *Volterra*: Via Turazza 2, Tel. 0588/86150.

bona. An der *Kreuzung* im Ort halten wir uns *rechts* (Wegweiser Casale und Volterra; in Gegenrichtung Bolgheri) und radeln in die Hügel hinauf. Nach drei Kilometern bleibt der Abzweig in das nahe Casale Marittima links liegen (Wegweiser Volterra; in Gegenrichtung Bibbona), und in einem grünen Tal erreichen wir einen Sattel. Nun geht es, *geradewegs* vorbei an der Abzweigung nach Guardistallo, einige Kilometer teils steil bergab in das Tal des *Torrente Sterza*.

An der *Kreuzung* hinter dem Fluß gibt es zwei Möglichkeiten für den Weiterweg. Die

Unterhalb von Casale Marittima führt uns der Weg von der Küste weg in das Tal der Cecina.

Von Volterra über Pisa und Lucca nach Florenz

13 Von Volterra nach Pisa

Durch das Tal der Era zum Schiefen Turm

> **Tourencharakter:** In der beschriebenen Richtung verläuft der erholsame Weg meist bergab oder eben; in entgegengesetzter Richtung sind über 500 Meter Höhenunterschied zu überwinden.
>
> **Länge der Tour:**
> 65 km.

Von Volterra bringt uns das Tal der Era hinab in die weite Flußlandschaft des Arno. An seinem Südufer leitet der Weg durch zunehmend dichtere Bebauung nach **Pisa**. Die Stadt wurde von griechischen Seefahrern gegründet und später von den Römern zu einem großen Hafen ausgebaut. Damals lag Pisa nicht wie heute kilometerweit von der Küste entfernt. Erst in den folgenden Jahrhunderten wurde von den beiden Flüssen Arno und Serchio die weite Ebene aufgeschüttet, die die Stadt heute vom Meer trennt.

Im Mittelalter baute Pisa eine bedeutende Flotte auf, die die Stadt bald zur beherrschenden Seemacht des Mittelmeerraumes machen sollte. Unterstützung fand das stets ghibellinische, also kaisertreue Pisa natürlich bei den deutschen Kaisern, die hier ein Gegengewicht zu papsttreuen Städten wie Genua und Florenz schaffen wollten. Im 11. Jahrhundert eroberte Pisa nacheinander Sardinien, Karthago, Korsika und Elba, schlug gemeinsam mit den Normannen vor der Küste Siziliens die Flotte der arabischen Sarazenen und eroberte die damalige ägyptische Hauptstadt Mehdia. 1081 bestätigte Kaiser Heinrich IV. in den sogenannten »Pisaner Bräuchen« die Selbstverwaltung Pisas durch einen gewählten Zwölferrat. 1092 wurde es Sitz eines Erzbistums.

Friedrich Barbarossa übergab der kaisertreuen Stadt im 12. Jahrhundert nahezu die gesamte Küste der Toskana. Mit großem Aufwand beteiligte man sich an den Kreuzzügen, gewann dadurch im Nahen Osten neue Handelsniederlassungen und brachte reiche Kriegsbeute mit nach Hause. Pisa beherrschte fast den gesamten Mittelmeerraum vom Nahen Osten über Griechenland und Nordafrika bis zur spanischen Küste.

Doch Mitte des 13. Jahrhunderts begann das Fundament der unbestrittenen Seeherrschaft Pisas allmählich zu bröckeln. Mit Genua erwuchs ein Feind, dessen Flottenstärke bald mit Pisa gleichziehen konnte. Von der Landseite her wurde es zunehmend von den alten Konkurrenten Lucca und Florenz bedrängt, die für ihren florierenden Handel einen Zugang zum Meer suchten. Und nach dem Ende des Hohenstauferreichs in Italien war man ohne den mächtigen Verbündeten seit 1254 auf sich allein gestellt.

1284 wurde dann das Ende der überragenden Machtfülle Pisas besiegelt. In der Seeschlacht von Meloria, vor der toskanischen Küste bei Livorno, wurde Pisa von der Flotte Genuas vernichtend geschlagen. Mit wechselnden Koalitionen, teilweise demokratisch und teilweise autoritär regiert, versuchte sich Pisa im 14. Jahrhundert gegenüber den Nachbarrepubliken zu behaupten. Doch die Stadt mußte immer weitere Gebiete abtreten, und die alten, weitreichenden Handelsbeziehungen waren nun nicht mehr aufrechtzuerhalten. Zu allem Überfluß verlandete der Hafen, Symbol der wirtschaftlichen Blüte, zusehends.

1406 fiel dann Pisa, durch Belagerung ausgehungert und von den eigenen Anführern verraten, an Florenz. Mochte die Stadt

Anfang des 12. Jahrhunderts wurde der romanische Dom von Volterra erbaut, und gegenüber dem Glockenturm entstand auf achteckigem Grundriß das mächtige Baptisterium.

von diesen Rückschlägen auch nicht mehr zu alter Größe zurückfinden, so erholte sie sich im 16. Jahrhundert weitgehend. Durch die Förderung der Medici wurde die 1343 gegründete Universität zu einem bedeutenden Zentrum der Wissenschaften, an der Geistesgrößen wie der in Pisa geborene Galileo Galilei lehrten. Und noch heute kommen auf die rund 100 000 Einwohner Pisas 30 000 Studenten.

Historisch-künstlerischer Mittelpunkt Pisas und eines der touristischen Epizentren Italiens ist die weltberühmte *Piazza dei Miracoli*, der »Platz der Wunder«. In zeitloser, erdentrückter Schönheit vereint stehen hier auf grüner Wiese der Dom, das Baptisterium, der Camposanto und der millionenfach fotografierte Schiefe Turm. Vor allem abends, wenn sich die Touristenmassen allmählich zerstreuen und die untergehende Sonne die hellen Fassaden in warme Farbtöne taucht, kann man sich der Faszination dieses Platzes kaum entziehen.

Kein Foto vermag die unglaubliche Neigung des 54 Meter hohen *Schiefen Turms* wiederzugeben. Nach den schlechten Erfahrungen mit dem weichen Baugrund, auf dem Pisa steht, hatte man für den Dombezirk eine extra trockene Stelle ausgewählt. Doch wie ein Blick auf die Mauern des Doms lehrt, gerieten auch hier die Wände aus dem Lot. Als 1173 mit dem Bau des Glockenturms begonnen wurde, befestigte man den Schwemmlandboden mit Balken und Gesteinsmaterial. Doch die Vorsichtsmaßnahmen schlugen fehl, und schon nach der dritten Galerie neigte sich der Turm zur Seite. Die Bauarbeiten mußten unter dem höhnischen Gelächter der Nachbarstädte eingestellt werden. 100 Jahre ruhten nun die Arbeiten, bis ab 1275 der Baumeister Giovanni di Simone den Turm, der zu diesem Zeitpunkt 30 Zentimeter überhing, vollendete. Er setzte die restlichen drei Stockwerke gegenläufig zum Neigungswinkel obenauf, und 1301 läuteten im Schiefen Turm zum ersten Mal die Glocken.

Daß der Turm bis heute noch steht, kommt einem Wunder gleich. An die fünf Meter weicht er von der Senkrechten ab, und Jahr für Jahr kommt ein weiterer Millimeter auf dem Weg zum Einsturz hinzu.

1989 kam eine Kommission zu dem Ergebnis, daß der Campanile akut einsturzgefährdet sei. Eine Totalsperre für Besucher war die Folge, bis die sehr langwierigen Sicherungsarbeiten abgeschlossen waren. Jetzt kann man wieder das haltlose Gefühl genießen, das einen überkommt, wenn man aus dem Treppenhaus mit seinen 293 Stufen auf eine der geneigten Galerien hinaustritt, an denen kein Geländer vor dem scheinbar unvermeidlichen Absturz abhält. Doch auch von unten gesehen macht der Schiefe Turm seinen Namen alle Ehre. Dabei sollte man noch ein Auge dafür haben, daß er schon durch die architektonische Eleganz alle Aufmerksamkeit verdient.

Mittelpunkt der Piazza dei Miracoli ist der *Dom Santa Maria Assunta*, unerreichtes Beispiel der Pisaner Romanik. Was hier unter dem Begriff Romanik firmiert, ist allerdings mit den dunklen, schweren Bauwerken, wie wir sie aus jener Epoche in den nördlichen Ländern kennen, kaum zu vergleichen. In einzigartiger Verspieltheit und fröhlicher Leichtigkeit mischen sich italienische Einflüsse mit Stilelementen aus Byzanz und der islamischen Welt und lassen etwas völlig Neues, Einzigartiges entstehen. Säulen, Bögen, Mosaiken und Blendarkaden gliedern die weißen Marmorwände, die durch dunkle Streifen weiter strukturiert werden. Über allem schwebt im Kreuzungspunkt des fünfschiffigen Langhauses mit den weit vorstehenden Querschiffen die ovale Kuppel. Begonnen wurde mit dem Bau des Doms im Jahre 1063 dank der Reichtümer, die man in jenem Jahr bei der siegreichen Seeschlacht vor Palermo von den Sarazenen erbeutet hatte. 1118 wurde der Dom eingeweiht, doch noch im selben Jahrhundert wurde der Bau verlängert und die Fassade des Architekten Rainaldo davorgesetzt.

In die Kirche gelangt man gegenüber dem Schiefen Turm durch die 1180 in Bronze gegossene Porta di San Ranieri. Im Inneren

Harmonisch vereinigen sich in Pisa auf der »Piazza dei Miracoli«, dem Platz der Wunder, das Baptisterium, der Dom und der Schiefe Turm (Bauzeit von 1173 bis 1350). Die Abweichung von der Vertikalen beträgt an der Turmspitze mittlerweile 4,45 Meter.

Die letzten Strahlen der Abendsonne leuchten an der Piazza Arcivescovado in den Innenhof des Bischofspalastes von Pisa.

liegt gleich links das Grabmal des Kaisers Heinrich VII. Bedeutendstes Kunstwerk im Dom ist die gotische Kanzel von Giovanni Pisano, die er in zehnjähriger Arbeit zwischen 1302 und 1311 als Gegenstück zur Kanzel seines Vaters schuf, die im Baptisterium zu bewundern ist. Mit den ausdrucksstarken Personen und der schwungvollen Bewegtheit der Darstellungen schuf er das reifste Werk der gotischen Plastik in Italien.

Gegenüber der Domfassade erhebt sich das *Baptisterium*, mit einem Umfang von 107 Metern größte Taufkirche der Christenheit. Die runde, gedrungene Form verschleiert die Dimensionen des Gebäudes, denn mit 55 Metern ist es einen Meter höher als der Schiefe Turm. 1152 wurde der Grundstein des Baptisteriums gelegt, doch erst 1358 die Kuppel vollendet. Während dieser langen Bauzeit wandelte sich vom Unterge-

schoß nach oben hin der Stil von der Romanik zur Gotik. Einzigartig ist die Akustik im Inneren mit dem vielfachen Echo. Säulenreihen, die stark an arabische Architektur erinnern, umringen das Taufbecken. Daneben steht als Meisterwerk italienischer Bildhauerkunst die Kanzel von Nicola Pisano, die er 1260 fertigstellte. Dieses Werk markiert den Übergang von der Romanik zur Gotik. Die Figuren erreichten zum ersten Mal seit der Antike eine solche Kraft des Ausdrucks mit erstaunlicher Individualität und Plastizität.

Beeinflußt wurde Nicola Pisano wohl von den Darstellungen auf den römischen Sarkophagen im nahen *Camposanto*, dem etwas im Schatten der anderen Bauwerke liegenden Friedhof. Er wurde 1278 als letzter Bau am Nordrand der Piazza dei Miracoli begonnen. Eine lange, helle Marmormauer umschließt einen Kreuzgang im Inneren. Der Legende nach soll die Erde des Friedhofes aus Jerusalem, von Golgatha, stammen. 1203 hätten sie die Pisaner nach einem Kreuzzug auf 50 Schiffen aus dem »Heiligen Land« mitgeführt, um die Toten der Stadt in heiliger Erde bestatten zu können. Im 14. und 15. Jahrhundert wurden die Wände des Kreuzganges mit einzigartigen Fresken ausgeschmückt, die aber 1944 bei einem alliierten Artillerieangriff schwer beschädigt wurden. Nach langwierigen Restaurierungsarbeiten erstrahlen einige der Bilder, die heute großenteils in einem Anbau untergebracht sind, wieder in altem Glanz. Unter den Fresken entdeckte man bei der Restaurierung die alten Vorzeichnungen, sogenannte Sinopien, die im *Museo delle Sinopie* am Südrand der Piazza dei Miracoli untergebracht sind.

Vom Domplatz, dem Zentrum des Touristenrummels, leitet die geschäftige Via Roma nach Süden zum Arno. Hier bestimmen die Einheimischen das Bild der Stadt. Der Ponte Solferino bringt uns auf das Südufer des Arno, zur eigenwilligsten Kirche von Pisa. Wie ein überdimensioniertes Schmuckkästchen wirkt *Santa Maria della Spina*, eingeklemmt zwischen Fluß, Straße und bedrängenden Hausfassaden. In der ersten Hälfte des 14. Jahrhunderts gestaltete man ein älteres Kirchlein um, wobei der Baumeister alle Register der Pisaner Gotik zog. Verschiedenfarbiger Marmor, Rosetten, Rundbögen, spitze Tabernakel und Heiligenfiguren fügen sich zu einem harmonischen Ganzen. Die aufwendige Kirche ist sozusagen das Gehäuse für eine wertvolle Reliquie. Ein Dorn (heute im Ospedale di Santa Chiara) der Leidenskrone Christi, in Jerusalem auf einem der Kreuzzüge erbeutet, wurde hier aufbewahrt. Ursprünglich stand Santa Maria della Spina direkt am Ufer des Arno. Doch häufige Überschwemmungen und daraus resultierende Feuchteschäden zwangen 1871 dazu, die Kirche vollständig zu zerlegen und sie etwas höher wieder aufzubauen.

Arnoaufwärts ist der Ponte di Mezzo, vorbei am gotischen Palazzo Gambacorti, dem heutigen Rathaus, schnell erreicht. Wer sich für Museen interessiert, der sollte von hier einen Abstecher zum *Museo Nazionale di San Matteo* machen, das kurz vor der nächsten Brücke an der nördlichen Uferstraße liegt. Vor allem Gemälde und Skulpturen toskanischer Künstler mit Schwerpunkt vom 12. bis zum 15. Jahrhundert sind im ehemaligen Kloster San Matteo untergebracht. Werke der Pisanos fehlen ebensowenig wie Bilder von Fra Angelico. Links neben dem Museum der Palast der Medici aus dem 13. und 14. Jahrhundert.

Zurück zum Ponte di Mezzo und an seiner Nordseite auf die Piazza Garibaldi. An der flußabgewandten Seite des Platzes halb links in die Via Notari und kurz darauf links auf die *Piazza Vettovaglie*. Jeden Vormittag außer sonntags herrscht hier, abseits des Tourismus, das bunte, laute Treiben eines südländischen *Marktes*, auf dem man sich für die Weiterreise eindecken kann.

Weiter über die schmale Via Notari und die Piazza Donti (oder über den rechts davon parallel verlaufenden Borgo Stretto mit seinen Laubengängen und Geschäften) erreicht man die Via Ulissi Dini, die nach links zur *Piazza dei Cavalieri* führt. Nur wenige hundert Meter vom Domplatz entfernt, entdeckt man hier die andere, die ruhige und untouristische Seite von Pisa. Der Überlieferung nach an der Stelle des antiken römischen Forums entstanden, befand sich hier im Mittelalter das politische Zentrum Pisas mit den Palästen der Stadtregierung. Die Spuren der mächtigen und unabhängigen

Stadt ließen die Medici allerdings im 16. Jahrhundert weitgehend beseitigen. Giorgio Vasari, ein Schüler Michelangelos, gestaltete den Platz im Stil des Manierismus um. Im Osten ließ er nach seinen Plänen die Kirche *Santo Stefano dei Cavalieri* erbauen, mit reicher Ausstattung und zahlreichen Trophäen aus den Türkenkriegen im Inneren. Blickfang ist der *Palazzo dei Cavalieri* mit seiner über und über geschmückten Fassade, die Vasari vor einen älteren Palast setzte. Namengebend für den Palast und den ganzen Platz war der Ritterorden (*cavaliere* heißt »Ritter«) Santo Stefano, der 1562 von den Medici gegründet wurde. Diesem Orden wurde die Aufgabe übertragen, die Seewege des Mittelmeeres vor Türken und Seeräubern zu schützen.

Auf der Ostseite der Piazza dei Cavalieri liegt der ebenfalls nach Plänen Vasaris geschickt aus zwei älteren Türmen zusammengefügte *Palazzo dell'Orologio*. Eine Tafel erinnert an das grausame Schicksal, das der Graf Ugolino della Gherardesca hier im ehemaligen Torre dei Gualandi erlitt. 1288 wurde er als Verräter, der die Macht in Pisa an sich reißen wollte, samt seinen Söhnen in diesem Turm eingekerkert und dem Hungertod preisgegeben. Dante beschrieb in seiner »Göttlichen Komödie«, im 33. Höllengesang, die Leiden des Grafen, der vom Hungerwahnsinn getrieben seine Söhne verzehrt haben soll. Von der Piazza dei Cavalieri sind es anschließend nur noch wenige hundert Meter zurück zum Ausgangspunkt, dem Domplatz.

Streckenbeschreibung

Wir beginnen die Tour am nordwestlichen Ende der Altstadt von *Volterra* (hierher vom Nordwestende der Piazza dei Priori in die Via Ricciarelli, geradewegs in die Via San Lino und nach dem Stadttor rechts in die Via Procinzia Pisana) und lassen die Räder, vorbei an der Kirche San Giusto und entlang der mächtigen etruskischen Stadtmauer, den Berg hinunterlaufen (Wegweiser Pisa und Pontedera). Nach vier Kilometern bietet sich der Blick in die mächtigen Abstürze der sogenannten Balze, die an der etruskischen Stadtmauer nagen. Ein aussichtsreicher

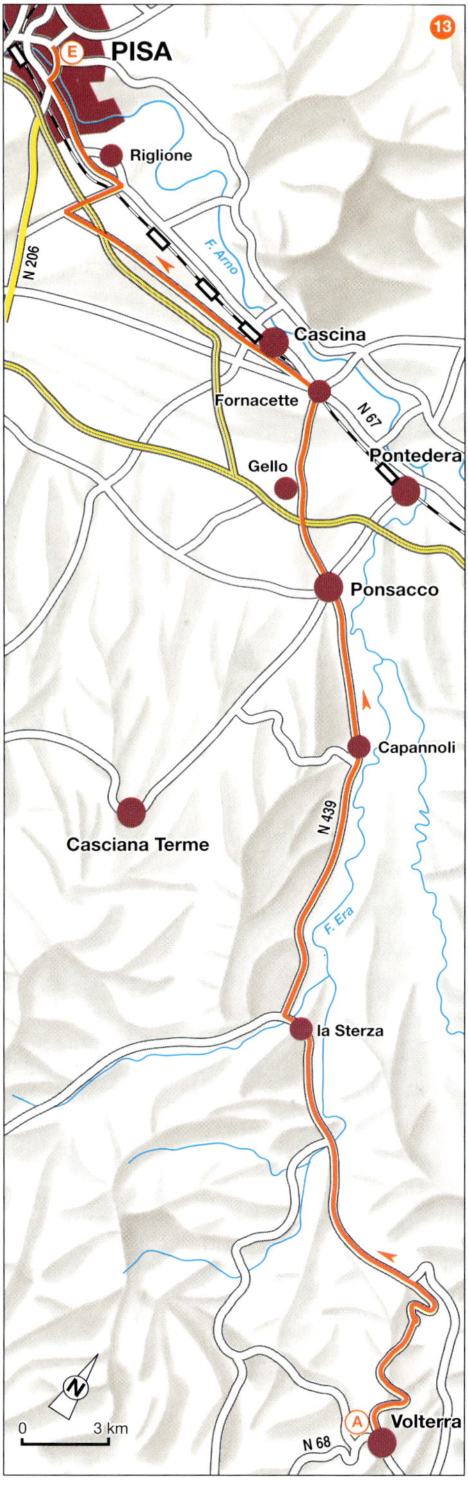

PISA

Riglione

F. Arno

N 206

Cascina

Fornacette

N 67

Gello

Pontedera

Ponsacco

Capannoli

N 439

Casciana Terme

F. Era

la Sterza

N

0   3 km

Volterra

N 68

Kamm leitet nun nach Norden, ehe uns einige Kehren in das Tal des Fiume Era hinabbringen.

An der *Kreuzung geradeaus* (Wegweiser Pisa und Pontedera, in Gegenrichtung Volterra) und auf den nächsten Kilometern meist flach am Fluß entlang, stoßen wir bald auf die N439.

Auf ihr nach *rechts* (Wegweiser Pisa und Pontedera; in Gegenrichtung Volterra, Siena und San Gimignano), die nächsten 21 Kilometer folgen wir dem Tal der Era. Immer auf der Hauptstraße, geradewegs durch das kleine *La Sterza* und später durch *Caponnoli*, fahren wir bis in das verkehrsberuhigte Zentrum von *Ponsacco*. Hier folgen wir der Beschilderung nach Pisa (in Gegenrichtung Wegweiser Volterra), radeln nach drei Kilometern unter der Autobahn hindurch und anschließend am Dorf *Gello* vorbei (Wegweiser Pisa; in Gegenrichtung Ponsacco und Volterra). Durch die Arnoebene, dann treffen wir auf das Dorf *Fornacette*, radeln steil über die Bahnstrecke und jenseits auf die *N67*.

Auf der verkehrsreichen Straße 100 Meter nach *links* zu einem Kanal (Wegweiser Pisa; in Gegenrichtung direkt hinter dem Kanal Wegweiser Ponsacco und Volterra). Den *Wegweisern »Pisa«* und *»Livorno«* folgend rechts um den Ort herum bis zu einer *Kreuzung* am westlichen Ende von Fornacette (in Gegenrichtung durch den Ort den Wegweisern nach Pontedera folgen). An dieser Kreuzung *Richtung »Livorno«* über die nahe Bahnlinie und unmittelbar *nach den Gleisen rechts* in ein sehr schmales Sträßchen.

Entlang einem Entwässerungsgraben, über viele querende Straßen hinweg, läuft dieser schmale Weg *schnurgerade zehn Kilometer* parallel zur N67. Zum Ende hin sind kurze Abschnitte nicht geteert. Auf einer steilen Brücke geht es über die Autobahn. Eine *letzte Querstraße* bringt uns *rechts* über die Autobahn (in Gegenrichtung die erste Straße links nach der Autobahn) und die Bahngleise zur N67. Auf dieser Straße *links* (Wegweiser Pisa; in Gegenrichtung Wegweiser Beatitignano Centro, ca. 400 Meter nach dem Ortsanfangsschild Cascina die erste Straße zur Rechten). Immer auf der Hauptstraße durch die Vororte bis zur *Piazza Guerrazzi* vor der *Porta Fiorentina*, dem südöstlichen Tor der Altstadt von *Pisa* (in Gegenrichtung vor dem Tor in die Via Carlo Cattaneo, nach 500 Metern leicht links in die Via Fiorentina, die geradewegs in die N67 übergeht; Wegweiser Pontedera, Volterra und Cascina Terme). Nun vor dem Tor nach *rechts* zum nahen *Ponte D. Vittoria* und *links* am Arno entlang in das Stadtzentrum.

Nützliche Informationen

Entfernung: Volterra–Ponsacco: 37 km, Volterra–Pisa: 65 km.
Höhendifferenz: In Gegenrichtung 550 m Anstieg.
Unterkunft: Eine Pension in *La Sterza*: *»Pasquino«, Tel. 0587/635715; zwei Hotels in *Ponsacco*: ***»Da Enrico«, Tel. 0587/731305, **»Valdera«, Tel. 0587/731295; ca. 35 Hotels in *Pisa*.
Camping: Ein Campingplatz in *Pisa*: Viale delle Cascine (1 km westlich des Doms), Tel. 050/560665.
Auskunft: In *Pisa*: APT, Via B. Croce 24, Tel. 050/40202; Piazza Duomo, Tel. 050/560464.

14 Von Pisa nach Lucca

Den Serchio entlang zur mächtigen Bastion von Lucca

 Tourencharakter: Meist auf schmalen, wenig befahrenen Straßen ohne große Steigungen am Westfuß des Monte Pisano entlang.
Länge der Tour: 23 km.

Schwer zu überwindende Bergrücken trennen die nahen Städte Pisa und Lucca voneinander. Nur der Fiume Serchio, eingeklemmt in einem engen Tal zwischen den Ausläufern der Apuanischen Alpen und dem Monte Pisano, vermittelt einen leichten Durchgang durch diesen Bergriegel. Kein

Wunder also, daß sich die oftmals feindlich gesinnten toskanischen Großmächte Pisa und Lucca in diesem Engpaß durch Burgen und Mauern, die auf den Fluß herabblicken, voreinander zu schützen suchten. Selbst das kleine Dörfchen **Nozzano Castello**, auf einem beherrschenden Hügel inmitten des Tales erbaut, wirkt eher wie eine abweisende Burg.

Nördlich des Monte Pisano weitet sich das Tal des Serchio zu einer breiten Ebene, in der die altehrwürdige Provinzhauptstadt **Lucca** liegt. Schon die Ligurer siedelten hier, doch erst die Etrusker vermochten dank ihrer überlegenen Entwässerungstechnik die Ebene besser bewohnbar zu machen. Auf das etruskische Wort »luk«, der Sumpf, geht auch der Name der Stadt zurück. Im Jahre 180 v. Chr. gründeten die Römer hier, am Kreuzungspunkt der Via Cassia mit der Via Aurelia, ihre Kolonie mit dem Namen *Luca*. Sie umgaben die Stadt mit einer 3,5 Kilometer langen Mauer. Bis heute zeichnet sich auf dem Stadtplan das Schachbrettmuster der römischen Straßenzüge ab.

Nach dem Ende des Weströmischen Reiches hatte die Stadt noch genügend Kraft, dem Ansturm der Ostgoten zu widerstehen. Schon im 6. Jahrhundert wurden die zuvor vernachlässigten Deiche am Serchio erneuert, und wieder war es die verkehrsgünstige Lage von Lucca, die zu einem schnellen Aufschwung verhalf. Die Langobarden etablierten auf der italienischen Halbinsel ihren Staat, dessen wichtigste Verkehrsachse von der Hauptstadt Pavia über den Apennin und vorbei an Lucca nach Rom führte. So erkoren sie 570 Lucca zur Hauptstadt des Herzogtums Toskana. Lucca war zur bedeutendsten Metropole der Toskana geworden, eine Stellung, die die Stadt mit Unterstützung der deutschen Kaiser noch lange Zeit im Mittelalter bewahren konnte. Die Lage an der wichtigsten Nord-Süd-Achse, der jetzt »Via Francigena« genannten Straße, der damit verbundene Handel, Geldgeschäfte und die Herstellung teurer Stoffe brachten den Bewohnern Wohlstand und Selbstbewußtsein.

Im 12. Jahrhundert wurde Lucca zur freien Stadtrepublik, und der stete Aufschwung ließ sie über die römischen Mauern hinauswachsen. So erbaute man im 13. Jahrhundert, nicht zuletzt als Schutz vor dem nahen Pisa, das Lucca an Macht übertroffen hatte, eine neue Stadtmauer. Die Angst vor Pisa schwand nach der verheerenden Niederlage, die die Genuesen der Seemacht im Jahre 1284 zufügten. Doch schon stand ein neuer Feind bereit, die stetig expandierende Republik Florenz. Im Inneren führten Kämpfe zwischen Guelfen und Ghibellinen zur Schwächung, und Condottieri konnten vorübergehend die Macht an sich reißen. 1369 erhielt Lucca von Kaiser Karl IV. die Selbständigkeit zurück und erlebte im 15. Jahrhundert unter kaiserlichem Schutz eine neue Blüte.

Gegen die Bedrohung durch Florenz entschloß man sich um 1500 zum Bau einer gewaltigen Verteidigungsmauer mit einer Länge von vier Kilometern. Doch dank einer geschickten Politik mußte die Mauer keine Angriffe abwehren, und Lucca konnte als letzte Stadtrepublik der Toskana bis 1799 seine Unabhängigkeit behaupten. Dann vermachte Napoleon Lucca seiner Schwester Elisa als Fürstentum. Nach dem Ende der napoleonischen Herrschaft wurde es im Wiener Kongreß Marie Louise von Bourbon zugeschlagen. Deren Sohn verkaufte Lucca 1847 an den Großherzog der Toskana.

Den besten Überblick und die schönsten Ausblicke gewinnt man von der mächtigen, von außen abweisend wirkenden *Befestigungsanlage*, die die Stadt umgibt. Vier Kilometer lang, zwölf Meter hoch, an der Basis 30 Meter dick ist der ziegelverkleidete Erdwall, der mit seinen elf weit ausladenden Bastionen zu den stärksten und am besten erhaltenen Verteidigungsanlagen in Italien zählt. Auf dem Wall verläuft die *Passeggiata delle Mura Urbane*, auf der man unter schattenspendenden Platanen rund um die Altstadt radeln kann.

Von der Porta Santa Anna, durch die wir in die Altstadt gelangen, leitet die Via Vittorio Emanuele zur *Piazza Napoleone*, dem Verkehrsknotenpunkt innerhalb der Mauern. An der Westseite schließt der Palazzo Ducale, ab 1578 auf den Grundmauern eines älteren Vorgängerbaus errichtet, den Platz ab. An der Südostecke geht die Piazza Napoleone in die Piazza del Giglio mit dem Stadt-

theater an ihrer Südseite über. Nach dem berühmten, 1858 in Lucca geborenen Komponisten wird der Platz auch *Piazza Giacomo Puccini* genannt. An seiner Ostseite setzt die Via del Duomo an, die uns nach 100 Metern zur Kirche *San Giovanni* bringt. Bis in das 8. Jahrhundert war sie die Bischofskirche von Lucca. Im 12. Jahrhundert wurde San Giovanni völlig erneuert und 1622 noch einmal weitgehend umgestaltet. Interessant sind vor allem das schöne romanische Hauptportal und die teils römischen, teils romanischen Kapitelle der Säulen, die die drei Schiffe trennen. In der Kirche befindet sich außerdem das Grab einer der bedeutendsten Frauengestalten des Mittelalters, der 1115 verstorbenen Markgräfin Mathilde von Toskana. Zu ihrer Burg Canossa zog im Jahre 1077 Kaiser Heinrich IV. im Büßerhemd, um sich auf Knien dem dort verschanzten Papst Gregor VII. zu unterwerfen und sich so dem Kirchenbann zu entziehen.

Weiter auf der Via del Duomo und über die Piazza San Martino gelangen wir zum *Dom San Martino*. Die erste Kirche an dieser Stelle wurde wohl im 6. Jahrhundert vom heiligen Frediano, dem damaligen Bischof, gegründet. Im 8. Jahrhundert wurde sie Bischofssitz, Mitte des 11. Jahrhunderts und noch einmal im 13. Jahrhundert weitgehend umgebaut. Ältester Bauteil ist die seltsam asymmetrische, deutlich nach pisanischem Vorbild geschaffene romanische Fassade aus dem Jahre 1204. Die drei wuchtigen, weiten Bögen, die in die Vorhalle führen, stehen in seltsamem Spannungsverhältnis zu den zierlichen, reichverzierten Säulengalerien, die den oberen Teil der Fassade auflösen. Rechts bedrängt der zweifarbige, 69 Meter hohe Campanile die Kirche.

Durch die Vorhalle mit bedeutenden Steinmetzarbeiten lombardischer Künstler und einer Grablegung von Nicola Pisano betritt man das gotisch geprägte Innere der

Marmorintarsien und ganz und gar unterschiedlich geformte Säulen mit Tier- und Monstermotiven an den Kapitellen machen die Fassade von San Michele in Lucca zu einem beeindruckenden Kunstwerk (12./13. Jahrhundert).

dreischiffigen Kirche. Von der Vielzahl bedeutender Kunstwerke seien nur einige hervorgehoben. Gleich rechts am Eingang die romanische Skulptur des heiligen Martin aus dem 13. Jahrhundert. Im dritten Seitenaltar rechts ein »Abendmahl« von Tintoretto, rechts im Mittelschiff eine Kanzel (um 1500) von Matteo Civitali, einem Bildhauer aus Lucca, und im rechten Querschiff zwei Grabmäler desselben Künstlers. Im linken Querschiff befindet sich das berühmte Grabmal der Ilaria del Carretto, das der Sieneser Bildhauer Jacopo della Quercia 1408 schuf. Deutlich weist dieses Werk den Weg von der Gotik zur Renaissance.

Der größte Schatz des Doms befindet sich im linken Seitenschiff, in einem Ende des 15. Jahrhunderts von Matteo Civitali errichteten, achteckigen Tempelchen. »*Volto Santo*«, das heilige Antlitz, wird das Kreuz genannt, das im Mittelalter in ganz Europa berühmt war und Lucca zu einem wichtigen Pilgerzentrum machte. Der Legende nach wurde es im Libanon von dem heiligen Nikodemus unter Mithilfe eines Engels aus dem Holz einer Zeder geschnitzt. 782 soll es dann an der Küste der Toskana in einem besatzungslosen Boot gestrandet sein. Umgeladen auf ein Fuhrwerk ohne Lenker, sollen es die vorgespannten Ochsen anschließend geradewegs nach Lucca gezogen haben. Das Kreuz wurde sicherlich, wie es die Legende berichtet, im Orient hergestellt, allerdings nicht vor dem 11. Jahrhundert. Noch heute wird es am Abend des 13. September auf einem Ochsenkarren, begleitet von Pilgern in historischen Kostümen, in einer Lichterprozession von der Kirche San Frediano zum Dom gezogen.

Nach dem Dombesuch links auf die Piazza Antelminelli, rechts am Brunnen vorbei in die Via D. Trombe, die an der Via Santa Croce endet. Hier kurz rechts und dann links auf der Via Sant'Anastasio bis zur Via Sant'Andrea und wenige Meter nach rechts zu den *Case dei Guinigi*. Der Palast wurde von der Adelsfamilie Guinigi, unter der Lucca Anfang des 15. Jahrhunderts einen deutlichen Aufschwung nahm, erbaut. Die beiden Stadthäuser, aus denen der Palast besteht, stammen aus dem 14. und 15. Jahrhundert. Überragt werden sie vom Torre Guinigi, einem der mittelalterlichen, allerdings um 1400 umgestalteten Geschlechtertürme Luccas. 230 Stufen führen zur eichenbewachsenen Turmspitze, von der man die Aussicht über die Stadt genießen kann.

Anschließend von der Via Sant'Andrea, links am Palazzo Guinigi vorbei, in die Via delle Chiavi d'Oro und auf ihrer Verlängerung, der schmalen Via Canuleia, zur gekrümmten Via dell'Anfiteatro. Kurz rechts (man beachte die riesigen, hellen Quader aus römischer Zeit in den mittelalterlichen Hausmauern) und dann links durch ein Tor auf die *Piazza del Mercato* (auch Piazza dell'Anfiteatro), einen der eigenwilligsten und schönsten Plätze der Toskana. Im 2. Jahrhundert entstand hier das römische Amphitheater, in dem die blutigen Todesspiele des kaiserlichen Roms ihre Opfer forderten. In der drangvollen Enge des mittelalterlichen Lucca erwuchsen aus den Ruinen der Tribünen und der Arena Wohnhäuser. Im 19. Jahrhundert erst ließ man die Häuser im Innenraum abreißen und gewann so die ovale Piazza.

Auf der gegenüberliegenden Seite durch den Torbogen, rechtshaltend in die Via Fillungo mit ihren alten Häusern und Geschäften und gleich wieder links, erreicht man die romanische Kirche *San Frediano*. Von der Fassade leuchtet uns das farbenfrohe, byzantinisch beeinflußte Mosaik der »Himmelfahrt Christi« aus der ersten Hälfte des 13. Jahrhunderts entgegen. Anfang des 12. Jahrhunderts wurde die Kirche zu Ehren des heiligen Fredianus, der im 6. Jahrhundert Bischof in Lucca war, an Stelle eines älteren Vorgängerbaus errichtet.

Der feierlich strenge Kirchenraum wird von Säulen mit romanischen, teilweise römischen Kapitellen in drei Schiffe gegliedert. Gleich rechts vom Eingang befindet sich ein originelles romanisches Taufbecken, das Mitte des 12. Jahrhunderts von mehreren Künstlern geschaffen wurde. Hinter dem Taufbecken liegt die Kapelle der heiligen Zita, deren Mumie in einem Glassarg aufbahrt ist. In ihren Händen sollen sich der Legende nach Rosen zu Brot verwandelt haben. So findet ihr zu Ehren am 21. und 22. April alljährlich ein großer Blumenmarkt statt. In der zweiten Kapelle zur Linken erzählt der Renaissance-Maler Amico Asperti-ni in lebendigen Fresken, die er Anfang des 16. Jahrhunderts schuf, Ereignisse aus der Stadtgeschichte Luccas: Die Einwohner dei-chen unter Anleitung ihres irischen Bischofs, des heiligen Fredianus, im 6. Jahrhundert den wilden Fluß Serchio ein. Auch die Le-gende, wie das »Volto Santo« genannte Kreuz den Weg nach Lucca fand, wird mit Freude an Farben und an Details geschildert. In der vierten Kapelle links stoßen wir wie-der, wie im Dom, auf einen Altar des großen sienesischen Bildhauers Jacopo della Quer-cia aus der ersten Hälfte des 15. Jahrhun-derts.

Nach der Besichtigung gegenüber dem Campanile in die Via Cesare Battisti, auf der breiteren Via San Giorgio kurz nach links und gleich wieder rechts in die Via del Moro. Nun sind wir auf der *Piazza San Mi-chele*, dem Zentrum des urbanen Lebens von Lucca. Einzigartiger Blickfang an der Piazza ist die romanische Kirche *San Miche-le in Foro*. Wie der Name andeutet, wurde sie an der Stelle errichtet, wo sich in römi-scher Zeit das Forum befand. Sie war die Bürgerkirche der Stadt, gestiftet von den Händlern, die ihren Reichtum zeigen woll-ten. Mitte des 12. Jahrhunderts wurde mit

den Bauarbeiten begonnen, die erst im 14. Jahrhundert abgeschlossen waren. Un-vergleichliches Schaustück von San Michele ist die aufwendig gestaltete Fassade. Vier übereinanderliegende Säulenreihen gliedern die Mauern über dem Eingangsportal, und auf dem Giebel triumphiert die riesige Figur des Erzengels Michael. Keine der unzähli-gen Säulen gleicht der anderen, und die phantasievollen Marmorintarsien laden zu langem Betrachten ein. Daß die finanziellen Möglichkeiten der Bürger Luccas begrenzt waren, lehrt uns der Oberbau der beein-druckenden Fassade, der im Kirchenschiff keine Fortsetzung findet und wie ein Luft-schloß ins Leere gebaut wurde. Eine geplan-te Vergrößerung der Kirche, deren Höhe dann jener der Schauseite entsprechen soll-te, mußte im 14. Jahrhundert aus Geldman-gel abgebrochen werden.

Von der Südwestecke der Piazza San Mi-chele führt die Via Vittorio Veneto, vorbei am Renaissancebau des Palazzo Pretorio, zur nahen Piazza Napoleone zurück.

Streckenbeschreibung

Wir beginnen die Tour auf der *Via Cardinale Pietro Maffi* in Pisa, die vom Schiefen Turm

Bis heute ist Lucca eine beschauliche, elegant-konservative Stadt geblieben, deren Reichtum man an den gediegenen Geschäften ablesen kann.

Unter steilen Felswänden entlang, an *Avane* vorbei und nach der Autobahnüberführung auf der Hauptstraße nach rechts (in Gegenrichtung Wegweiser Pisa). Immer auf der *Hauptstraße*, unterhalb *Filettole* vorbei und zweimal unter der Autobahn hindurch (an einer Kreuzung Wegweiser Nozzano), auf schmalem Sträßlein über einen Kanal und anschließend unter der Eisenbahn hindurch, liegt bald der Hügel von *Nozzano Castello* vor uns. Wir radeln bis zum Fuß des häusergekrönten Bergleins und dort an der Kreuzung *links* (in Gegenrichtung Wegweiser Pisa und Vecchiano). Jetzt immer am Fuß des Hügels, an der zweiten Kreuzung *rechts* (Wegweiser Lucca), bis zu seiner Nordseite. Hier überqueren wir die dritte Kreuzung *geradeaus* und radeln dann fortwährend im Schatten des mächtigen Damms am Fiume Serchio entlang.

Nach drei Kilometern, kurz nach einer Autobahnunterführung, stoßen wir in *Ponte San Pietro* direkt am Westende der Serchiobrücke auf die *N439*, auf der wir *rechts* fahren (Wegweiser Lucca; in Gegenrichtung Nozzano und Balbano). Wir folgen *geradeaus* dieser Straße, die nach vier Kilometern am mächtigen Wall endet, der die Altstadt von Lucca umschließt (in Gegenrichtung vom Piazzale Boccherini, der vor der westlichen Stadtmauer von Lucca liegt, in den Viale Alfredo Catalani und dann vier Kilometer immer geradeaus zur Brücke über den Serchio).

nach Osten läuft. Nach wenigen Metern *links* in die *Via San Ranierino*, durch die Stadtmauer, *links* auf der *Via Contessa Mathilde* an der Stadtmauer entlang und gleich wieder *rechts* in die *Via Piave*. Nun 300 Meter bis zu ihrem Ende an einem Kanal, *rechts* in die *Via Ugo Rindi* und nach 100 Metern *links* in die *Via XXIV Maggio*, die uns in gerader Linienführung aus der Stadt bringt.

Nach insgesamt zwei Kilometern, hinter einem Kanal, lassen wir das Stadtgebiet hinter uns. *Geradewegs* radeln wir nun durch angenehm flaches Bauernland, dann treffen wir nach gut vier Kilometern auf eine vorfahrtsberechtigte Straße. Hier halten wir uns *links* (in Gegenrichtung Wegweiser Pisa) und erreichen nach einigen hundert Metern am Ortsrand von *Pontasserchio* einen *Kreisverkehr*, an dem wir *geradeaus* fahren (nicht rechts der Beschilderung Lucca folgen; in Gegenrichtung Wegweiser Gello, San Giuliano Terme). Über den Serchio und auf der gegenüberliegenden Seite, am Ortsrand von *Vecchiano*, vor der felsigen Hügelkette nach *rechts* (Wegweiser Lucca, Avane und Filettole; in Gegenrichtung Pisa und San Giuliano Terme).

Nützliche Informationen

Entfernung: Pisa–Lucca: 23 km.
Höhendifferenz: Keine nennenswerten Anstiege.
Unterkunft: Ein Hotel in *Vecchiano*: ***»Garibaldi«, Tel. 050/868573; ca. 20 Hotels in *Lucca*.
Jugendherberge: In *Lucca*: Via Brennero, Tel. 0583/953686 (ca. 1,5 nördlich der Altstadt Richtung Bagni di Lucca im Stadtteil Salicchi).
Fahrräder: In *Lucca*: Piazza Santa Maria 42.
Auskunft: In *Lucca*: APT, Piazza Guidiccioni 2, Tel. 0583/491205; Piazzale Verdi, Tel. 0583//53592.

15 Von Lucca nach Vinci

Zum Geburtsort von Leonardo da Vinci

Tourencharakter: Erholsame Strecke mit nur einem etwas längeren Anstieg vor Cerreto Guidi. Bis Altopascio stärkerer Verkehr, anschließend schmale, wenig befahrene Nebenstraßen.

Länge der Tour: 42 km.

Für Autofahrer und Kunstliebhaber geht die Reise von Lucca nach Florenz normalerweise nördlich am Monte Albano vorbei. Dies ist die einfachste und kürzeste Verbindung, und die hochgelobten Städte Pistoia und Prato mit ihren schönen Altstadtkernen und bedeutenden Kunstwerken liegen auf dem Weg. Doch vielbefahrene Hauptstraßen, zu denen es kaum Alternativen gibt, verbinden diese sehenswerten Städte. Als Radfahrer weicht man besser nach Süden aus, wo schmale Sträßlein durch die Sümpfe von Fucecchio und über den Monte Albano führen.

In **Porcari** erreichen wir die ehemalige Via Francigena, im Mittelalter wichtigste Handels- und Pilgerstraße in Italien, der wir ein kurzes Stück folgen. Vom Hospiz in Porcari, das im 11. Jahrhundert als Unterkunft für die Reisenden gegründet wurde, blieb nichts erhalten.

Im nahen **Altopascio** wurde im 11. Jahrhundert zum Unterhalt des dortigen Hospizes der Hospitaliter-Orden gegründet. Bis Mitte des 15. Jahrhunderts, als die alte Via Francigena ihre Bedeutung verlor, betreute er die Pilger auf dem schwierigen Streckenabschnitt, der zwischen Lucca und dem Arno durch gefürchtete Sümpfe lief. An das Hospiz erinnern nur noch einige Reste der ursprünglich romanischen Kirche aus dem

Gespenstisch schleicht der Herbstnebel durch eine Pappelpflanzung im Padule di Fucecchio, einer sumpfigen Ebene östlich von Altopascio.

Vor der Burg von Vinci, in der heute das Museo Vinciano untergebracht ist, erinnert das Denkmal mit dem berühmten Symbol für den Renaissancemenschen an Leonardo da Vinci.

12. Jahrhundert, die später stark verändert wurde. Erhalten blieben die Fassade, die Apsis und vor allem der massige, zinnengekrönte Turm.

Auf einem Hügel in den sanftgewellten südlichen Ausläufern des Monte Albano liegt **Cerreto Guidi**. Schon im 12. Jahrhundert hatte die Adelsfamilie Guidi, die auch die Burg im nahen Vinci besaß, Cerreto an die Florentiner verkauft. Im 16. Jahrhundert ließ sich Großherzog Cosimo I. auf den Trümmern der alten Burg das prachtvolle Landhaus errichten, in dem sich heute eine Sammlung von Portraits der Medici-Familie befindet.

Am Südhang des Monte Albano liegt, eingebettet in Weinberge und Olivenhaine, das Dorf **Vinci**. Im Mittelalter waren Ort und Kastell im Besitz der Adelsfamilie Guidi, fielen aber im Jahre 1254 an Florenz. Vinci wäre wohl eines von vielen vergessenen Bauerndörfern in der Toskana, hätte hier nicht 200 Jahre später eines der größten Genies der Menschheitsgeschichte das Licht der Welt erblickt. Am 15. April 1452 soll im Weiler Anchiano, nördlich über dem Dorf Vinci gelegen, eine Magd namens Caterina den kleinen Leonardo geboren haben. Der Vater Ser Piero, ein Florentiner Notar, versteckte dort die nicht standesgemäße Mutter und den unehelichen Sohn. Im Alter von 13 Jahren ging Leonardo da Vinci als Lehrling in die Werkstatt eines angesehenen Künstlers nach Florenz. Dank seiner geistigen Fähigkeiten und seines Fleißes entwickelte sich Leonardo da Vinci dort nicht nur zu einem Meister der Malerei, sondern zu jenem Idealbild eines Universalgenies, das die Renaissance forderte. Anatomie war ihm ebensowenig fremd wie Mathematik, Geometrie, Physik und Architektur. Seine optischen Studien ermöglichten es ihm, seinen unvergleichlichen schimmernden Malstil mit den fließenden Konturen zu entwickeln. Und als Erfinder hinterließ er Hunderte von Konstruktionszeichnungen, die ihrer Zeit weit voraus waren.

Im Zentrum von Vinci, in der alles überragenden mittelalterlichen Burg, befindet sich das 1953 gegründete »Museo Vinciano«. Die Exponate, vor allem nach Zeichnungen von Leonardo da Vinci angefertigte Modelle, konzentrieren sich auf den Erfinder, den Ingenieur Leonardo da Vinci. Fluggeräte und ein Fahrrad fehlen ebensowenig wie Baumaschinen und Kriegsgeräte. Außerdem ist in der Burg eine umfangreiche Leonardo-Bibliothek untergebracht. Drei Kilometer nördlich von Vinci, an der Straße zum Monte Albano, findet man in Anchiano das *Geburtshaus* von Leonardo da Vinci. Neben Erinnerungsstücken an das Genie sind dort Reproduktionen seiner Kunstwerke ausgestellt.

Streckenbeschreibung

An der Ostseite der Altstadt von Lucca führt die Porta Elisa durch die Stadtmauer auf den *Piazzale Don Aldo Mei. Geradewegs* über diesen Platz in den *Viale Luigi Cadorna*, nach wenigen Metern *links* in die *Via di Tiglio* und kurz darauf rechts in die *Via Romana*. Nun immer *geradeaus*. Nach zwei Kilometern verlassen wir das Stadtgebiet von Lucca. Nach dem Dorf *Antraccoli* an zwei Kreuzungen *geradeaus* (Wegweiser Capannori; in Gegenrichtung Lucca), dann radeln wir nach fünf Kilometern *geradeaus* durch das Ortszentrum von *Capannori*. Am Ortsende *geradeaus* auf die Hauptstraße (in Gegenrichtung Wegweiser Capannori; nicht links den Wegweisern Lucca auf die Umgehungsstraße folgen). Nach kurzer Fahrt treffen wir auf einen *Kreisverkehr*, an dem wir wieder *geradeaus* fahren (Wegweiser Porcari; in Gegenrichtung Capannori und Lucca).

Nach einem Kilometer biegen wir unterhalb der weißen Kirche von *Porcari rechts* auf eine Querstraße ein (Wegweiser Centro; in Gegenrichtung Capannori und Lucca). Jetzt bleiben wir immer auf der vorfahrtsberechtigten Straße, bis wir nach drei Kilometern auf die breite, vielbefahrene Hauptstraße stoßen, auf der wir nach *links* fahren (Wegweiser Altopascio; in Gegenrichtung Porcari). Nach 2,5 Kilometern erreichen wir, nach Unterquerung der Autobahn, das Zentrum von *Altopascio*. Nicht links auf die breite Umgehungsstraße, sondern *geradeaus* in den Ort. Auf der Hauptstraße an der rechten Seite des großen Hauptplatzes entlang und nach wenigen hundert Metern, kurz vor dem Ortsende, *links* in eine unbeschilderte Seitenstraße (wer den Abzweig verpaßt, dreht kurz darauf bei den letzten Häusern

um und findet aus dieser Richtung einen Wegweiser nach Spianate). Nach 300 Metern wieder *rechts* (Wegweiser Spianate; in Gegenrichtung geradeaus in den Ort). Nach einem weiteren Kilometer überqueren wir *geradewegs* die Umgehungsstraße.

400 Meter nach der Umgehungsstraße müssen wir *rechts* abbiegen (Wegweiser Spianate; in Gegenrichtung der erste Abzweig einen Kilometer nach dem Ortsende von Spianate, dann immer geradeaus in das Zentrum von Altopascio und dort den blauen Wegweisern nach Lucca folgen). Auf ruhiger, flacher Straße radeln wir in das nahe *Spianate, geradeaus* durch das Dorf und kurz darauf *geradewegs* über eine breite Hauptstraße. Für 1,5 Kilometer dem schmalen Sträßlein bis zu seinem Ende an einer vorfahrtsberechtigten Querstraße folgen.

Hier halten wir uns *rechts* (in Gegenrichtung gegenüber einem Einkaufszentrum am Ortsende, unmittelbar nach dem Ortsschild von Querce, links in die schmale, unbeschilderte Straße), radeln durch die kleine Streusiedlung *Querce* und erreichen nach 2,5 Kilometern eine Kreuzung, an der wir *links* abbiegen (Wegweiser Massarella und Stabbia; in Gegenrichtung Chiesina). Immer auf der Hauptstraße über die niedrigen Hügel, die die sumpfige Ebene des Padule di Fucecchio im Süden begrenzen, zum kleinen Dorf *Massarella*. Die Hauptstraße leitet bald in die Ebene hinab, wo wir die *N436* erreichen.

Auf der Nationalstraße nach *links* (Wegweiser Stabbia und Monsummano; in Gegenrichtung Lucca, Chiesina und Massarel

Im Zentrum des Dörfchens Vinci erhebt sich die mittelalterliche Burg, in der heute das »Museo Vinciano« untergebracht ist.

la) in das nahe *Stabbia* und im Ortszentrum *rechts* auf eine Nebenstraße (Wegweiser Empoli und Cerreto Guidi; in Gegenrichtung Fucecchio). Nach wenigen hundert Metern halten wir uns an der nächsten Kreuzung wieder *rechts* (Wegweiser Empoli, Vinci; in Gegenrichtung Fucecchio) und radeln durch eine schöne Pinienallee an einem Kanal entlang. Nach zwei Kilometern an der Kreuzung in *Lazzeretto rechts* (Wegweiser Empoli, Vinci und Cerreto Guidi; in Gegenrichtung Fucecchio und Montecatini Terme).

Ein zwei Kilometer langer, nicht allzu steiler Anstieg bringt uns anschließend nach *Cerreto Guidi* hinauf. Im Ort folgen wir linkshaltend der *Hauptstraße* (Wegweiser Empoli und Vinci; in Gegenrichtung Lamporecchio und Montecatini Terme), fahren links unterhalb der Medici-Villa vorbei und biegen dann noch im Ort an einer Ampel nach *links* ab (Wegweiser Vinci; in Gegenrichtung Lamporecchio). Meist bergab radeln wir geradewegs über *Toiano* nach *Vinci*, das sich vor uns an den Monte Albano

schmiegt (in Gegenrichtung im unteren Ortsteil von Vinci den Wegweisern nach Cerreto Guidi folgen).

Nützliche Informationen

Entfernung: Lucca–Altopascio: 16 km; Lucca–Vinci: 42 km.
Höhendifferenz: 250 m.
Unterkunft: Drei Pensionen in *Porcari*: *»Bonelli«, Tel. 05 83/2 92 23, *»Da Rino«, Tel. 05 83/2 93 77, *»Dell'Angelo«, Tel. 05 83/2 91 60; zwei Hotels in *Altopascio*: *** »Astoria«, Tel. 05 83/2 47 46, ***»Cavalieri Del Tau«, Tel. 05 83/2 52 63; eine Pension in *Cerreto Guidi*: *** »Il Tegolo«, Tel. 05 71/55 90 11; drei Hotels in *Vinci*: *** »Alexandra«, Tel. 05 71/5 62 27, *** »Alexandra Dipendenza«, Tel. 05 71/5 62 24, ***»Gina«, Tel. 05 71/6 60 57.
Camping: 10 km oberhalb Vinci in *San Giusto* (siehe Tour 16).
Auskunft: In *Altopascio*: Piazza Ospitalieri, Tel. 05 83/2 51 04.

16 Von Vinci nach Florenz

Über den Monte Albano in die Arno-Metropole

> **Tourencharakter:** Zu Beginn in den ruhigen Albaner Bergen ein langgezogener Anstieg mit gut 300 Metern Höhenunterschied, anschließend eine lange Abfahrt zur vielbefahrenen Hauptstraße, die nach Florenz führt.
>
> **Länge der Tour:** 38 km.

Durch Weinberge und Olivenhaine, später in dichtem Wald, führt uns die Straße zum Kamm des Monte Albano hinauf. Dort oben, nahe dem höchsten Punkt, steht unterhalb dieses alten Übergangs die vergessene romanische Landkirche **San Giusto**. Einsam und verschlossen, zählt sie nicht zu den herausragenden Baudenkmälern aus jener Zeit. Doch ihre aussichtsreiche Lage hoch über dem Tal des Arno lädt nach dem langen Anstieg zu einer Rast ein.

Auf der Nordseite leitet anschließend eine erholsame Abfahrt in das Weindorf **Carmignano**. Wer sich für Malerei interessiert, sollte an der schlichten Pfarrkirche, rechts an der Straße gelegen, eine kurze Pause einlegen. Wie so oft in der Toskana findet man hier, abseits der großen Kunstzentren, ein Werk von herausragender Qualität und Bedeutung. An der rechten Seitenwand in der schummrigen Kirche hängt die »Heimsuchung«, die der Manierist Pontormo 1528 malte. In unirdischer Leichtigkeit, losgelöst vom Raum, schweben vier Frauengestalten im Zentrum des Gemäldes. Die seltsam kahle Architektur und die verlorenen, kleinen Figuren im Hintergrund erinnern an die moderne Malerei des 20. Jahrhunderts.

In **Poggio a Caiano** erreichen wir das verbaute, hektische Umland von Florenz. In der

Auf den Terrassen an den Südhängen des Monte Albano finden sich noch die althergebrachten Mischkulturen aus Olivenbäumen und Ölfrüchten.

Nähe der Ortschaft ließ sich Lorenzo il Magnifico Ende des 15. Jahrhunderts eine prächtige Renaissance-Villa erbauen. Inmitten eines weiten Gartens gelegen, zählt sie zu den schönsten und bekanntesten Medici-Villen und beherbergt ein reich ausgestattetes Museum. 20 Kilometer sind es anschließend noch bis in das Zentrum der Arno-Metropole **Florenz** (siehe Tour 1).

Streckenbeschreibung

In *Vinci* fahren wir von der Hauptstraße auf die nach »Carmignano« ausgeschilderte *Nebenstraße*, die nach Osten in ein Tal hinableitet. Bald führt diese Straße über einige, auf kurzen Abschnitten steile Anstiege aus dem Tal. Nach 3,5 Kilometern treffen wir auf eine vorfahrtsberechtigte Straße.

Hier *links* (Wegweiser Vitolini, Carmignano und Poggio a Caiano; in Gegenrichtung nicht scharf rechts nach Faltugnano, sondern in die unbeschilderte Straße halbrechts) und hinauf in das nahe *Vitolini*.

In scharfen Kurven auf der Hauptstraße durch den Ort und dann vier Kilometer durch Weinfelder und Olivenhaine in den Hängen des Monte Albano bergauf zu einem Sattel. Flach vorbei an der romanischen Kirche San Giusto, kurz darauf an der Zufahrt zu einem Campingplatz wendet sich die Hauptstraße bald nach unten und leitet durch schöne Landschaft nach *Carmignano*. An der Kreuzung am Ortsende auf der Hauptstraße nach *rechts* (Wegweiser Firenze, Prato und Poggio a Caiano; in Gegenrichtung Vinci und Empoli) und dann bergab zu dem kleinen Ort *La Serra*. An der Kreuzung, weiterhin auf der Hauptstraße, nach

links (Wegweiser Poggio a Caiano, Prato und Firenze; in Gegenrichtung Carmignano, Vinci und Empoli) und durch Olivenhaine hinab nach *Poggio a Caiano*. Auf der Vorfahrtsstraße radeln wir durch den Ort, bis wir auf die vielbefahrene N66 treffen.

Hier *rechts* (Wegweiser Firenze; in Gegenrichtung Carmignano und Comeana) und die nächsten zwölf Kilometer auf der Hauptstraße bis zu einer großen Kreuzung im westlichen Stadtgebiet von Florenz. *Rechts* in die *Via Francesco Baracca* (Wegweiser Centro und Via Baracca) und die nächsten vier Kilometer auf der Hauptstraße bis zum *Piazzale di Porta al Prato*. *Links* sind es nur noch wenige hundert Meter bis zum *Hauptbahnhof* von *Florenz* (da die Via Francesco Baracca Einbahnstraße ist, folgt man in Gegenrichtung vom Piazzale di Porta al Prato dem breiten Viale Belfiore; nach 500 Metern links in den Viale F. Redi und bis zu seinem Ende am Ponte di San Donato; über die Brücke und geradewegs in die Via di Novoli; nun zwei Kilometer geradeaus, bis man hinter der Eisenbahnunterführung links in die Via G. Pietri abbiegt; 400 Meter geradeaus zur Via Baracca, auf ihr 200 Meter nach rechts und dann links auf die nach Pistoia ausgeschilderte N66).

Nützliche Informationen

Entfernung: Vinci–Florenz: 38 km.
Höhendifferenz: 350 m.
Camping: Ein Campingplatz 10 km nach Vinci in *San Giusto*: Tel. 055/8712304.
Auskunft: In *Carmignano*:
Tel. 055/8712166.
Informationen zu Florenz: Siehe Tour 1.

Von der Maremmaküste durch die Colline Metallifere nach Siena

17 Von Follonica nach Massa Marittima

Stilles Bauernland auf dem Weg nach Massa

Tourencharakter: Die ersten Kilometer auf stark befahrener Straße, dann auf ruhigen Nebenstraßen durch wunderschöne Landschaft bis zum Stadthügel von Massa Marittima; das letzte Stück hinauf nach Massa sehr steil und anstrengend.

Länge der Tour: 27 km.

Auf schmalen Straßen radeln wir durch das ruhige, sanfte Hügelland unterhalb Massa Marittima. Wälder wechseln mit Äckern, auf denen im Frühjahr die umgepflügte Erde in warmen Braun- und Rottönen leuchtet. Die ersten Weinberge kündigen an, daß wir uns der **Fattoria Marsiliana** nähern. Die gepflegten Gebäude beherbergen ein landwirtschaftliches Versuchsgut. Am Wochenende kommen Einheimische hierher, um unverfälschte Produkte zu kaufen. In den Pferchen kann man noch die alte Rasse der weißen Maremma-Rinder sehen, die früher mit ihren weitausladenden Hörnern das Bild dieser Landschaft prägten und heute fast vollkommen verschwunden sind.

Am Abend leitet uns ein steiler Berg nach **Massa Marittima** hinauf, das von einem Hügel auf das Tal herabblickt. Es ist Mitte Mai, und dumpf klingende Trommelwirbel erwarten uns in der Stadt. Mitglieder eines Trom-

Mit reich gegliederter Fassade schaut der im 13. Jahrhundert erbaute Dom von Massa Marittima auf die Piazza Garibaldi.

melzuges üben in den Gärten für den »*Bale-stro del Girifalco*«, einen Umzug in mittelalterlichen Kostümen, bei dem Vertreter der einzelnen Stadtteile im Bogenschießen und Fahnenschwingen ihre Kräfte messen.

Die Ursprünge von Massa Marittima liegen, wie die vieler anderer Städte in der Maremma, in etruskischer Zeit. In den nahen Hügeln der Colline Metallifere schürften die Etrusker nach Eisen, Kupfer und Silber. Doch eingeklemmt zwischen den nahen, bedeutenden Metropolen Populonia und Vetulonia blieb Massa eine bescheidene Siedlung. Auch zur Zeit der Römer, als der Ort den bezeichnenden Namen »Massa Metallorum« trug, änderte sich daran nichts. Erst im 9. Jahrhundert, als der Bischof von Populonia vor Malaria und Sarazenenüberfällen in das geschützt liegende Massa floh, begann die goldene Zeit dieser Stadt.

Der Bergbau brachte Reichtum nach Massa Marittima, das nun das Zentrum der Maremma wurde. Vom 11. bis ins 13. Jahrhundert wurden die Gebäude der Unterstadt, der »Città Vecchia«, errichtet. Im 13. und 14. Jahrhundert entstand rund um die Burg die Oberstadt. Bis heute wird sie »Città Nuova« genannt – ein »Neubauviertel«, das mittlerweile 600 Jahre alt ist. Ab 1225, als man sich von der bischöflichen Macht löste, war Massa Marittima eine selbständige Kommune. Doch die strategisch günstige Lage der Stadt und der Wohlstand riefen Neider auf den Plan. Pisa und Siena stritten sich um Massa, so daß es 1335 unter den Einfluß Sienas geriet.

Als Massa im 16. Jahrhundert dem Großherzogtum Toskana zufiel, war der einstige Glanz schon verblaßt. Die Malaria war durch die Flußtäler von der Küste heraufgekrochen und setzte der Bevölkerung schwer zu. Mitte des 18. Jahrhunderts war von der einstmals blühenden Stadt nur ein armseliges Dorf mit 300 Einwohnern übriggeblie-

ben. Dieses traurige Schicksal bewahrte die Stadt allerdings vor Eingriffen in die mittelalterliche Bausubstanz. Mit dem Rückgang der Malaria und dem neuerlichen Aufschwung des Bergbaus konnte der historische Kern von Massa Marittima im 19. und 20. Jahrhundert restauriert werden.

Durch die Porta al Salintro betreten wir die Altstadt an ihrem tiefsten Punkt. Eine kurze Gasse leitet von hier zur *Piazza Garibaldi* hinauf, einem der schönsten Plätze der Toskana. Irgendwie scheint er aus dem Gleichgewicht gekommen zu sein, doch gerade seine unregelmäßige Geometrie und

Massa Marittima blühte im Mittelalter dank der Verarbeitung von Kupfer, Silber und Eisen aus den nahe gelegenen Colline Metallifere zur wichtigsten Stadt der Maremmen auf. Vom einstigen Reichtum zeugt noch die Città Vecchia, die Unterstadt, mit den überwiegend romanischen Gebäuden.

die abwechslungsreiche Bebauung ringsum machen seinen Reiz aus.

Der Blickfang an der Piazza Garibaldi ist unzweifelhaft der *romanisch-gotische Dom*, das im 13. Jahrhundert erbaute religiöse Herz der Stadt. Auf ein erhöhtes Podest gestellt und durch eine geknickte Treppe mit dem Platz verbunden, ist die Kirche in eigenartigem Winkel aus der Flucht des Platzes gerückt und weiß gerade durch diesen Kunstgriff zu gefallen. Mit seinen Blendarkaden, seiner reich gegliederten, kunstvoll geschmückten Fassade und dem massigen und doch grazil wirkenden Campanile präsen-

tiert sich der Dom in bester Pisaner Bautradition. Das mit ausdrucksstarken Reliefs geschmückte Hauptportal leitet in den dreischiffigen Kirchenraum. Gleich rechts ein wundervolles Taufbecken, von Giroldo da Como in der zweiten Hälfte des 13. Jahrhunderts aus einem einzigen Travertinblock geschlagen. In der Krypta befindet sich das wertvollste Stück der Kirchenausstattung, der Reliquienschrein des heiligen Cerbone. Die schönen, stark stilisierten Reliefs, von dem Sieneser Bildhauer Goro di Gregorio um 1320 geschaffen, erzählen aus dem Leben des Heiligen. Im Altar des linken Seiten-

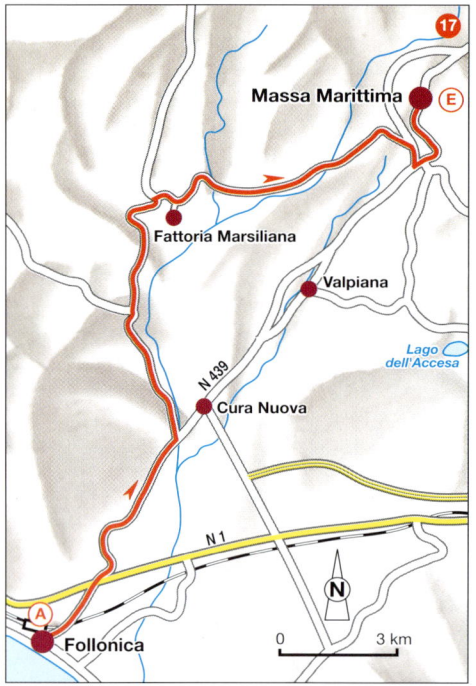

Ergänzung des Ensembles wiedererrichtet.

Von der Loggia del Comune steigt die Via Moncini steil zur Città Nuova hinauf. Die Porta alle Silici bringt uns zur *Fortezza dei Senesi* am Rande der Oberstadt, die das siegreiche Siena 1335 als Zwingburg über dem unterworfenen Massa errichten ließ. Von der Burg sind nur noch Reste erhalten, doch lohnt sich hier oben ein Spaziergang entlang der Mauer, von der man einen unvergleichlichen Blick auf die Unterstadt und das weite Land hat.

Worauf sich der einstige Reichtum von Massa Marittima begründete, das läßt sich im *Museo della Miniera*, dem Bergbaumuseum, erkunden. In einem Stollen werden alte und neue Bergbautechniken sowie die wichtigsten Mineralien der Gegend vorgestellt.

Streckenbeschreibung

In *Follonica* folgen wir den Wegweisern »Massa Marittima« und »Siena«, die uns nach Osten aus der Stadt führen. Durch eine schattenspendende Allee und über die Gleise der Bahnstrecke erreichen wir nach gut zwei Kilometern die N1. Geradewegs über die Schnellstraße auf die *N439* (Wegweiser Massa Marittima und Siena; in Gegenrichtung Follonica). Nun fahren wir bald auf die Häuser von Massa Marittima zu, die weit vor uns im Landesinneren auf einem Hügel leuchten. Nach acht Kilometern knickt die Hauptstraße am Ende einer langen Geraden nach rechts um.

Hier biegen wir *links* in ein schmales Sträßlein ein (Wegweiser Montioni). Vier Kilometer bleiben wir auf dieser Straße. Dann zweigt, nach einem kleinen Bach, *rechts* eine unbeschilderte Straße ab, auf die wir abbiegen. Durch sanftgewelltes Hügelland, durch Weinberge und über bunte Äcker führt dieses schmale Sträßlein in fünf Kilometern zur *Fattoria Marsiliana*.

Vorbei an der Fattoria und anschließend sanft bergab, ehe unterhalb des Castello di Marsiliana ein kurzer, steiler Berg zu überwinden ist. Erholsam flach geht es jetzt in eine weite Talmulde, durch die die schmale Straße geradeaus auf das schon nahe Massa Marittima zuläuft. Direkt vor dem Hügel von Massa *scharf nach rechts* und durch eine Zy-

schiffs wartet das Gemälde »Madonna delle Grazie«, um 1315 nach dem Vorbild der berühmten »Maestà« in Siena geschaffen, auf Betrachter. Mit spitzem Pinsel hat der unbekannte Künstler das feine Tuch hinter der Madonna gewoben.

Gegenüber dem grazilen Dom steht auf der Westseite der Piazza Garibaldi der massige, romanische *Palazzo del Podestà* (Palazzo Pretorio), der im 13. Jahrhundert erbaut wurde und an seiner Fassade die Wappen einiger Stadtvögte (*podestà*) trägt. Ein romanisches Turmhaus mit einladendem Café davor, in dem sich wundervoll die Zeit vergessen läßt, leitet über zum *Palazzo Comunale*. Im 14. Jahrhundert wurde er aus mehreren romanischen Turmhäusern zusammengefügt. Im Palast ist das Museo Comunale mit archäologischen Funden und Kunstwerken des Mittelalters untergebracht. Dort gibt es ein bedeutendes Werk Sieneser Malkunst zu entdecken, eine 1335 von Lorenzetti gemalte »Madonna mit Kind«. Gegenüber dem Palazzo Comunale erzeugt die *Loggia del Comune* das täuschend echte Bild eines mittelalterlichen Gebäudes. Sie wurde allerdings erst im 19. Jahrhundert als pressenallee zur *N439*, die hier als breite Umgehungsstraße ausgebaut ist. *Geradeaus* über die Schnellstraße, dann beginnt auf der gegenüberliegenden Seite der steile, südseitige Anstieg, der uns in anstrengenden 2,5 Kilometern zur Altstadt von *Massa Marittima* bringt.

Nützliche Informationen

Entfernung: Follonica–Massa Marittima: 27 km.
Höhendifferenz: 450 m.
Unterkunft: Vier Hotels in *Massa Marittima*: ***»Il Sole«, Tel. 0566/901971, **»Duca Del Mare«, Tel. 0566/902284, **»Il Girifalco«, Tel. 0566/902177, *»Cris«, Tel. 0566/903830.
Auskunft: In *Massa Marittima*: Via Goldoni 22, Tel. 0566/902256.

18 Von Massa Marittima nach Siena

Vorbei an der »schönsten Ruine der Toskana«

 Tourencharakter: Dieser Weg führt durch die eindrucksvolle Hügellandschaft der Colline Metallifere; angenehmes Fahrradgelände wird mehrmals, vor allem zu Beginn der Etappe, von langgezogenen Anstiegen unterbrochen.
Länge der Tour: 63 km.

Von Massa Marittima bringt uns die Straße durch schattige Wälder in die dünn besiedelte Hügelwelt der Colline Metallifere hinauf. Links und rechts des Weges liegen kleine Bergnester, die ungetrübte Aussichtsfreuden versprechen, sich aber nur mit einigen Mühen erobern lassen. Über dem höchsten Punkt der Straße wacht **Prata**, von dem der Blick bis zum Meer hinausreicht, und etwas weiter versteckt sich auf einem bewaldeten Hügel das mittelalterliche Bergstädtchen

Boccheggiano. Die Straße begleitet das enge Tal des Fiume Merse, an dessen Ufer die Erde rot aufleuchtet. Das Farbenspiel verdanken wir den Abraumhalden alter Erzstollen, die seit der Zeit der Etrusker in die Hänge der Colline Metallifere getrieben wurden. Anschließend radeln wir unter den Bergnestern **Montieri** und **Chiusdino** (siehe Tour 29) durch das Tal, das sich nach und nach weitet.

Nach Palazzetto öffnet sich der Blick in eine grüne Talmulde, in der in entrückter Abgeschiedenheit die Überreste der Abtei von **San Galgano** ruhen. Die »schönste Ruine der Toskana«, so wird die Klosterkirche oft betitelt. Und wer in ihrem Kirchenraum gewandelt ist, umgeben von der kühlen Strenge der gotischen Pfeiler, auf denen der blaue Himmel als Dach ruht, der wird diesem Urteil kaum widersprechen.

Die Ursprünge des Klosters liegen auf einem nahen Hügel, dem *Monte Siepi*. Der Ritter Galgano Guidotti, im Jahre 1148 im nahen Chiusdino geboren, hatte sich dort oben eine kleine Hütte als Einsiedelei errichtet, um vor der ausschweifenden Welt zu flüchten und ein gottgefälliges Leben zu führen. Sein Schwert, das ihm von nun an als friedliches Kreuz dienen sollte, rammte er am Boden seiner Klause in einen Fels. 1181 starb Galgano, und vier Jahre später wurde gleichzeitig mit seiner Heiligsprechung die romanische Rundkirche auf dem Monte Siepi geweiht. Mönche des Reformordens der Zisterzienser ließen sich nieder, doch bald wurden die Gebäude auf dem Monte Siepi zu eng. Durch Schenkungen und dank der günstigen Lage an den Handelswegen von Siena nach Massa Marittima und Grosseto reich geworden, begann der Orden ab 1224 mit dem Bau der tiefer gelegenen Abtei. Aus dem Herkunftsland der Zisterzienser, aus Frankreich, brachten sie ihren Architekturstil mit. Die gelehrten Mönche wurden bald als Richter, als Architekten und Ärzte begehrte Berater des nahen Siena. Macht und Einfluß schienen jetzt auf ewig begründet, doch schon im 14. Jahrhundert wurde das Kloster zweimal von Söldnerheeren geplündert. Im 15. Jahrhundert sank mit dem Niedergang der hohen Ideale des Ordens auch der Stern der Abtei von San Galgano. Die Äbte bereicherten sich an den Schätzen des Klosters, und die verlassene Abtei wurde dem Verfall preisgegeben. Im 18. Jahrhundert stürzte das Gewölbe ein, der Glockenturm fiel in sich zusammen. Heute lebt wieder eine zurückgezogene Gruppe junger Leute, die sich »Comunità in Contro« nennt, im alten Kloster. Es sind ehemalige Drogenabhängige, die Gärten und Gebäude pflegen.

Von der mächtigen *Abtei San Galgano* blieben nur das Kirchenschiff und ein Klostertrakt erhalten. Ursprünglich schloß links an die Kirche das riesige Kapitelhaus an. Rechts erinnern einige aus Originalmaterial wieder zusammengefügte Bögen an den Kreuzgang und überwachsene Grundmauern an das Refektorium. Im Zentrum steht die dreischiffige, 70 Meter lange und 21 Meter breite Klosterkirche. Einzelheiten zu beschreiben, erübrigt sich, alles liegt offen zutage, denn alles neu Hinzugekommene, alles Überflüssige ist schon längst aus der Ruine verschwunden. Der Blick auf die himmelwärts strebenden Pfeiler, auf die fein gearbeiteten Kapitelle und auf die leeren Augenhöhlen der Fenster und Rosetten, durch die einstmals farbige Lichtstreifen fielen, soll genügen. Ansonsten lasse man sich einfach verzaubern von der unbeschreiblichen Stimmung.

Bevor man zur Hauptstraße zurückkehrt, sollte man noch den kurzen Abstecher auf den *Monte Siepi* machen, zur Keimzelle des Klosters. Die Grabkirche des heiligen Galgano, seltenes Beispiel einer romanischen Rundkirche, ist vollständig erhalten. Unter der zweifarbigen Kuppel ragt im Zentrum der Fels aus dem Boden, in den der Heilige sein Schwert rammte. Die Kapelle links, wie die Eingangshalle ein Anbau aus dem 14. Jahrhundert, schmücken um 1340 entstandene Fresken.

Der Weiterweg durch die östlichen Ausläufer der Colline Metallifere folgt einer der wichtigsten Verkehrsverbindungen des mittelalterlichen Siena. Hier lief die »Massetana« von Siena nach Massa Marittima und zu den einträglichen Bergwerken der Colline Metallifere. Der gleichen Linie folgte, bis zur Gabelung kurz vor San Galgano, die »Maremmana«, die Siena mit Grosseto verband. Noch bevor wir die Ebene von Rosia errei-

chen, stoßen wir in einem engen Tal auf die Reste dieses alten Handelsweges. Wo die alte Straße von einer Talseite zur anderen wechselte, überspannt der schmale **Ponte della Pia** in einem eleganten Bogen den Wildbach. Wer auf diesem Werk alter Ingenieurskunst auf die andere Seite des Baches hinüberwechselt, entdeckt dort im dichten Wald alte Pfade, an denen im Frühjahr die Veilchen ihren Duft verströmen.

Streckenbeschreibung

In *Massa Marittima* radeln wir auf breiter Straße westlich an der Altstadt entlang, bis wir nach Norden zur (als Umgehungsstraße ausgebauten) *N439* hinunterfahren können. Auf ihr nach *rechts* (in Gegenrichtung Wegweiser Massa Marittima), erreichen wir nach vier Kilometern die Kreuzung, an der wir nach *rechts* auf die *N441* überwechseln (Wegweiser Siena, Firenze und Prata; in Gegenrichtung Massa Marittima und Follonica). Durch dichten Wald geht es dann sieben Kilometer meist sanft bergauf bis in einen Sattel, der von *Prata* bewacht wird. Die Häuser dieses Ortes klammern sich links über der Straße an einen steilen Hügel.

Nun leitet die Hauptstraße entlang einem kleinen Fluß erholsam flach über *Palazzetto* nach Nordosten. Nachdem wir die Kirchenruine von *San Galgano*, die rechts in der Wiese liegt, besichtigt haben, zwingt uns ein Hügel zu einem kurzen Anstieg. Hinter dem Hügel an einer Kreuzung *links* auf die *N73* (Wegweiser Siena, Firenze; in Gegenrichtung Follonica und Massa Marittima) und durch ein sanftes Tal drei Kilometer nach Norden. Dann beginnt der Anstieg, der vorbei an *Frosini* teilweise anstrengend vier Kilometer in die Hügel hinaufführt. Auf der Gegenseite steil hinab zu einer Kreuzung, wo wir auf der Hauptstraße bleiben. Anschließend radeln wir in einem engen, dicht bewaldeten Tal flach hinaus nach *Rosia*.

Neben der Kirchenruine von San Galgano ist ein Teil des Kreuzgangs der einstmals mächtigen Abtei erhalten.

In einem engen Tal, nördlich von Gabellino, fließt der Fiume Merse durch die Colline Metallifere und erodiert die roten Abraumhalden der stillgelegten Erzbergwerke.

Auf der Hauptstraße durch den Ort und dann einige Kilometer durch sanftes Weideland bis zu einem Hügelkamm südlich Siena. Einige kurze, teils steile Anstiege führen uns zuerst nach *Costalpino* und nach einer Abfahrt hinauf auf den letzten Hügel, von dem die Straße in das Tal südlich von Siena hinabzieht. Hier auf der Brücke über die autobahnähnlich ausgebaute *Umgehungsstraße* (Wegweiser Porta Camollia; in Gegenrichtung Roccastrada, Massa Marittima und Follonica) und anschließend geradewegs in die *Via Massetana* (Wegweiser Porta San Marco; in Gegenrichtung SS 73, Roccastrada und Massa Marittima). Zwei Kilometer leitet die Straße durch den großenteils unverbauten Hang bergauf, bis wir entlang der Stadtmauer von *Siena* die *Porta San Marco* erreichen.

Nützliche Informationen

Entfernung: Massa Marittima–Palazzetto: 28 km; Massa Marittima–Siena: 63 km.
Höhendifferenz: 650 m.
Unterkunft: Eine Pension in *Palazzetto*: **»Albergo il Palazzetto«, Tel. 05 77/75 01 60; eine große Anzahl von Hotels in Siena.
Jugendherberge: In *Siena*: Ostello Guidoriccio, Via Fiorentina 59, Tel. 05 77/5 22 12 (nordöstlich des Bahnhofs).
Camping: Ein Campingplatz in *Sovicille*, kurz nach Rosia 2 km nördlich der Strecke: Tel. 05 77/31 14 73. In *Siena*: Colleverde, Strada Scacciapensieri 47, Tel. 05 77/28 00 44 (3 km nordöstlich der Altstadt).
Fahrräder: In *Siena*: Via Camollia 213.
Auskunft: In *Siena*: APT, Via di Città 43, Tel. 05 77/4 22 09; Piazza del Campo, Tel. 05 77/28 05 51.

Von Siena nach Volterra

19 Von Siena nach San Gimignano

Unter Dantes Höllenpfuhl
zur »Stadt der schönen Türme«

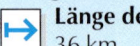
Tourencharakter: In beständigem Auf und Ab durch die Hügellandschaft zwischen Siena und San Gimignano.

Länge der Tour: 36 km.

Zehn Kilometer nordwestlich von Siena liegt auf einem Hügel abseits der Straße **Monteriggioni**. Gleich einer Krone umgibt eine 570 Meter lange, mit 14 Türmen bewehrte Mauer das mittelalterliche Dorf. Dante verglich die Türme in seiner »Göttlichen Komödie« mit Riesen, die den Höllenpfuhl umstellen. Gebaut wurde die Anlage Anfang des 13. Jahrhunderts von Siena als Vorposten gegen Florenz und als Sicherung der mittelalterlichen »Via Francigena«, die an Monteriggioni vorbeilief. Den besten Eindruck der Wehranlagen erhält man von unten, im Vorbeifahren. Wer dennoch hinaufradeln will, gelangt durch das Siena zugewandte Haupttor in das Dorf. Schlichte Häuser drängen sich dort, und allenfalls der Blick auf die Wehranlage ist von Interesse. Die Türme, die früher höher waren, sind zur Innenseite hin offen, um bei einer Erstürmung dem Feind keine Deckung zu bieten. Seitliche Turmeingänge, die ursprünglich auf einen Wehrgang mündeten, laufen heute in Höhe der Mauerkrone ins Leere.

Hinter Monteriggioni zweigen wir links Richtung Colle di Val d'Elsa ab, und nach gut einem Kilometer nehmen wir eine Straße links durch das ebene Ackerland nach Strove. Auf diesem Weg kann man nach einem Abstecher von einem Kilometer die **Abbadia Isola** erreichen. Zur Gründungszeit dieses Klosters, um das Jahr 1000, war die heute fruchtbare Talsohle in ein Gewirr von Seen und Sümpfen zergliedert. Die alte Pilger- und Handelsstraße »Via Francigena« verlief damals in weitem Bogen in den Hügeln südlich dieser versumpften Talsohle in Richtung Monteriggioni. Im 12. Jahrhundert gelang es den Mönchen jedoch, die Sümpfe trockenzulegen. Nun war es möglich, die Straße auf direktem Weg von Colle di Val d'Elsa nach Monteriggioni anzulegen. Die Abbadia Isola, die im 14. Jahrhundert ihre Blütezeit erlebte, erfuhr dadurch einen deutlichen Aufschwung.

Die im 11. und 12. Jahrhundert erbaute Klosterkirche zählt zu den gelungensten romanischen Bauwerken, die der Benediktinerorden hinterließ. Die Mischung von zentraleuropäischen, lombardischen und toskanischen Stilelementen erinnert an die berühmte Kirche Sant' Antimo (siehe Tour 5). Im Inneren rechts ein Fresko aus dem 14. Jahrhundert, links ein reichverziertes Taufbecken von 1419 und rechts auf dem Altar eine Madonna aus dem 13. Jahrhundert. In der rechten Apsis steht eine antike Urne, die die Gebeine des heiligen Cirinus enthält, dem die Kirche geweiht ist. Rechts von der Kirche gruppieren sich rund um den Kreuzgang die Überreste des Klostergebäudes.

Zurück auf der Hauptstraße, ist **Colle di Val d'Elsa** nicht mehr weit. Im Tal, an der Elsa, liegt die hektische, uninteressante Unterstadt, *»Colle Bassa«* genannt. Fast hundert Meter höher, auf einem Hügel, thront die mittelalterliche Oberstadt, getrennt in *»Castello«* und *»Borgo«*.

Schon in etruskischer Zeit war das Gebiet um Colle di Val d'Elsa besiedelt. Der Vorläufer der Stadt lag aber einige Kilometer

Durch eine kluge Stadtpolitik konnten 15 der ursprünglich 72 Geschlechtertürme in San Gimignano die Kämpfe zwischen Florenz und Siena überdauern. Die Piazza della Cisterna mit dem Ziehbrunnen von 1346 ist der Stadtmittelpunkt. Links der Turmstumpf am Palazzo del Capitano del Popolo aus dem frühen 13. Jahrhundert.

Während die Unterstadt industriell genutzt wird, blieb in der älteren Oberstadt von Colle di Val d'Elsa die Bausubstanz aus dem 13. und 14. Jahrhundert erhalten.

flußaufwärts. Geschickt nutzte man ab dem 9. Jahrhundert die Wasserkraft als Energie für eine erfolgreiche Industrie. Der damit erworbene Wohlstand lockte natürlich die Nachbarn an, und so fiel im 11. Jahrhundert der Entschluß, auf den leichter zu verteidigenden Stadthügel von Colle di Val d'Elsa umzuziehen. Im 12. Jahrhundert unabhängig geworden, mußte man sich bereits im 13. Jahrhundert dem Druck der mächtigen Nachbarn beugen. Immer wieder vom nahen Siena bedrängt, blieb die Stadt in den folgenden Jahrhunderten in der Obhut von Florenz. In der Unterstadt konzentrierte sich seit dem Mittelalter die florierende Woll- und Papierindustrie. Angelockt von der hohen Qualität des Papiers, siedelten sich im 15. Jahrhundert Druckereien an. Bis heute blieb die Glas- und Kristallherstellung, die sich im 16. Jahrhundert dazugesellte, eine der Stützen, auf denen der Wohlstand von Colle di Val d'Elsa ruht. 1592 übernahm die Stadt von Volterra den Bischofssitz, der bis in unsere Zeit eines der kleinsten italienischen Bistümer betreut.

Am besten radelt man nördlich an der Altstadt vorbei zur *Porta Nuova* hinauf, einer mächtigen Renaissance-Feste. Von hier leiten schmale, löblicherweise nahezu auto-freie Gassen in die Altstadt. Vorbei an einer Anzahl von Stadtpalästen im Stil der Gotik und der Renaissance gelangt man in das Zentrum der Altstadt, auf die *Piazza del Duomo*. Anfang des 17. Jahrhunderts wurde hier anstelle einer romanischen Kirche der *Dom* errichtet. Im Inneren erwartet uns eine seltsame Mischung aus schlichter Architektur und prunkenden Barockaltären. Fast die gesamte Ausstattung des Doms entstand im 17. Jahrhundert. Links des Gotteshauses steht der im 14. Jahrhundert errichtete *Palazzo Pretorio*, der ein kleines Etruskermuseum beherbergt. Im *Palazzo Vescovile*, dem aus drei älteren Palästen hervorgegangenen Bischofspalast, ist das Museum sakraler Kunst untergebracht und im *Palazzo dei Priori* das *Museo Civico*. Den stärksten Eindruck vom mittelalterlichen Colle di Val d'Elsa gewinnt man bei einem Blick in die schummrige *Via delle Volte* mit ihren Arkaden, die am Domplatz beginnt.

Trotz der vielen Touristen zählt **San Gimignano**, von den Toskanern liebevoll »die Stadt der schönen Türme« genannt, zu den Höhepunkten jeder Toskanareise. Nirgendwo sonst blieb eine mittelalterliche Stadt mit ihren Kirchen, Palästen und Gassen in solcher Reinkultur erhalten. Und in keiner anderen Stadt stehen die Wohntürme, in denen sich im Mittelalter die verfeindeten Adelsfamilien verschanzten, so dichtgedrängt. 15 Stück überragen noch heute das Dächermeer, und man ist kaum in der Lage, sich vorzustellen, wie die Stadt einst mit über 70 Türmen aussah. Tagsüber mag man die unvermeidliche Schar der Touristen als störend empfinden. Doch wenn sich die Nacht auf die Stadt senkt, wenn das Licht des Mondes auf den Dächern schimmert, das Kreischen der Raben in den Gassen hallt und über den gespenstischen Türmen die Sterne funkeln, dann hat man San Gimignano fast für sich alleine.

Die Geschichte von San Gimignano begann mit einer kleinen, unbedeutenden Etruskersiedlung. Ihren Aufschwung nahm die Stadt erst mit der Handels- und Pilgerstraße, die die Langobarden von ihrer Hauptstadt Pavia nach Rom brachte und die später den Namen »Via Francigena« trug. Sie mied die Sümpfe der Täler und suchte sich ihren Weg durch die Hügel. Die Via San Matteo und die Via San Giovanni sind die beiden Gassen, auf denen diese Fernstraße durch San Gimignano lief. Ein erster Mauerring mußte schon ab dem späten 11. Jahrhundert erweitert werden. Vor allem durch den Handel mit Safran, der zum Einfärben edler Seidenstoffe diente, kam die Stadt zu ihrem Wohlstand. Mit dem Aufschwung der Kommunen zog es auch in San Gimignano, wie überall in der Toskana, die Adelsfamilien in die Stadt. Und auch hier errichteten sie als Symbol ihrer Macht und zum eigenen Schutz die wehrhaften, fast fensterlosen Geschlechtertürme. Daß es in San Gimignano zu ausgesprochen heftigen Kämpfen zwischen den Familien kam, mag daran gelegen haben, daß die Stadt im Schnittpunkt der Einflußsphären der drei Großmächte Pisa, Siena und Florenz lag. So tobte hier der Kampf zwischen den Guelfen und den Ghibellinen besonders hart.

1199 wurde die Stadt zur freien Republik

Von der Burgmauer geht der Blick zu den schlanken Türmen von San Gimignano. Die »Geschlechtertürme« waren durch eine kommunale Verordnung in ihrer Höhe begrenzt, deshalb wurden sie oft als Zwillingstürme errichtet, wie z. B. die Salvucci-Türme (links).

und erlebte die Zeit ihrer größten Blüte. 6000 Einwohner drängten sich innerhalb der Mauern, annähernd so viele wie heutzutage. Trotz dieser Größe, trotz der Macht und des Wohlstandes wurde San Gimignano niemals Bischofssitz, ja erhielt nie offiziell die Stadtrechte.

Schon 1348 endete die Geschichte der selbständigen Republik San Gimignano. In richtiger Selbsteinschätzung vermied man einen drohenden Konflikt mit Florenz und unterwarf sich der Arno-Metropole. So blieben die Türme unangetastet und wurden von Florenz nicht wie in anderen, im Kampf unterworfenen Städten geschleift. Die Möglichkeiten, die eine selbständige Verwaltung bot, waren damit jedoch verspielt, man war eine von vielen Städten im Machtbereich von Florenz geworden. Noch schlimmer traf jedoch die Verlegung der Frankenstraße die Stadt. Das nun trockengelegte Tal der Elsa bot im Vergleich zur hügeligen Landschaft rund um San Gimignano den einfacheren Weg. So vegetierte die Stadt ab dem 15. Jahrhundert abseits des wirtschaftlichen und politischen Geschehens – aber sie bewahrte unverändert ihr mittelalterliches Gesicht. Schon Anfang des 17. Jahrhunderts erkannten die kunstsinnigen Medici den Reiz der Stadtanlage und erließen eine erste Schutzverordnung. Doch bis in unser Jahrhundert prägte die Armut das Leben in den Gassen, lag San Gimignano im Dornröschenschlaf. Erst nach dem Zweiten Weltkrieg entdeckten die Einwohner das Kapital, das ihnen das Mittelalter in Form von Türmen und engen Gassen hinterlassen hatte. Mit Unterstützung der UNESCO wurde die Stadt vollständig restauriert.

Natürlich erwartet uns in San Gimignano in erster Linie das Gesamtkunstwerk einer nahezu unverfälschten mittelalterlichen Stadt. Doch sollte man hinter dem beeindruckenden Ganzen nicht die feinen Einzelheiten übersehen. Die bedeutendsten Bau- und Kunstwerke sammeln sich entlang der Linie, auf der die alte Frankenstraße durch die Stadt führte.

Durch die *Porta San Giovanni* gelangen wir in die gleichnamige Straße, die uns in das Herz der Stadt hinaufbringt. Erster Höhepunkt ist die von Türmen und Palästen

überragte *Piazza della Cisterna* mit ihrem kunstvoll verlegten Pflaster. Namengebend ist der Brunnen aus dem 13. Jahrhundert, der im Westen von den Zwillingstürmen der Familie Ardinghelli und im Norden vom sogenannten »Teufelsturm« überragt wird.

Ein Durchlaß leitet von hier zur nahen *Piazza del Duomo* hinauf. Obwohl San Gimignano nie Bischofssitz war, gaben die hochfahrenden Einwohner dem Platz diesen Namen. An der Westseite gelangt man über eine breite Treppe zur im 12. Jahrhundert erbauten, im 15. Jahrhundert erweiterten *Collegiata Santa Maria Assunta*, dem Möchtegern-Dom von San Gimignano. Nach dem abweisend kahlen Äußeren überrascht das prächtige Innere, vor allem der reiche Freskenschmuck. An die Innenfassade malte in der ersten Hälfte des 14. Jahrhunderts Taddeo di Bartolo seine abschreckende Vision vom Jüngsten Gericht. Darunter ließ der Renaissancemaler Benozzo Gozzoli (1465) den heiligen Sebastian in bezaubernder Landschaft sein Martyrium erleiden. Im linken Seitenschiff schuf Bartolo di Fredi um 1370 naiv-realistische Szenen aus dem Alten Testament. Im Gegensatz dazu im rechten Seitenschiff ein überwältigender Freskenzyklus mit Szenen aus dem Neuen Testament. Als der Künstler Barna da Siena 1381 bei der Arbeit vom Gerüst stürzte und seinen Verletzungen erlag, soll sein Neffe Giovanni d'Asciano das Werk vollendet haben.

Am Ende des rechten Seitenschiffs liegt die Kapelle der heiligen Fina, ein von Giuliano und Benedetto da Maiano 1468 geschaffenes Kleinod der Frührenaissance. Sieben Jahre später malte Domenico Ghirlandaio die Szenen aus dem Leben der Stadtheiligen Fina, die in der Kapelle begraben liegt. Im Alter von zehn Jahren soll das 1238 geborene Mädchen schwer erkrankt sein und dann auf einem Brett ohne Klagen fünf Jahre auf ihr Ende gewartet haben. In der Stunde ihres Todes sollen in der Stadt die Glocken von selbst geläutet haben und rund um ihr Totenlager Blumen erblüht sein. Daß man in San Gimignano nicht so ganz mit den wichtigsten Metropolen in der Toskana mithalten konnte, beweist der Hell-Dunkel-Wechsel des Mauerwerks. Die Streifen sind hier nur aufgemalt, nicht etwa wie am Dom zu Siena dem aufwendigen und teuren Wechselspiel der Baumaterialien zu verdanken.

Links der Kirche, an der Südseite der Piazza del Duomo, steht der um 1300 erbaute *Palazzo del Popolo*, das heutige Rathaus. Mit 54 Metern ist sein Turm der höchste der Stadt. Diese Vorrangstellung sicherte ihm im Mittelalter die Vorschrift, daß alle anderen Türme mindestens zwei Meter unter seiner Höhe bleiben mußten. Durch einen idyllischen Innenhof mit Loggia und gotischen Fresken gelangt man zum Dante-Saal. Im Jahre 1300 versuchte Dante hier, San Gimignano für die Sache der Guelfen zu gewinnen.

Die städtischen Museen, die im Palazzo del Popolo untergebracht sind, konzentrieren sich auf Werke aus dem 13. bis zum 15. Jahrhundert. Nicht versäumen sollte man den Blick vom Turm, dem Torre Grossa. Von dort oben erschließt sich die Stadt der Türme in einem völlig neuen Blickwinkel.

Dem »Dom« gegenüber liegt der *Palazzo del Podestà*, der Palast des Bürgermeisters aus dem 13. und 14. Jahrhundert, mit seinem 51 Meter hohen Turm. Links davon stehen die harmonischen Zwillingstürme des *Palazzo Salvucci*. Die Salvucci waren in den blutigen innerstädtischen Kämpfen die Hauptgegner der Familie Ardinghelli, deren Doppelturm wir an der Piazza della Cisterna bewundern konnten. Vor dem Palazzo Salvucci beginnt die *Via San Matteo*. Links und rechts stehen mittelalterliche Paläste und Turmhäuser. Der Arco della Cancelleria, ein Überrest der ersten Stadtmauer, überspannt den Weg.

Vor der Porta San Matteo halten wir uns rechts und erreichen über die gleichnamige Piazza das Ende des 13. Jahrhunderts errichtete Augustiner-Chorherrenstift *Sant'Agostino*. Innen rechts eine Kapelle, die in einem prunkvollen Renaissance-Altar von Benedetto da Maiano (1494) die Urne des heiligen Bertolo aus San Gimignano enthält. Bemerkenswert sind in der Kirche vor allem die Fresken, die Benozzo Gozzoli in der zweiten Hälfte des 15. Jahrhunderts im Chor schuf. In eindringlichen Bildern beschreibt er das Leben des heiligen Augustinus.

Zurück an der Piazza del Duomo sollte man rechts der Kirche den Abstecher zu den Überresten der *Rocca* nicht vergessen. Die im Jahre 1353 errichtete Burg wurde 200 Jahre später auf Geheiß Cosimos I. zerstört. Vor allem abends, wenn das Licht der untergehenden Sonne die Türme von San Gimignano in warmes Licht taucht, hat man von dort oben eine unvergeßliche Aussicht.

Streckenbeschreibung

Wir starten die Tour an der *Porta Camollia*, dem nördlichen Einfallstor in die Altstadt von *Siena*. Geradeaus in den *Viale Vittorio Emanuele II.* (Wegweiser Firenze und SS 2), und immer auf der Hauptstraße, die ohne Orientierungsprobleme in die *N2* übergeht, durch die Vororte. Nach 2,5 Kilometern ist die Stadtgrenze erreicht. Wir halten uns an einer großen Kreuzung auf der Hauptstraße *links* (Wegweiser Firenze und SS 2).

Über viele kleine Hügel führt die *N2* in zehn Kilometern bis zu dem stark befestigten Dorf *Monteriggioni*. Auf der Hauptstraße un-

ter dem Dorf entlang, treffen wir kurze Zeit später auf eine Kreuzung, an der wir *links* abbiegen (Wegweiser Colle di Val d'Elsa; in Gegenrichtung Siena und Via Cassia). Jetzt radeln wir einige Kilometer durch sanftes, erholsames Gelände, bis uns eine Abfahrt in das Tal hinabbringt, das von der Altstadt von *Colle di Val d'Elsa* beherrscht wird.

In der wenig attraktiven Unterstadt über den Fluß, an der ersten Kreuzung *rechts* (Wegweiser Firenze, Volterra und San Gimignano; in Gegenrichtung Siena) und nach den Bahngleisen gleich wieder *links* auf die *N68* (Wegweiser Volterra, in Gegenrichtung Grosseto und Siena). Ein steiler Anstieg leitet nördlich an der Altstadt von Colle di Val d'Elsa vorbei in flaches Gelände hinauf. Kurz nach dem kleinen Kirchlein *Le Grazie* wechseln wir *rechts* auf eine Nebenstraße (Wegweiser San Gimignano; in Gegenrichtung Siena).

Anfangs eben, später steil bergab in ein Tal, radeln wir auf die schon sichtbaren Türme von San Gimignano zu. An der Kreuzung im Tal *links* auf die Hauptstraße (Wegweiser San Gimignano; in Gegenrichtung Colle di Val d'Elsa) und ein kurzes Stück eben auf San Gimignano zu. Bald beginnt der Anstieg, der uns über 200 Höhenmeter bis vor die Stadtmauer von *San Gimignano* bringt (in Gegenrichtung Wegweiser Firenze, Siena und Poggibonsi).

Nützliche Informationen

Entfernung: Siena–Colle di Val d'Elsa: 25 km; Siena–San Gimignano: 36 km.
Höhendifferenz: 450 m.
Unterkunft: Vier Hotels in *Colle di Val d'Elsa*: *** »Albergo La Vecchia Cartiera«, Tel. 0577/921107, *** »Hotel Arnolfo«, Tel. 0577/922020, ***»Hotel Ristorante Villa Belvedere«, Tel. 0577/920966 (2 km westlich), **»Albergo Il Nazionale«, Tel. 0577/920039, *»Albergo Olimpia«, Tel. 0577/921662; zwölf Hotels in *San Gimignano*; im Kloster Sant'Agostino preiswerte Zimmer: Tel. 0577/940383.
Jugendherberge: In *San Gimignano*: Via delle Fonti 1, Tel. 0577/941991.
Camping: In *San Gimignano*: Tel. 0577/940352 (2 km südöstlich in Santa Lucia).

Informationen: In *Colle di Val d'Elsa*: Via Oberdan 15, Tel. 0577/923925; in *San Gimignano*: Piazza del Duomo 1, Tel. 0577/940088.

20 Von San Gimignano nach Volterra

Mittelalterliche Städte und grenzenlose Blicke

 Tourencharakter: Großenteils auf wenig befahrenen Straßen durch stimmungsvolle Toskanalandschaft; in beiden Richtungen einige langgezogene Anstiege.
Länge der Tour: 32 km.

Von San Gimignano folgen wir für ein kurzes Stück dem Verlauf der alten Frankenstraße, die für den Aufstieg und den Fall der Stadt so bedeutungsvoll war. Nach vier Kilometern steht rechts, abseits dieses Weges, die versteckte kleine Landkirche **Pieve di Cellole** an einem zypressengesäumten Platz

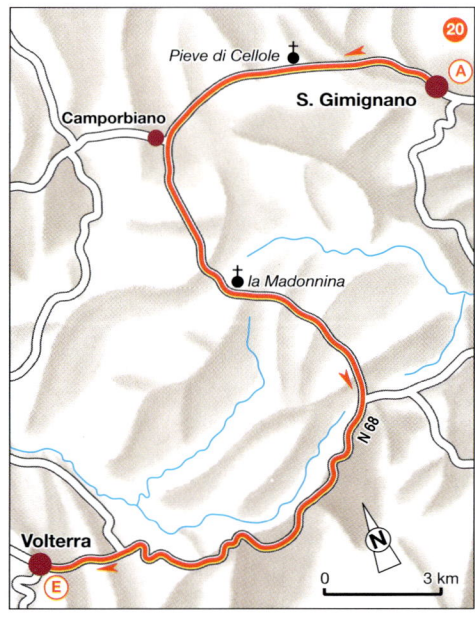

Trockene Feldwege verbinden im farbenfrohen Hügelland zwischen San Gimignano und Volterra die Gehöfte miteinander.

– im Vergleich zu San Gimignano eine Oase der Ruhe. 1238 wurde die dreischiffige romanische Kirche vollendet. Von einem älteren Vorgängerbau blieb die wunderschön dekorierte Apsis erhalten.

Auf der Weiterfahrt durch die Hügelwelt stehen dann unermeßliche Fernblicke, einsame Landgüter und frühlingsgrüne Wiesen im Mittelpunkt, bis man mit **Volterra** (siehe Tour 12) wieder einen der Brennpunkte der toskanischen Geschichte erreicht.

Streckenbeschreibung

An der Kreuzung am Südende der Altstadt von *San Gimignano* halten wir uns *rechts* (Wegweiser Certaldo und Montaione) und fahren westlich an der Stadtmauer entlang. Am Ende der Stadtmauer auf der Hauptstraße nach *links* (Wegweiser Certaldo und Gambassi) und einen anfangs steilen Berg hinab. An der nächsten Kreuzung *links* (Wegweiser Montaione und Gambassi) und in teils steilem Auf und Ab nach insgesamt neun Kilometern zu einer weiteren Kreuzung.

Hier wieder *links* (Wegweiser Volterra; in Gegenrichtung San Gimignano), dann radeln wir durch Wald in einem vier Kilometer langen, aber meist sanften Anstieg auf einen Hügelkamm. Grüne Weiden lösen nun den dichten Wald ab und geben uns von diesem Aussichtsbalkon den Blick nach Volterra frei. Bald lassen wir die Räder nach Süden rollen und treffen nach insgesamt 19 Kilometern auf die breite *N68*.

Auf der Hauptstraße nach *rechts* und über teilweise steile Berge, unterbrochen von kurzen Flachstücken und einigen Anstiegen, hinab in einen Sattel östlich von Volterra. Auf der Hauptstraße *geradeaus*, dann beginnt ein steiler, vollkommen schattenloser Anstieg.

200 Höhenmeter sind zu überwinden, ehe wir, links am mächtigen Kastell und an der Stadtmauer entlang, erholsam flach in das Zentrum von *Volterra* radeln (in Gegenrichtung zeigen die Wegweiser nach Firenze und Siena).

Nützliche Informationen

Entfernung: San Gimignano – Volterra: 32 km.
Höhendifferenz: 650 m.
Informationen zu Volterra: Siehe Tour 12.

Von Pienza durch die östliche Toskana nach Florenz

21 Von Pienza über Montepulciano nach Chiusi

Renaissance, Etrusker und unendlich weite Blicke

 Tourencharakter: Rund um Montepulciano in teilweise steilem Auf und Ab durch die hügelige Landschaft; im weiteren Verlauf längere Gefällstrecken.

Länge der Tour: 35 km.

Zwischen den Tälern der Flüsse Orcia und Chiana zieht sich in 600 Metern Höhe die Bergstadt **Montepulciano** auf einem schmalen Hügelrücken 1,5 Kilometer in die Länge. Bisher bestätigen keine archäologischen Funde die sagenhafte Stadtgründung durch den mächtigen Etrusker Porsenna im 6. Jahrhundert v. Chr. Auch für ein römisches Militärlager, das hier gewesen sein soll, fehlen eindeutige Hinweise. Doch deutet der alte Name *»Mons Politianus«* (auch *Castrum Politianum*), der 715 zum ersten Mal auf einer Urkunde verzeichnet wurde, auf die römische Militärstation hin. Aus dieser lateinischen Urform entwickelte sich später der Name Montepulciano, und noch heute nennen sich die Alteingesessenen *»Poliziani«*.

Die strategisch günstige Lage machte das wohlhabende, aber militärisch unterlegene Montepulciano im Mittelalter zu einem Streitapfel zwischen den mächtigen Nachbarn. Siena und Arezzo, dessen Rolle später Florenz übernahm, rangen um die Vormacht. Zusätzlicher Unsicherheitsfaktor waren die ansässigen Adligen, die ihren Einfluß in Montepulciano länger bewahren konnten als in anderen Kommunen der Toskana. So war der Rat der seit dem 13. Jahrhundert unabhängigen Stadt gezwungen, zwischen den

einzelnen Machtblöcken zu lavieren. Mal war man mit Siena, mal mit Florenz verbündet, dann wieder von einer der beiden Städte unterworfen. Doch stets blieb der Einfluß des Adels erhalten, der hier noch im 16. und 17. Jahrhundert die finanziellen Mittel aufbringen konnte, sich von bedeutenden Künstlern Paläste und Kirchen erbauen zu lassen.

In neuerer Zeit machte der von dem deutschen Komponisten Hans Werner Henze in Zusammenarbeit mit der Stadtverwaltung initiierte »Cantiere Internazionale d'Arte«, ein internationales Kunstfestival, den Namen Montepulciano weit über die Grenzen Italiens hinaus bekannt. Das zweite Aushängeschild des modernen Montepulciano ist der Wein. »Vino Nobile di Montepulciano« heißt der Rotwein, dessen Spitzenlagen und Spitzenjahrgänge ebenso noble Qualität wie Preise erreichen.

Südlich unterhalb der Stadt liegt die Kirche *San Biagio*. Trotz des unvollendeten zweiten Turms gilt das Gotteshaus als eine der gelungensten Schöpfungen der Renaissance. Nach Plänen des Florentiner Baumeisters Antonio da Sangallo d. Ä. entstand die Kirche von 1518 bis 1545. Der in der Form eines griechischen Kreuzes errichtete Zentralbau diente als Wallfahrtskirche, in dem ein Madonnenbild verehrt wurde.

Zentrum von Montepulciano ist die Piazza, an der sich die Gebäude weltlicher und kirchlicher Macht konzentrieren. Im Westen liegt der *Palazzo Comunale*, ein einschüchterndes Renaissance-Gebäude, das unverkennbar an den Palazzo Vecchio in Florenz erinnert. Im 14. Jahrhundert begonnen, erhielt er sein endgültiges Gesicht erst um 1420 von dem Florentiner Baumeister Michelozzo. Vom hohen Turm, auf den eine enge Treppe hinaufführt, genießt man eine überwältigende Aussicht.

An der Nordseite der Piazza besticht der *Palazzo Tarugi* durch seine architektonische

Zu Füßen des Bergstädtchens Montepulciano steht die Kirche Madonna di San Biagio, ein auf dem Grundriß des griechischen Kreuzes errichteter Renaissancebau mit einer Zentralkuppel (1518–1545).

Eleganz. Links schließt der gotische *Palazzo della Pretura* an, und am markanten *Brunnen* tragen etruskische Säulen den Querbalken mit dem in der Toskana unvemeidlichen Medici-Wappen. Im Osten beherrscht der *Palazzo Contucci* die Szenerie. In der ersten Hälfte des 16. Jahrhunderts ließ ihn Kardinal Giovanni del Monte, der spätere Papst Julius III., erbauen.

Ein weiterer Rechtsschwenk bringt den *Dom* ins Blickfeld, dessen unvollendete Fassade die Piazza im Süden abschließt. Sein Bau wurde notwendig, als der Bischof von Chiusi 1562 seinen Sitz aus dem versumpften, malariaverseuchten Chianatal nach Montepulciano verlegte. Für den Dom, der von 1592 bis 1630 im Stil der Renaissance errichtet wurde, mußte die alte Kirche Santa Maria weichen, deren Glockenturm in das architektonische Konzept miteinbezogen

wurde. Im harmonischen Innenraum setzt über dem Altar das gotische Triptychon »Himmelfahrt Mariens«, Anfang des 15. Jahrhunderts von Taddeo di Bartolo geschaffen, das Glanzlicht.

Nach einer Rast auf der Piazza Grande sollte man sich unbedingt in die schmalen Gassen der Altstadt wagen, die von einer Mauer aus dem 14. Jahrhundert umgeben ist. Jede Kirche, jeden Palazzo zu beschreiben, würde zu weit führen. Doch auch mit wenig geschultem Blick wird man architektonische Leckerbissen aus der Zeit der Gotik, der Renaissance und des Barock entdecken. Und immer wieder wird man begeistert anhalten, wenn sich unvermittelt der Blick hinaus in das weite Land öffnet.

Über einige Hügel und eine kurvenreiche Abfahrt erreichen wir anschließend das Heilbad **Chianciano Terme**. Schon der le-

Chiusi war während seiner Blütezeit im 6. bis 4. Jahrhundert v. Chr. Mitglied im etruskischen Zwölf-Städte-Bund. Als es im frühen Mittelalter durch die Malaria einen Großteil seiner Bewohner verlor, schwand auch seine Bedeutung. Die heutige Anlage der Gassen geht auf das Mittelalter zurück.

gendäre Etruskerkönig Porsenna und der römische Dichter Horaz sollen in den jod- und schwefelhaltigen Heilquellen ihre Leiden gelindert haben. Auch im Mittelalter wurden den Thermalquellen wahre Wunderkräfte zugeschrieben. Der Ausbau zur heutigen Kurstadt, eine der wichtigsten in Italien, begann Anfang des 20. Jahrhunderts.

Angenehmer als die moderne Kurstadt ist das in Teilen von mittelalterlichen Mauern umgebene historische **Chianciano**, das sich links der Straße auf einem Hügel zeigt.

Etruskischen Ursprungs, war der Ort ab dem 13. Jahrhundert für kurze Zeit eine freie Kommune. Wegen seiner heilbringenden Quellen war Chianciano allerdings zwischen den mächtigen Nachbarrepubliken heftig umstritten und kam Mitte des 14. Jahrhunderts unter die vom nahen Montepulciano immer wieder angefochtene Herrschaft Sienas. Der kleine Ort kann mit engen Gassen, mit einigen hübschen Kirchen, mit einem *Museo di Arte Sacra* (Bilder aus dem 14. bis zum 16. Jahrhundert) und mit dem schmucken *Palazzo del Podestà* aus dem 13. Jahrhundert aufwarten.

Eine lange Abfahrt leitet von Chianciano Terme in das 200 Meter tiefer gelegene Val di Chiana. Auf einem Kalkfelsen im Tal liegt die kleine Stadt **Chiusi**, der man ihre einstige Bedeutung nicht mehr ansieht. Im 8. Jahrhundert v. Chr. liegen die Anfänge der Etruskersiedlung, die bald unter dem Namen »Clevsin« zu den mächtigsten im ganzen Land zählen sollte. Im Herzen von Etrurien gelegen, kreuzten sich hier die wichtigsten

Verkehrswege zwischen den Etruskermetropolen im nahen Umbrien und jenen am Tyrrhenischen Meer, zwischen den Zentren in Latium und jenen der nördlichen Toskana. Vom 6. bis zum 4. vorchristlichen Jahrhundert erlebte der Ort seine Blütezeit, war Mitglied des legendären etruskischen Zwölf-Städte-Bundes. Unter Porsenna beherrschte die Stadt nahezu das ganze Latium und unterwarf Rom. Im 3. Jahrhundert v. Chr. wurde Chiusi von den Römern eingenommen und trug nun den Namen *Clusium*. Daß Chiusi schon im 4. Jahrhundert Bischofssitz wurde, zeugt von der Bedeutung, die die Stadt auch in römischer Zeit bewahren konnte.

Später eroberten die Langobarden die Stadt und gründeten hier ein Herzogtum, das bis in das 8. Jahrhundert Bestand hatte. Im 11. Jahrhundert, in einer Zeit, in der andere toskanische Städte ihren Aufstieg und ihren Weg in die Unabhängigkeit begannen, sank der Stern von Chiusi. Die vernachlässigten Entwässerungsanlagen führten zur Versumpfung des Chianatals, in deren Folge sich die Malaria ausbreitete. Als zunehmend bedeutungsloser Spielball der toskanischen Großmächte schleppte sich die Stadt durch die folgenden Jahrhunderte. Erst mit den von den Medici ab dem 17. Jahrhundert begonnenen Entwässerungsmaßnahmen im Chianatal setzte wieder ein bescheidener Aufschwung ein.

Der mächtige Glockenturm des *Doms San Secondiano*, über einem Wasserbecken aus römischer Zeit im 12. Jahrhundert als Wehrturm errichtet, überragt die hübsche Altstadt von Chiusi. Die Anfänge der Kirche reichen in das 7. Jahrhundert zurück. Im 12. Jahrhundert wurde sie weitgehend umgestaltet und erfuhr im 19. Jahrhundert eine teilweise unglückliche Restaurierung. Im Inneren ist neben den 18 aus römischen Bauwerken entnommenen Säulen, die das Mittelschiff der Kirche von den Seitenschiffen trennen, ein kunstvolles Renaissance-Taufbecken (um 1500) von Interesse. Im Kapitelsaal rechts vom Dom, den man durch die Sakristei erreicht, richtete man ein kleines Museum ein. Hier ist eine Anzahl alter Meßbücher zu bestaunen, die mit Miniaturen verziert sind.

Hauptattraktion von Chiusi, und ein Muß für jeden Liebhaber etruskischer Kultur, ist das in der Nähe des Doms gelegene *Museo Nazionale Etrusco*. Neben den Museen von Florenz und Rom gewinnt man in jenem von Chiusi den besten Eindruck von der Kunstfertigkeit, vom Leben und vom Totenkult der Etrusker. Am deutlichsten erkennt man die Entwicklung der etruskischen Kunst, beginnend im 8. Jahrhundert v. Chr., an den »Kanopen«, Urnen mit Deckeln in Menschengestalt, und den »Cippi«, reliefverzierten Aschekisten. An die 400 Gräber wurden bisher in der Umgebung von Chiusi entdeckt. Einige der bedeutendsten, wie die »Tomba della Scimmia« aus dem 5. Jahrhundert v. Chr. mit wundervollen Fresken und die »Tomba del Granduca« aus dem 3. Jahrhundert v. Chr., liegen an der Straße, die kurz

vor der Stadt zum idyllischen Lago di Chiusi hinunterführt. Wer einige der verschlossenen, so manches Mal wegen Restaurierungsarbeiten leider gänzlich unzugänglichen Gräber besichtigen will, muß sich im Museum an einen Führer wenden.

Streckenbeschreibung

Wir beginnen in *Pienza* an dem kleinen Park am westlichen Rand der Altstadt. Von hier führt die *N146* einen steilen Berg hinab (Wegweiser Montepulciano, Chianciano und Chiusi) und dann vier Kilometer in steilem Auf und Ab zu einer Kreuzung. Auf der Hauptstraße *geradeaus* (Wegweiser Montepulciano, Chianciano und Chiusi; in Gegenrichtung Pienza) radeln wir hoch über dem Val di Chiana in sanfterem Gelände auf das beherrschende Montepulciano zu. Noch *vor Montepulciano* erreichen wir eine Kreuzung, an der wir, nach dem steilen Abstecher hinauf in die Stadt, *rechts* fahren (Wegweiser Sant' Albino, Chianciano Terme und Chiusi; in Gegenrichtung Pienza).

Sieben Kilometer geht es jetzt auf und ab, ehe einige Kehren, vorbei an dem sehenswerten Bergnest Chianciano, in den ausufernden Kurort *Chianciano Terme* hinableiten. Auf der breit ausgebauten Hauptstraße durch den Ort (Wegweiser Chiusi; in Gegenrichtung Montepulciano) und dann acht Kilometer meist bergab bis zur A1. Auf der Hauptstraße, der *N146*, über die Autobahn und in weiteren drei Kilometern bis in das

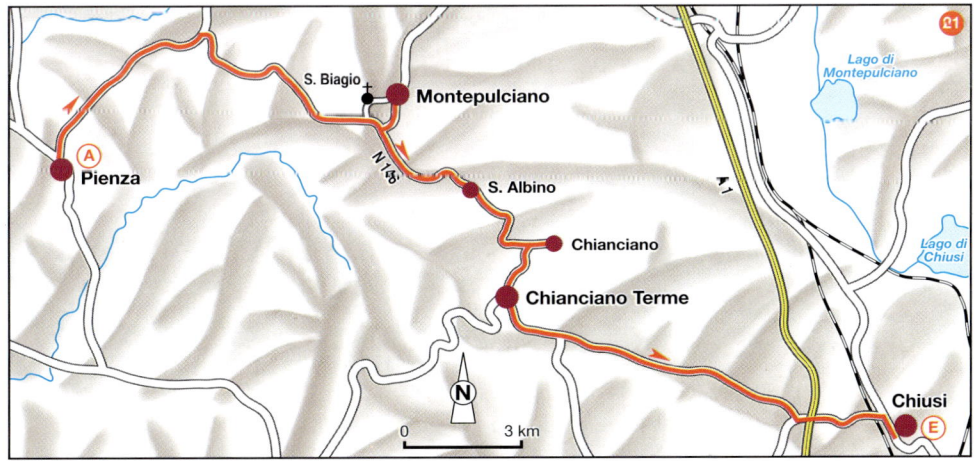

Zentrum von *Chiusi* (in Gegenrichtung den Wegweisern Chianciano Terme folgen).

Nützliche Informationen

Entfernung: Pienza–Montepulciano: 13 km; Pienza–Chianciano Terme: 22 km; Pienza–Chiusi: 35 km.
Höhendifferenz: 300 m.
Unterkunft: Vier Hotels in *Montepulciano*: ****»Hotel Panoramic«, Tel. 0578/798398, ***»Albergo Il Borghetto«, Tel. 0578/757535, **»Albergo Duomo«, Tel. 0578/757473, **»Albergo Il Marzocco«, Tel. 0578/757262; über 200 Hotels in *Chianciano Terme*; eine Pension in *Chiusi*: ***»Albergo La Sfinge«, Tel. 0578/20157; drei Hotels in *Stazione di Chiusi* (3 km südöstlich von Chiusi): *»Hotel Centrale«, Tel. 0578/20118, *»Albergo I Longobardi«, Tel. 0578/20115, *»Albergo La Rosetta«, Tel. 0578/20077.
Camping: Ein Campingplatz in *Macciano* (zwischen Chianciano Terme und Chiusi links der Straße): Tel. 0578/274202; zwei Campingplätze am *Lago di Chiusi:* Tel. 0578/21403, Tel. 0578/21407.
Auskunft: In *Montepulciano*: Via Ricci 9, Tel. 0578/757442; in *Chianciano Terme*: APT, Via G. Sabatini, Tel. 0578/63538; Piazza Italia 67, Tel. 0578/63167; in *Chiusi*: Via Porsenna 67, Tel. 0578/227667.

22 Von Chiusi nach Cortona

An der Grenze zwischen Umbrien und der Toskana

 Tourencharakter: Zum größten Teil durch Hügelland; abschließend über einen steilen Berg hinauf nach Cortona.
Länge der Tour: 39 km.

Unser Weg führt uns durch sanftgewelltes Hügelland, von dem sich der weite Blick nach Osten öffnet, hinein nach Umbrien.

Der **Trasimenische See**, mit einer Fläche von 130 Quadratkilometern größtes Binnengewässer der italienischen Halbinsel, liegt uns zu Füßen. 217 v. Chr. lockte der Karthager Hannibal das römische Heer des Konsuls Caius Flaminius am Ufer des Sees in eine Falle und schlug es vernichtend.

Zum Ende hin führt der Weg auf die Ausläufer der Alpi di Pont zu. Hoch über der Ebene wachsen die Häuser von **Cortona** gleich Felsen aus dem Hang. Im 8. Jahrhundert v. Chr. errichteten die Etrusker an Stelle des heutigen Cortona ihre Stadt »Curtuns«. Dank der strategisch günstigen Lage hoch über dem Trasimenischen See und dank der fruchtbaren Böden in den Tälern ringsum nahm sie einen raschen Aufstieg. Curtuns gehörte dem Zwölf-Städte-Bund an, der losen Verbindung der wichtigsten etruskischen Metropolen, und wurde mit einer mächtigen Mauer umgeben.

Im 3. Jahrhundert v. Chr. kam die Stadt unter römischen Einfluß und verlor ab dieser Zeit an Bedeutung. Erst im Mittelalter war ein erneuter Aufschwung zu verzeichnen, und ab 1200 erlebte Cortona als freier Stadtstaat eine kurze Phase der Unabhängigkeit. Ende des 13. Jahrhunderts überfielen die mächtigen Nachbarn aus Arezzo den kleinen Konkurrenten und plünderten die Stadt. Cortona erholte sich zwar Anfang des 14. Jahrhunderts schnell von diesem Schlag, wurde 1325 vom Papst sogar zum Bischofssitz erhoben. Doch in den folgenden Jahrzehnten durchlebte die Stadt unter wechselnden Herrschern eine Zeit der Stagnation. Eine neue Blüte erfuhr Cortona ab 1411, als der König von Neapel die Stadt an Florenz verkaufte. In aller Ruhe konnte man sich nun wieder darauf konzentrieren, den Wohlstand zu mehren. Doch die Lage hoch über dem Tal schränkte bald die Entwicklungsmöglichkeiten ein, man stieß an seine natürlichen Grenzen. Cortona wurde zu dem ruhigen Landstädtchen, das es bis heute geblieben ist.

Auf halbem Weg zwischen Camucia und Cortona lädt uns die um 1500 erbaute Renaissancekirche *Madonna del Calcinaio* zu einer wohlverdienten Rast ein. Der ebenmäßige Zentralbau wurde für ein wundertätiges Marienbild erbaut, das sich ursprünglich in einer Kalkgrube befand und nun den Hochaltar ziert. Vor der mittelalterlichen Stadtmauer von Cortona radeln wir nicht rechts hinauf, sondern noch ein kurzes Stück an der Mauer entlang. Bald leitet an einem weiten Platz, wo sich am Abend auf einem sonnenwarmen Mäuerchen die berühmten Sonnenuntergänge von Cortona vortrefflich beobachten lassen, ein Tor in die Altstadt. Die Stadtmauer ruht hier auf einer Basis aus mächtigen Felsblöcken, den Resten der 2500 Jahre alten Etruskermauer.

Nach dem Tor nimmt uns die steile Via Guelfa auf, die direkt in das Herz der Altstadt leitet, auf die Piazza della Repubblica. Im Norden schließt der *Palazzo Comunale* gleich einer gelungenen Theaterkulisse den Platz ab. Die Freitreppe des im 13. Jahrhundert erbauten, im 16. Jahrhundert veränderten Gebäudes dient Einheimischen und Touristen als willkommener Beobachtungspunkt. Aus der Fassade wächst ein zinnengekrönter, Anfang des 16. Jahrhunderts angefügter Uhrturm. Rechts oberhalb der Piazza della Repubblica ragt der *Palazzo del Popolo* aus dem 14. Jahrhundert auf, an den sich die Markt-Loggia mit dem gestenreichen, bunten Treiben der Händler anschließt.

Rechts neben dem Palazzo Comunale leitet eine enge Gasse zur Piazza Signorelli mit dem *Palazzo Pretorio* aus dem 13. Jahrhundert. Heute beherbergt der Palast das *Museo dell'Accademia Etrusca* mit einer Sammlung

Ein stattlicher Hof im stillen Hügelland bei Petrignano an der Grenze zwischen der Toskana und Umbrien.

von Gemälden des 13. bis zum 17. Jahrhundert und etruskischen, griechischen, römischen und ägyptischen Fundstücken. Zu den herausragenden Exponaten zählt ein in der Nähe von Cortona gefundener etruskischer Bronzeleuchter aus dem 5. Jahrhundert v. Chr.

Von hier ist es, vorbei an der Touristeninformation, nicht mehr weit zur Piazza del Duomo. Der eher sparsame, über einer romanischen Vorgängerkirche im 15. Jahrhundert errichtete *Dom* verdient kaum Beachtung. Hauptanziehungspunkt an der Piazza ist die ehemalige Chiesa del Gesù, die sich in zwei Stockwerken an die Stadtmauer anlehnt. Heute ist in der Kirche das *Museo Diocesano* untergebracht, mit Meisterwerken der italienischen Malerei.

Zurück an der Piazza della Repubblica, führt ein zweiter Spaziergang – das Rad bleibt wegen der steilen Gassen und Treppen besser zurück – in den ruhigsten Teil der Altstadt. Rechts am Palazzo del Popolo vorbei erreicht man die Kirche *San Francesco*, in der ein byzantinischer Reliquienschrein aus dem 10. Jahrhundert einen angeblichen Splitter vom Kreuz Christi birgt. Im höchsten Teil der Altstadt liegt das *Santuario di Santa Margherita* mit dem reichgeschmückten Grab der Stadtheiligen aus dem 14. Jahrhundert. Von dieser Kirche ist es nicht mehr weit zur Mitte des 16. Jahrhunderts erbauten *Fortezza Medicea*. Auf dem höchsten Punkt der Stadt erbaut, ca. 150 Meter höher als die Piazza della Repubblica gelegen, bietet sich von hier ein unvergleichlicher Blick auf die mittelalterlichen Gassen von Cortona, zum Monte Amiata und zum Lago Trasimeno.

Streckenbeschreibung

Vom Zentrum von *Chiusi* fahren wir zur nahen *N146* hinab und dort *rechts* (Wegweiser Chianciano Terme, Siena und Sinalunga). Nach wenigen hundert Metern wechseln wir nach *rechts* auf die *N326*, die über einen Hügel nach Norden in ein breites Tal leitet. Nach vier Kilometern zweigen wir *rechts* auf eine schmale Straße ab (Wegweiser Porto; in Gegenrichtung Chiusi). Bald stoßen wir auf die Hügel, durch die es anfangs steil bergauf, später fast eben nach *Porto* geht. *Geradeaus* durch den Ort und anschließend in teilweise anstrengendem, hügeligem Gelände, immer mit weiten Blicken über den Lago di Chiusi, erreichen wir kurz vor *Gioiella* eine Kreuzung.

Wie so oft, trifft man auch auf dem Weg nach Cortona immer wieder auf Bauernhöfe, die schon vor Jahren verlassen wurden.

Hier fahren wir *links* (Wegweiser Pozzuolo; in Gegenrichtung Prato und Chiusi) und genießen die Blicke von den sanftgewellten Hügeln zum Lago Trasimeno. Wir bleiben immer auf der schmalen Hauptstraße, bis wir im Zentrum von *Pozzuolo* auf die vorfahrtsberechtigte *N454* treffen. *Geradeaus* auf diese Straße (in Gegenrichtung Wegweiser Gioiella und Chiusi), die wir schon kurz nach dem Ort wieder nach *rechts* verlassen (Wegweiser Cortona; in Gegenrichtung Castiglione del Lago und Chiusi). Durch ruhiges, erholsames Hügelland mit weiten Blicken zu beiden Seiten radeln wir nach *Petrignano*. Auf der Hauptstraße durch den Ort und dann bergab zu einer Kreuzung, an der wir *rechts* fahren (Wegweiser Cortona, Camucia und Perugia; in Gegenrichtung Petrignano und Pozzuolo).

Vier Kilometer durch zypressengesäumtes Ackerland, teilweise steil nach *Centoia* hinauf, hinter dem sich Cortona an die Berge schmiegt. Durch eine weite Ebene jetzt acht Kilometer immer auf Cortona zu. In *Camucia*, am Fuße von Cortona gelegen, überqueren wir die Bahnlinie und einen Kanal und folgen dann der Beschilderung nach Cortona. In mehreren Kehren schwindelt sich die teilweise steile Straße fast vier Kilometer (ca. 200 Meter Höhenunterschied!) bis zur Altstadt von *Cortona* hinauf (in Gegenrichtung von Cortona auf der Hauptstraße nach Camucia und dann den Wegweisern nach Montepulciano und zur Autobahn folgen).

Nützliche Informationen

Entfernung: Chiusi–Cortona: 39 km.
Höhendifferenz: 450 m.
Unterkunft: Ein Hotel in *Camucia*: ***»Nuovo Centrale«, Tel. 0575/630578; ca. zehn Hotels in *Cortona*; preiswerte Übernachtung in drei *Klöstern in Cortona*: Convento Santa Margherita, Via C. Battisti 15, Tel. 0575/630336; Convento Betania, Via G. Severini 50, Tel. 0575/62829; Foresteria Monastica della Trinità, Via S. Nicolò 2, Tel. 0575/603345.
Jugendherberge: In *Cortona*: Via Maffei 57, Tel. 0575/601392.
Auskunft: In *Cortona*: Via Nazionale 72, Tel. 0575/630352.

23 Von Cortona nach Arezzo

Durch das weite Chianatal

 Tourencharakter: Größtenteils auf schmalen Nebenstraßen ohne große Anstrengungen durch das Val di Chiana.
 Länge der Tour: 39 km.

Seit jeher verdankt **Arezzo** seine Bedeutung der ungemein günstigen Lage am Knotenpunkt mehrerer Täler. Im Norden durchschneidet das Casentino, das obere Arnotal, die Berge des Apennin. Im Westen erschließt das Valdarno den Weg nach Florenz, und nach Süden öffnet sich das weite Val di Chiana. Schon die Umbrer siedelten hier. Ihnen folgten im 7. Jahrhundert v. Chr. die Etrusker. Im 5. Jahrhundert v. Chr. war die Stadt zu solcher Bedeutung gelangt, daß sie Mitglied im etruskischen Zwölf-Städte-Bund wurde. Neben der günstigen Lage hatten das florierende Handwerk, vor allem Metallverarbeitung und Keramikwerkstätten, zu diesem Aufschwung beigetragen. Wie die ganze Toskana, so kam auch diese etruskische Stadt, von den neuen Herren »Arretium« genannt, an der Wende vom 4. zum 3. vorchristlichen Jahrhundert unter römischen Einfluß. 294 v. Chr. legten die Römer in Arezzo eine große Militärstation an, um die Verkehrswege zu sichern. 217 v. Chr. lagerte hier der unglückliche Konsul Caius Flaminius mit dem römischen Heer und ließ die Truppen von Hannibal vorbeiziehen. Anschließend verfolgte Flaminius den Feind und wurde am Ufer des Trasimenischen Sees vernichtend geschlagen. Das römische Bürgerrecht erhielt die Stadt 88 v. Chr. und erlebte in der Folgezeit eine wirtschaftliche Blüte. Vom Wohlstand und Reichtum in römischer Zeit zeugt der Name Maecenas. Als Freund von Kaiser Augustus und vor allem als sprichwörtlicher Kunstförderer ist dieser Sohn Arezzos in die Geschichtsbücher eingegangen.

Im Jahre 270 n. Chr. wurde Arezzo Bischofssitz. Auch das Mittelalter war vom

Eine kleine Kapelle am Weg durch das Val di Chiana, das breit und flach von Arezzo nach Süden zieht.

Wohlstand geprägt, und um 1100 hatte man bereits das Selbstbewußtsein und die Macht, um als freie Stadt noch vor Siena und Florenz die Unabhängigkeit zu erlangen. Im 13. Jahrhundert wurde die Universität gegründet, die zu den ältesten in Europa zählt. Die kaisertreuen Ghibellinen gaben den Ton an, und so konnte der Konflikt mit dem nahen guelfischen (also papsttreuen) Florenz nicht ausbleiben. 1289 wurde mit der Niederlage gegen Florenz in der Schlacht bei Campaldino der Abstieg von Arezzo eingeleitet, 1384 unterwarfen sich die Aretiner endgültig.

Doch nicht nur in politischer, sondern auch in wirtschaftlicher Sicht war nun der Niedergang nicht mehr zu verhindern. Das zunehmend versumpfte und malariaverseuchte Chianatal verlor als Verkehrsweg an Bedeutung. Die Via Cassia führte nun nach Siena und sorgte dort für weiteren Aufschwung. Im 19. Jahrhundert hatte die Stadt kaum 10 000 Einwohner, nur wenig mehr als zu Zeiten der Etrusker. Eine neue Blütezeit brach mit der Trockenlegung des Chianata-

les im 19. Jahrhundert an. Die Haupteisenbahnstrecke der italienischen Halbinsel wurde Mitte des Jahrhunderts an Arezzo vorbeigelegt und Straßen ausgebaut. Auch die Autobahn durch das Val di Chiana brachte wirtschaftliche Impulse. Heute ist Arezzo eine Stadt mit nahezu 100 000 Einwohnern.

Wir beginnen die Runde durch die Altstadt von Arezzo an der Nordseite des Bahnhofs, an der *Piazza della Repubblica*. Vom Platz rechts in die Via Spinello, anschließend geradewegs in die Via Niccolò Aretino und dann links auf der Via Margaritone zur Kirche *San Bernardo*. Sie gehörte zum gleichnamigen Kloster, das Olivetaner-Mönche im 16. Jahrhundert auf den Ruinen des römischen Amphitheaters errichteten. Heute ist in den Gebäuden das *Museo Archeologico Mecenate* untergebracht, das mit Funden aus etruskischer und römischer Zeit das Geschick der Handwerker von Arezzo unterstreicht. Den Ruinen des *Anfiteatro Romano* sieht man noch die eindrucksvollen Ausmaße an, die es zur Bauzeit im 2. Jahrhundert n. Chr. hatte. Mit einer Länge von

121 Metern und einer Breite von 68 Metern konnte es 8000 bis 10 000 Besucher aufnehmen.

Nach der Besichtigung auf der Via Margaritone bis zu ihrem Ende an der Piazza Sant' Agostino, dann kurz links, um anschließend rechts auf dem Corso Italia hinauf in das Herz der Altstadt vorzudringen. Nach 300 Metern steht rechts vom Corso die älteste erhaltene Kirche von Arezzo, die romanische *Pieve Santa Maria Assunta.* Im 13. Jahrhundert wurde sie auf einem zerstörten Bau aus dem 12. Jahrhundert errichtet. Einzigartig ist die pisanisch-romanische Fassade, die von keinem Giebel abgeschlossen wird. Unten von fünf breitgelagerten, romanischen Arkaden getragen, löst sie sich nach oben hin in der Eleganz zunehmender Säulenfülle auf. Der Glockenturm steht der Fassade mit seinen 40 doppelbögigen Fenstern in architektonischer Raffinesse kaum nach. Durch die reliefierten Portale betritt man die strenge, dreischiffige Kirchenhalle. Bedeutendstes Kunstwerk in der Kirche ist der Flügelaltar (über dem Hochaltar), der 1320 bis 1324 von Pietro Lorenzetti gemalt wurde.

Anschließend vorbei an der Kirche zur *Piazza Grande,* dem Hauptplatz der Altstadt. Seine eigenartige Spannung bezieht der Platz von der ungleichen Bebauung ringsum. Im Osten und Süden recken die mittelalterlichen Häuser und Türme ihre strengen, nur durch einfache Holzbalkone verzierten Fassaden der Piazza entgegen. An der Westseite schiebt, neben der aufwendig gestalteten romanischen Apsis der Pieve Santa Maria, der im klaren Stil der Renaissance erbaute *Palazzo Tribunale* seine Treppe in den Platz vor. Daneben wirkt der *Palazzo della Fraternità dei Laici* fast zerbrechlich. In der zweiten Hälfte des 14. Jahrhunderts entstand das gotische Untergeschoß, und nach einer Bauunterbrechung wurde das reich ziselierte Obergeschoß im Stil der Frührenaissance daraufgesetzt. Erst im 16. Jahrhundert fand der Palast im Glockenturm seinen Abschluß. Über die ganze Nordseite zieht sich der Bogengang des Ende des 16. Jahrhunderts erbauten *Palazzo delle Logge* hin. Die Pläne zeichnete Giorgio Vasari, der sich vor allem als Kunsthistoriker einen Namen machte.

Vor dem Palast nach links in die schmale Via Giorgio Vasari und gleich wieder rechts in die Via dei Pileati. Links an der Ecke liegt der im 13. Jahrhundert erbaute, im 17. Jahrhundert stark veränderte *Palazzo Pretorio* mit seiner breiten, wappengeschmückten Fassade. Aufwärts Richtung Dom öffnet sich die Straße links zu einem kleinen Platz, an dem die *Casa Petrarca* liegt. Das Haus stammt zwar aus dem 16. Jahrhundert, doch hier in der Straße soll der berühmte Dichter 1304 geboren worden sein. Mit seinen Schriften war er nicht nur ein Wegbereiter der modernen italienischen Sprache und Vorgänger des humanistischen Gedankenguts, sondern nahm auch mit eindrucksvollen Naturschilderungen das Empfinden der Renaissance vorweg.

Am Ende der Via dei Pileati erhebt sich auf dem höchsten Punkt des Stadthügels der *Dom San Donato.* Der Bau wurde 1277 an Stelle einer Benediktinerkirche begonnen. Zuvor lagen Dom und Bischofspalast, Zeichen der Trennung von kirchlicher und weltlicher Macht, außerhalb der Stadtmauern. Die Arbeiten schleppten sich in das 14. Jahrhundert, wurden dann im 16. weitergeführt und fanden erst im 20. Jahrhundert ihren Abschluß. Trotz der langen Bauzeit bestimmt die kühle Strenge der Gotik, die man im dreischiffigen Inneren empfindet, das Bild des Gotteshauses. Vormittags tauchen die herrlichen Glasfenster aus dem frühen 16. Jahrhundert den Kirchenraum in buntes Licht. Links vom Eingang liegt das Grabmal Papst Gregors X., der 1276 in Arezzo starb. Bedeutendstes Kunstwerk im Dom ist der Hochaltar, ein Werk verschiedener Künstler des 14. Jahrhunderts. Er enthält das Grab und die Reliquien des heiligen Donatus, der als zweiter Bischof von Arezzo zu Zeiten des Diokletian den Märtyrertod erlitt. Die Marmorreliefs schildern verschiedene Stationen aus dem Leben des Heiligen. An der Sakristei ein Fresko von Piero della Fran-

Nach Plänen Nicola Pisanos wurde San Domenico in Arezzo im Geist der Bettelorden errichtet. Im Innern bewahrt sie jedoch Kostbarkeiten wie ein Kruzifix von Cimabue und Fresken von Aretiner Künstlern.

cesca und gegenüber die Grabkapelle von Bischof Guido Tarlati aus dem 14. Jahrhundert mit gotischem Reliefschmuck.

Die Via Ricasoli leitet vom Dom in das nordwestliche Stadtviertel. Rechts vorbei am Palazzo Comunale aus dem 14. Jahrhundert erreicht man die Piazza Landucci. Geradewegs gelangt man auf der Piaggia di Murello zur Renaissance-Kirche *Santa Maria in Gradi* mit einer Terrakottagruppe von Andrea della Robbia, und, nur ein kurzes Stück weiter, zum *Palazzo Bruni-Ciocchi*. In diesem

Renaissance-Palast zeigen die städtische Gemäldesammlung und das *»Museo d' Arte Medievale«* Kunstwerke aus der Zeit vom Mittelalter bis zum Barock. Wendet man sich an der Piazza Landucci nach rechts, öffnet sich bald die hübsche *Piazza San Domenico* vor der gleichnamigen Kirche. An das äußerlich einfache Gotteshaus aus dem späten 13. Jahrhundert wurde im 14. Jahrhundert der interessante Glockenturm angefügt. Im Inneren finden wir eine Anzahl feiner Fresken verschiedener Künstler und ein

Die romanische Pieve di Santa Maria Assunta (nach 1140 begonnen) an der schräg abfallenden Piazza Grande, auf der alljährlich am ersten Septembersonntag das historische Stadtfest von Arezzo, die »Giostra del Saracino«, stattfindet.

gemaltes Kreuz, das Cimabue Mitte des 13. Jahrhunderts schuf.

Auf dem Rückweg zum Dom wenden wir uns nach dem Palazzo Comunale nach rechts. Die Via Andrea Cesalpino bringt uns nun direkt zur Kirche *San Francesco.* Sie soll Abschluß und Höhepunkt der Runde durch die Altstadt von Arezzo sein. Man ahnt nicht, daß sich hinter der schmucklosen Fassade einer der größten Schätze italienischer Freskenmalerei verbirgt. Die gotisch strenge Ernsthaftigkeit des gut 50 Meter langen Kirchenschiffs gibt den Bildern einen würdigen Rahmen. Vorbei an den sehenswerten Fresken der beiden Vorkapellen und der rechten Seitenwand erreichen wir die weltberühmte Bilderfolge »Legende vom wahren Kreuz«, mit der Mitte des 15. Jahrhunderts Piero della Francesca die Hauptchorkapelle ausschmückte. Mit kühler Sachlichkeit, leuchtenden Farben, der Zentralperspektive und klarer Linienführung ließ er die Handlung in einer feierlichen Momentaufnahme erstarren und schuf so eines der herausragenden Werke der Frührenaissance. Von der Kirche rechts in die Via Cavour. Anschließend sind es nur wenige Meter zum Corso Italia, der rechts zum Ausgangspunkt zurückführt.

Streckenbeschreibung

Von *Cortona* fahren wir auf der Hauptstraße ca. 1,5 Kilometer hinab und wechseln in der *zweiten Kehre geradeaus* auf eine Nebenstraße. Durch Olivenhaine hinunter zu den wenigen Häusern von *Sodo* und an der Kreuzung *links* hinab zur nahen *N71.* *Geradeaus* über die breite Straße, dann sind wir in der weiten, landwirtschaftlich genutzten Ebene. Entlang einem Kanal erreichen wir ohne Anstrengung *Santa Agata.* Die Hauptstraße biegt nach rechts um (Wegweiser Foiano; in Gegenrichtung Cortona), beschreibt nach dem Ort eine scharfe Kurve nach links und kurz darauf wieder nach rechts. An der nächsten *scharfen Linkskurve* verlassen wir *geradeaus* die Hauptstraße (Wegweiser Castroncello).

Nach zwei Kilometern halten wir uns an der Kreuzung neben dem Gutshof *»Le Capannacce« links* und erreichen eine unbeschilderte Kreuzung. Hier *scharf rechts*, auf

der Hauptstraße geradewegs durch *Castroncello* bis zu einer Rechtskurve nach dem Ort. Direkt in der Kurve nach *links* (Wegweiser Manciano; in Gegenrichtung Foiano) und kurz darauf in einer scharfen Rechtskurve über einen kleinen Kanal (Vorsicht in Gegenrichtung; nach dem Kanal nicht geradeaus!). Nun geradeaus nach *Manciano,* wo wir vor der Kirche auf eine vorfahrtsberechtigte Straße stoßen.

Auf dieser Straße nach *links* (Wegweiser zur A1; in Gegenrichtung vor der Kirche nach rechts), nach einem Kilometer unter der Eisenbahnlinie hindurch und später einen Berg hinab in den ebenen Talboden. Am Rand des Talbodens biegen wir *scharf rechts* auf ein Schottersträßlein ab (Wegweiser Frassineto), das nach einem Kilometer an einer Kreuzung *geradeaus* in eine Teerstraße übergeht. Immer auf der Straße am Rande der Ebene bis nach *Frassineto* und links an den wenigen Häusern vorbei zu einer Kreuzung neben einem Park mit langer Mauer.

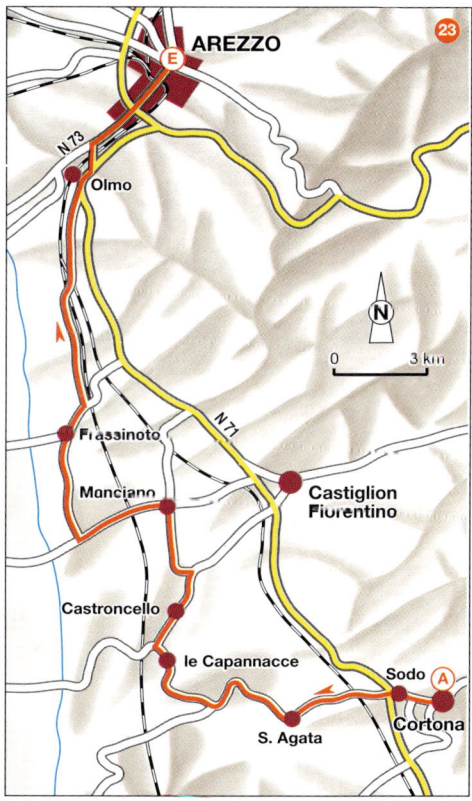

Geradeaus auf die Hauptstraße, nach wenigen hundert Metern auf der Hauptstraße nach *rechts* (Wegweiser Rigutino) und ca. 200 Meter vor einer Eisenbahnunterführung nach *links* auf eine Nebenstraße (in Gegenrichtung die unbeschilderte Hauptstraße rechts, drei Kilometer nach der zweiten Eisenbahnunterführung).

Nun entlang der Eisenbahnlinie, unter der wir nach drei Kilometern hindurchfahren und nach einem weiteren Kilometer in einer schmalen Unterführung unter einer zweiten Bahnlinie hindurch. Die nächsten Kilometer radeln wir parallel zur Eisenbahnlinie *geradeaus* bis nach *Olmo*. Im Ort treffen wir auf die N71, auf der wir *links* fahren (in Gegenrichtung das unbeschilderte, unauffällige erste Sträßchen, das nach einer Linkskurve vor dem ersten Haus zur Rechten abzweigt).

Nach wenigen hundert Metern auf der N71 stoßen wir auf eine *große Kreuzung*, fahren kurz nach *links* und gleich wieder *rechts* (Wegweiser Arezzo; in Gegenrichtung Castiglion Fiorentino, Cortona und Perugia). Auf der breiten, verkehrsreichen Straße vier Kilometer geradeaus bis zum Bahnhof am Südrand der Altstadt von *Arezzo* (in Gegenrichtung an der Südostecke des Bahnhofs in die Via Vittorio Veneto und dann immer geradeaus bis zur großen Kreuzung vor Olmo).

Nützliche Informationen   **i**

Entfernung: Cortona–Arezzo: 39 km.
Höhendifferenz: Keine nennenswerten Anstiege; in Gegenrichtung 200 m.
Unterkunft: Ca. 15 Hotels in *Arezzo*.
Jugendherberge: In *Arezzo*: Villa Severi, Via Monache 41, Tel. 0575/25815 (3 km außerhalb der Altstadt).
Fahrräder: In *Arezzo*: Via Vittorio Veneto 225 (an der Einfallstraße zum Bahnhof).
Auskunft: In *Arezzo*: APT, Piazza Risorgimento 116, Tel. 0575/23952; Piazza della Repubblica 28, Tel. 0575/377678.

Wo eine alte Handelsstraße über eine tiefe Felsschlucht führt, die die Ciuffenna in die Hänge des Pratomagno geschnitten hat, liegt der hübsche Ort Loro Ciuffenna.

24 Von Arezzo nach Castelfranco di Sopra

Über die Hänge des Pratomagno

 Tourencharakter: Ohne große Höhenunterschiede über dem Tal des Arno auf ruhigen Nebenstraßen durch eine malerische Landschaft.
Länge der Tour: 40 km.

Der einfachste und schnellste Weg für Radfahrer von Arezzo nach Florenz führt heutzutage auf der vielbefahrenen N69 durch das Tal des Arno. Wir folgen jedoch einer uralten Straße, die hoch über dem Arnotal eine Reihe kleiner Ortschaften und romanischer Kirchen berührt. »Sette Ponti« hieß dieser Weg im Mittelalter und folgte wohl der römischen Via Cassia Vetus.

Nach der Brücke über den an dieser Stelle zu einem schmalen See aufgestauten Arno bringt uns der einzige etwas anstrengendere Anstieg hinauf zu dem hübschen Dörfchen **Castiglion Fibocchi**. Fast eben schneidet dann die alte Straße die Hänge und führt uns zu dem kleinen Dorf **San Giustino** mit einer bescheidenen romanischen Landkirche.

Kurz vor Loro Ciuffenna weist eines der gelben Schilder, die in Italien immer wieder zu kunstgeschichtlichen Entdeckungen einladen, zum oberhalb der Straße gelegenen Weiler Gropina. Dort oben schlummert ein verborgenes Kleinod romanischer Kunst, die **Pieve di San Pietro**. Wohl schon seit Jahrtausenden zog dieser Platz die Menschen magisch an. Der Name *Gropina* hat seinen Ursprung womöglich in der etruskischen Sprache, in der das Wort »Gruphaia« soviel wie Bauwerk bedeutet. Man hat hier die Fundamente eines römischen Tempels, einer frühchristlichen Kirche und eines Gotteshauses aus langobardischer Zeit entdeckt. Schon 780 wird der Name der Kirche in einer Schenkungsurkunde Karls des Großen erwähnt. In den folgenden Jahrhunderten wechselte die Pieve (Landkirche) mehrmals den Besitzer. Im späten Mittelalter zählte sie zu den reichsten in weitem Umkreis, und entsprechend kunstvoll fiel ihre Ausstattung

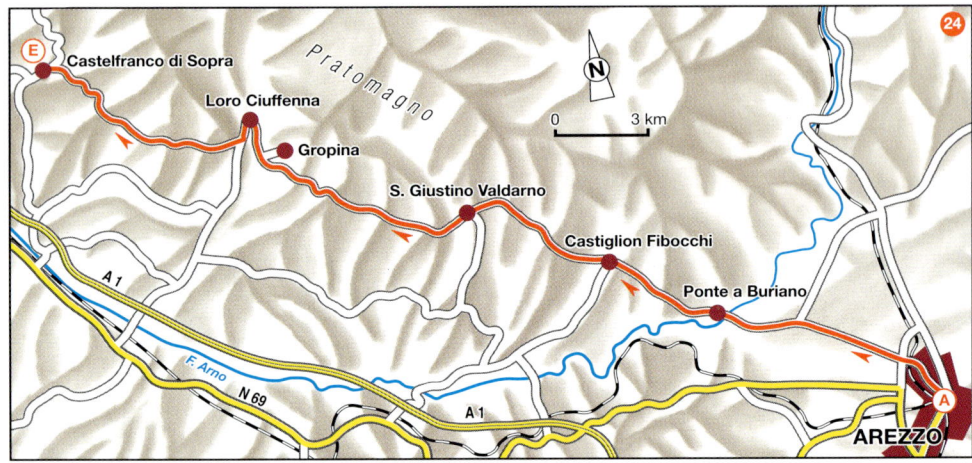

aus. Der heutige Bau entstand Anfang des 13. Jahrhunderts.

Portal, Fassade und Glockenturm sind einfach strukturiert, doch die reich verzierte Apsis läßt den einstigen Reichtum erahnen. Im Inneren trennen aus einem Stück gehauene Säulen das Mittelschiff von den beiden Seitenschiffen. Fast heidnisch wirken die offensichtlich von verschiedenen Meistern geschaffenen Kapitelle. Doch wer die Bildsprache des Mittelalters versteht, wird in den Motiven eine tiefe Religiosität entdecken. Glanzpunkt der Ausstattung ist eine romanische Kanzel, die auf einer verknoteten Säule ruht. Auch hier wieder christliche Symbole, die vom Kampf des Glaubens gegen den Unglauben erzählen und deren Sinn wir heute kaum mehr erahnen. Trotz aller Stilisierung, trotz der einfachen Gestaltungselemente und der ausdruckslosen Gesichter steht man vor einem Kunstwerk von zeitloser Schönheit.

Von Gropina ist es dann nur noch ein kurzes Stück bis **Loro Ciuffenna**. Um eine tief eingeschnittene Schlucht, in der die Ciuffenna rauscht, gruppieren sich die Häuser des mittelalterlichen Ortskerns. Ein Tal gewährt uns Einblick in die baumlose, fast alpin anmutende Bergwelt des Pratomagno. Schon in etruskischer Zeit gegründet, gehört der Ort seit 1293 zu Florenz. In der Kirche Santa Maria Assunta ist neben Arbeiten des in Loro geborenen Renaissance-Malers Carlo Portelli ein schönes Triptychon aus der Mitte des 15. Jahrhunderts zu sehen.

Endpunkt der Etappe ist **Castelfranco di Sopra**. 1299 wurde der Ort von Florenz mit einer bis heute teilweise erhaltenen Mauer umgeben und sollte als vorgeschobener Posten die Machtansprüche des lokalen Adels und des Nachbarn Arezzo beschneiden.

Am Ortseingang liegt rechter Hand die **Badia di Soffena**, die im 14. Jahrhundert von Vallombrosaner Mönchen gegründet wurde. In der Kirche begeistert die Fülle der Fresken, die überwiegend aus dem 15. Jahrhundert stammen. Rechts neben dem Gotteshaus gestattet ein Torbogen einen Blick in den stillen Renaissance-Kreuzgang.

Streckenbeschreibung

Wir beginnen die Tour an der *Porta San Lorentino* in Arezzo, die an der Westseite der Altstadt die Stadtmauer durchbricht. Vor der Mauer nach *rechts* in die *Via Bernardo Dovici*, wenige Meter entlang der Stadtmauer und dann geradeaus in die *Via della Chimera* (Wegweiser Castiglion Fibocchi). Diese Straße geht *linkshaltend* in die *Via dei Sette Ponti* über, die uns über eine große Kreuzung in gerader Linie aus der Stadt führt.

Die Hauptstraße durchquert eine Ebene und zieht dann leicht bergab zum *Arno*. Auf schmaler Brücke über den aufgestauten Fluß und in *Ponte a Buriano* auf der Hauptstraße *linkshaltend*, führt uns ein kurzer Anstieg wieder aus dem Tal. Nach insgesamt zwölf Kilometern radeln wir links an *Castiglion Fibocchi* vorbei und dann in abwechslungsreicher Landschaft sanft bergauf nach *San Giustino Valdarno*. In vielen Kurven schlängelt sich die aussichtsreiche Straße in gleichbleibender Höhe am Pratomagno entlang in zehn Kilometern nach *Loro Ciuffenna*.

Auf der Hauptstraße durch den Ort (Wegweiser Firenze; in Gegenrichtung Arezzo), dann an mehreren Kreuzungen immer auf der Hauptstraße rechts (Wegweiser Castelfranco di Sopra). Nach insgesamt 40 Kilometern erreichen wir *Castelfranco di Sopra* (in Gegenrichtung Wegweiser Loro Ciuffenna und Arezzo).

Nützliche Informationen

Entfernung: Arezzo–Loro Ciuffenna: 30 km; Arezzo–Castelfranco di Sopra: 40 km.
Höhendifferenz: 200 m.
Unterkunft: Ein Hotel in *Castiglion Fibocchi*: ***»Le Quattro Pietre Hotel«, Tel. 0575/47615; eine Pension in *San Giustino Valdarno*: *»Il Sorriso«, Tel. 055/977833; zwei Pensionen in *Loro Ciuffenna*: **»Al Tartufo«, Tel. 055/9172742, **»Il Cipresso«, Tel. 055/9172067; eine Pension in *Castelfranco di Sopra*: **»Colombo«, Tel. 055/9149026.
Camping: Bei *Reggello*, siehe Tour 25.

25 Von Castelfranco di Sopra nach Florenz

Durch das Arnotal zurück zur Metropole der Toskana

Tourencharakter: Großteils angenehme Fahrradstrecke mit einigen nicht allzu langen Anstiegen. Zwischen Castelfranco di Sopra und San Ellero auf schmalen Straßen durch malerische Landschaft, anschließend auf verkehrsreicher Strecke bis Florenz. In Gegenrichtung zwischen San Ellero und Pietrapiana langgezogene, teils steile Anstiege.

Länge der Tour:
40 km.

Wie schon zwischen Arezzo und Castelfranco di Sopra, folgen wir zu Beginn dieser Etappe wieder dem Verlauf der mittelalterlichen Straße »Sette Ponti«. Welche Bedeutung dieser Weg im Mittelalter hatte, läßt sich an den Sakralbauten ablesen, denen wir begegnen. Schon nach kurzer Fahrt erreichen wir **Pian di Scò** mit seiner schlichten romanischen Kirche. Ihre ältesten Teile entstanden noch vor dem 12. Jahrhundert. Wie bei anderen Kirchen der Gegend mischen sich auch hier wieder toskanische Stilelemente mit solchen aus der Poebene. Selbst Einflüsse, die von Norden über die Alpen vordrangen, vermeint man hier zu erkennen. Wer Sinn hat für die stilisierten, symbolträchtigen Figuren dieser Epoche, der sollte sich die Kapitelle der Säulen ansehen, die das Innere in drei Schiffe teilen.

Für Kunstinteressierte lohnt sich kurz vor Reggello der Abstecher zur romanischen Kirche von **Cascia**, deren Turm (links von unserer Route) nicht zu übersehen ist. Auch in dieser Pfarrkirche mischen sich wieder nördliche und toskanische Stilelemente. Das äußere Bild wird von einem säulengeschmückten Portikus, der der Fassade vorgelagert ist, bestimmt. Etwas abgesetzt steht der wehrhafte Kirchturm, der früher Verteidigungszwecken diente. Im Inneren der Kirche beeindrucken die romanischen Kapitelle und ein altes Fresko.

Wer sich vor einem zehn Kilometer langen Anstieg über 500 Höhenmeter nicht scheut, der kann von Pietrapiana aus einen Abstecher zum Kloster **Vallombrosa** unternehmen. In ein Hochtal des Pratomagno und in schattenspendende Wälder zogen sich vor nahezu 1000 Jahren einige Gläubige zurück. Der Florentiner Adlige Giovanni Gualberto, der nach seinem Tode heiliggesprochen wurde, stieß um 1030 zu den Fremiten, baute mit ihnen aus Zweigen und Ästen einige Hütten und eine Kapelle. Bald erhielt die Gemeinschaft, die nach den Regeln des heiligen Benedikt lebte, regen Zulauf und wurde vom Papst als eigenständige Bruderschaft anerkannt. Aus den bescheidenen Anfängen entwickelte sich nun, begünstigt durch Schenkungen und Lehen, eine machtvolle Ordensgemeinschaft, die in weitem Umkreis Filialklöster unterhielt. Den wehrhaften, burgähnlichen Charakter erhielt das Kloster durch groß angelegte Umbauarbeiten im 15. und 17. Jahrhundert. Ebenfalls im 17. Jahrhundert wurde die Klosterkirche in barocker Pracht und Fülle umgestaltet.

Obwohl das Kloster im 19. und 20. Jahrhundert mehrmals aufgegeben wurde, leben heute wieder eine Handvoll Vallombrosaner Benediktinermönche in der weitläufigen Anlage. Und wenn unter der Woche der Ansturm der Ausflügler aus den Städten abebbt, finden die Mönche auch heute noch die Ruhe und Abgeschiedenheit, die die ersten Eremiten vor 1000 Jahren in diesem Winkel der Toskana suchten.

Wo die Sieve in den Arno mündet, liegt *Pontassieve*, eine hektische und unansehnliche Stadt, die den Einfluß des nahen Florenz spüren läßt. Ruhiger wird es auf der anderen Seite des Arno, in **Rosano**. Bringt man etwas Zeit mit, kann man in der Nähe des Ortes das 780 gegründete, heute verwaiste Benediktinerkloster Santa Maria di Rosano be-

sichtigen. Die im Stil der Renaissance und des Barock veränderten Gebäude wurden ursprünglich im 12. Jahrhundert errichtet, die Krypta unter der Kirchenapsis scheint jedoch einer älteren Bauphase zu entstammen. Von Rosano folgen wir dann immer dem Arno bis in das Zentrum der Kulturmetropole Florenz, die unter Etappe 1 beschrieben ist.

Streckenbeschreibung

In *Castelfranco di Sopra* radeln wir, vorbei an der romanischen Klosterkirche *Badia di Soffena*, auf den Kamm des Pratomagno zu (Wegweiser Pian di Scò und Reggello). Nach wenigen hundert Metern halten wir uns auf der Hauptstraße *links* (Wegweiser Pian di Scò und Reggello) und fahren bergauf aus dem Ort. Die Steigung läßt bald nach, und in sanftem Auf und Ab erreichen wir nach vier Kilometern *Pian di Scò*. Auf der Hauptstraße durch den Ort (Wegweiser Reggello, in Gegenrichtung Arezzo) und anschließend

Bei Castelfranco di Sopra werden in den Olivenhainen Schwertlilien angebaut.

Wie überall in der Toskana ist auch in den Hängen über dem Arnotal der Olivenbaum eine der wichtigsten Kulturpflanzen.

auf kurviger Panoramastraße inmitten malerischer Olivenhaine bis kurz vor Reggello.

An der ersten Kreuzung auf der Hauptstraße *rechts*, dann bergauf nach *Reggello*. Im Ort auf der Hauptstraße *links* hinab (Wegweiser Vallombrosa, in Gegenrichtung Pian di Scò) und am Ortsende *rechts* (Wegweiser Donnini und San Ellero, in Gegenrichtung Pian di Scò). Drei Kilometer leitet die Straße nun, meist bergauf, nach *Pietrapiana*. Hier biegen wir *links* in eine schmale Nebenstraße ein (Wegweiser Donnini und San Donato in Fronzano, in Gegenrichtung Reggello), das uns bergab zu einer weiteren Kreuzung bringt.

Hier auf der Hauptstraße *rechts* (Wegweiser Donnini, in Gegenrichtung Reggello) und, nur von kurzen Gegenanstiegen unterbrochen, durch blühende Wiesen und Olivenhaine über *San Donato*, zuletzt steil hinab, nach *Donnini*. Über einen kurzen Berg hinauf in den Ort und *links* auf die Hauptstraße (Wegweiser San Ellero, Firenze und Pontassieve; in Gegenrichtung San Donato in Fronzano und Reggello).

Gut drei Kilometer geht es anschließend teilweise steil bergab, ehe wir auf die *N69* treffen. Auf der vielbefahrenen Nationalstraße nach *rechts* (Wegweiser Firenze und Pontassieve; in Gegenrichtung Vallombrosa, Tosi, San Donato in Fronzano und Donnini) und immer auf der Hauptstraße über einige Hügel in fünf Kilometern nach *San Francesco*, einem Vorort von Pontassieve. Nach der Eisenbahn *links* auf die vorfahrtsberechtigte *N67* (Wegweiser Firenze und Pontassieve; in Gegenrichtung Arezzo, Vallombrosa und Consuma) und nach wenigen hundert Me tern über die Sieve-Brücke nach *Pont-assieve*. Nach der Brücke *links* in die erste Seitenstraße (durch die Stadt immer Wegweiser Rosano und Bagno a Ripoli), kurz darauf wieder *links*, nahe der Sieve unter der Eisenbahn hindurch (in Gegenrichtung unbeschildert nach der Eisenbahn in die erste Straße *rechts*) und auf der Südseite der Bahnstrecke wieder *rechts*.

Nun an der Bahnstrecke entlang durch die Stadt bis zu einem *Kreisverkehr, geradewegs* durch (Wegweiser Rosano; in Gegenrichtung Arezzo und Forli) und an einer weiteren Kreuzung am Stadtrand *geradeaus* (Wegweiser Rosano, in Gegenrichtung Arezzo, Vallombrosa, Consuma und Forli).

Nach der Brücke über den *Arno* fahren wir auf der Hauptstraße nach *rechts* (Wegweiser Firenze; in Gegenrichtung Pontassieve) und treffen nach einem Kilometer auf eine in den Karten noch nicht eingezeichnete Neubaustrecke. Auf der breiten Hauptstraße nach *links* (Wegweiser Firenze; in Gegenrichtung Rosano) radeln wir nahe am Arno zehn Kilometer nach *Bagno a Ripoli*. Am Ortsrand stoßen wir auf einen *Kreisverkehr*, halten uns *leicht rechts* (Wegweiser Firenze; in Gegenrichtung Pontassieve und Rosano) und fahren auf nun vierspuriger Straße nach

Florenz hinein. Immer *geradeaus* leitet die Hauptstraße, anfangs als *Viale Europa*, später als *Viale D. Giannotti*, bis zum Arno.

Linkshaltend flußabwärts ist das *Stadtzentrum* dann schnell erreicht (in Gegenrichtung vom Stadtzentrum am Arno entlang zum Ponte G. da Verrazzano, der dritten Brücke flußauf nach dem Ponte Vecchio; von der Piazza Ravenna auf der Südseite der Brücke der Beschilderung Greve folgend in die Via Bracciolini; nun immer auf der Hauptstraße geradeaus zum Viale Europa, wo bald die Beschilderung nach Bagno a Ripoli und Rosano einsetzt).

Nützliche Informationen

Entfernung: Castelfranco di Sopra – Pontassieve: 29 km; Castelfranco di Sopra – Florenz: 49 km.
Höhendifferenz: 250 m.
Unterkunft: Zwei Hotels in *Reggello*: **** »I Ciliegi«, Tel. 055/86 34 51, *** »Italia«, Tel. 055/86 80 22; drei Hotels in *Pontassieve*: ****»Moderno«, Tel. 055/8 31 55 41, *»I Villini«, Tel. 055/8 36 81 40, *»Nova«, Tel. 055/8 36 81 92.
Informationen zu Florenz: Siehe Tour 1.

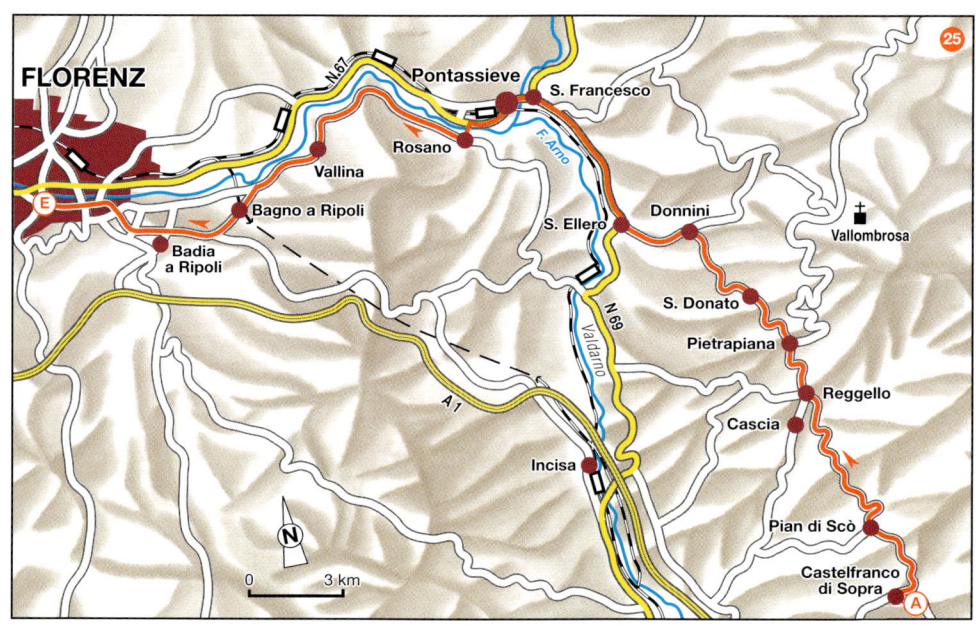

> # Tagesausflüge in den
> # schönsten Landschaften der Toskana

26 Im südlichen Chiantiland

Auf schmalen Straßen durch klassische Landschaft

> **Tourencharakter:** Auf ruhigen Nebenstraßen in häufigem Auf und Ab durch das Hügelland des südlichen Chianti.
>
> **Länge der Tour:** 34 km.

Das Chianti ist einer der bekanntesten Landstriche der Toskana. Der berühmte Wein, die Nähe zu Florenz und Siena und die Landschaft mit ihren Hügeln, Weinbergen, Zypressen und stolzen Weingütern locken einen nie versiegenden Strom von Touristen hierher. Ausländer, vor allem Deutsche, haben sich eingekauft und leben hier ihren Traum vom Süden. Geht man jedoch in den Südteil und entfernt sich etwas von der vielbefahrenen Chiantigiana, der Hauptstraße durch das Chianti, kann man noch auf schmalen Straßen die stille Schönheit der Landschaft erleben. Außerdem sind die Hügel hier sanfter und die Anstiege gemächlicher, wie geschaffen zum Radfahren.

Der erste größere Ort unserer Rundtour ist **Castelnuovo Berardenga**, der südöstlichste Punkt, an dem die Weinbauern ihren Wein noch »Chianti Classico« nennen und ihre Flaschen mit dem verkaufsfördernden schwarzen Hahn kennzeichnen dürfen. Teilweise sind rund um den Ort die Mauern erhalten, mit denen die Sienesen im Mittelalter ihre Besitzung umgaben. Daß die Adelsfamilie Chigi in Castelnuovo Berardenga bis heute das Sagen hat, ist bei der Fahrt durch den Ort unschwer zu erkennen. Die Hälfte des Dorfes nimmt der großzügige Park ein, in dem sich ihre feudale Villa versteckt.

Wer den unverfälschten Charme eines kleinen Chiantidorfes erleben möchte, der kann fünf Kilometer nördlich Castelnuovo Berardenga einen kurzen Abstecher hinauf nach **San Gusmé** unternehmen. 867 zum ersten Mal urkundlich erwähnt, teilte das kleine Dorf das Schicksal der anderen Siedlungen dieses Landstrichs. Immer wieder kam es hier, im Grenzgebiet der neidischen Großmächte Florenz und Siena, zu Kämpfen. Und immer wieder wechselte San Gusmé den Besitzer. Trotzdem blieb das mittelalterliche Ortsbild erhalten, und wer sich den Sinn für die unspektakulären Schönheiten der Toskana bewahrt hat, wird an den schmalen Gäßchen seine Freude haben.

Die Hauptattraktion im südöstlichen Chianti und Wendepunkt unserer Radtour ist das mächtige **Castello di Brolio**. Im Jahre 1009 wurde die Burg zum ersten Mal urkundlich erwähnt. Doch bestand sicherlich bereits vor diesem Datum eine Wehranlage, wie die langobardischen Wurzeln des Wortes »Brolio« vermuten lassen. Im 12. Jahrhundert erhielt die Familie Ricasoli von Friedrich Barbarossa das Kastell, das mit einigen Unterbrechungen bis heute im Besitz dieses Adelsgeschlechts blieb. Als südlicher Vorposten der Florentiner war es im Mittelalter heftig umkämpft, wurde von Siena mehrmals belagert, besetzt und teilweise zerstört. 1533, als die Kraft der Sienesen schon gebrochen war, wurden die Wehranlagen vollendet, die noch heute mit Gräben und einer 450 Meter langen und bis zu 16 Meter hohen Mauer den Gipfel des Burghügels umschließen. In der Folge errichtete die Familie Ricasoli innerhalb des Mauerrings eine herrschaftliche Residenz. Sein heutiges Aussehen erhielt das Schloß erst in der zweiten Hälfte des 19. Jahrhunderts, als es Bettino Ricasoli in neugotischem Stil umbauen ließ. Erhalten blieb dabei die sehenswerte Cappella di San Jacopo aus dem 14. Jahrhundert und die Krypta mit den Grä-

bern der Ricasoli, zu der hinter dem Altar eine Treppe hinabführt.

Bettino Ricasoli ist bis heute in Italien ein bekannter Mann. Er folgte nicht nur Cavour als zweiter Präsident des vereinten Italien auf den Stuhl des Ministerpräsidenten, sondern ihm wird auch die neue Formel zugeschrieben, nach der die verschiedenen Traubensorten des Chiantiweins gemischt werden. Hauptbestandteile sind danach die blauen Trauben Sangioveto und Canaiolo, denen in geringen Mengen verschiedene weiße Traubensorten zugemischt werden. Heute ist das Castel di Brolio mit seinen weiten Ländereien das größte Weingut im Chianti.

Streckenbeschreibung

In *Pianella* fahren wir auf der Hauptstraße, der *N 408*, nach Norden aus dem Ort (Wegweiser Gaiole). Kurz nach dem Ort, hinter einem Fluß, biegen wir *rechts* auf eine Nebenstraße ab (Wegweiser Castelnuovo Berardenga und Monteaperti). Drei Kilometer radeln wir über sanfte Hügel, vorbei an der ersten Abzweigung nach San Felice, bis wir *links* in eine Nebenstraße einbiegen (Wegweiser Castelnuovo und Strada del Vino Chianti Classico). In anstrengendem Auf und Ab geht es jetzt durch Weinberge, vorbei an dunklen Zypressen und dem kleinen Weiler *Pacina*, auf der Hauptstraße bis nach *Castelnuovo Berardenga*.

Geradeaus in den Ort (Wegweiser Centro, San Gusmé und Gaiole) und am Ortsende, neben dem weitläufigen Park der Familie Chigi, nach *links* (Wegweiser San Gusmé und Gaiole). Leicht bergauf radeln wir auf einen Hügelkamm, von dem aus der Blick weit über die Chiantihügel schweift. An einer Kreuzung, vier Kilometer nach Castelnuovo, fahren wir *geradeaus* (Wegweiser

Ein Wegkreuz an einer schmalen Straße in den Chiantihügeln lädt zu einer besinnlichen Rast ein.

Weitab der touristischen Hauptroute findet man am Südrand der Chiantihügel Ruhe und Beschaulichkeit.

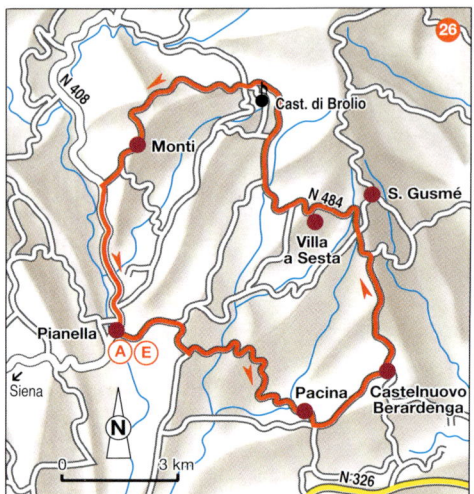

27 Zwischen Certaldo und Montespertoli

In den Hügeln über der Stadt des Boccaccio

Tourencharakter: Meist auf wenig befahrenen Nebenstraßen durch wunderschönes Hügelland. Zu Beginn einige Anstiege, die aber nur auf kurzen Abschnitten etwas steiler sind.

Länge der Tour: 48 km.

Borgo wird die Unterstadt von **Certaldo** genannt, in der diese Tour ihren Anfang nimmt. Im 17. Jahrhundert, als es oben auf dem Stadtberg zu eng wurde, begann die Entwicklung dieses jüngeren, reizlosen Ortsteils. 60 Meter höher erstrahlt die mittelalterliche Oberstadt, das sogenannte *Castello*, wie vor Jahrhunderten im Rot der Ziegelmauern.

Im Mittelalter residierte in Certaldo die Adelsfamilie Alberti, glühende Anhänger des Kaisers und dadurch naturgegebene Feinde des stets guelfischen Florenz. 1293 bemächtigte sich Florenz der kleinen Stadt und baute sie zum Verwaltungssitz im Tal der Elsa aus. Nach der Trockenlegung des Val d'Elsa wurde die alte Frankenstraße, wichtigster Handels- und Pilgerweg in jener Zeit, aus den Hügeln in das bequemere Tal verlegt. Certaldo blühte auf, und das in den nahen Hügeln gelegene San Gimignano, einst wichtiger Haltepunkt auf der Via Francigena, geriet ins Abseits.

In der kleinen Altstadt von Certaldo mit ihren Backsteinmauern und Palästen umweht uns das unverfälschte Flair des Mittelalters. Und immer wieder stoßen wir hier auf den Namen des Dichters *Giovanni Boccaccio*, der neben Dante und Petrarca zu den Begründern der humanistischen Gedankenwelt zählt. Der Autor der Novellensammlung »Decamerone« stammte aus Certaldo und starb hier 1373 im Alter von 60 Jahren. Deshalb heißt die Hauptstraße des »Castello«, an der sich die interessantesten Bauten der Altstadt konzentrieren, Via Boccaccio. Den Beginn der Straße bewacht

Gaiole). Durch Wald geht es nun bergauf nach *Villa a Sesta*, rechts vorbei am kleinen Dorf und anschließend bergab in ein Tal. An den Kreuzungen immer *geradeaus* (Wegweiser Gaiole), dann steigt die Straße bald im Wald einige Kilometer sanft hinauf zu dem Hügel, auf dem das *Castello di Brolio* liegt. Angenehm flach umrunden wir den Burgberg und erreichen am Westfuß, neben den Wirtschaftsgebäuden, eine Kreuzung (100 Meter zuvor zweigt scharf links der staubige Zufahrtsweg ab, der nach einem Kilometer zum Castello di Brolio hinaufführt).

Hier fahren wir *geradeaus* (Wegweiser Monti und San Marcellino) einen kurzen Berg hoch, von dem wir gut zum Kastell hinüberblicken können. Durch Weinfelder leitet uns dann die Straße nach *Monti* hinab. Am Ortsende auf der Hauptstraße scharf nach *links* (Wegweiser Siena). Anschließend geht es zwei Kilometer kurvig und steil zur *N 408* hinunter. Auf der Hauptstraße nach *links* (Wegweiser Siena und Pianella), dann radeln wir in einem Tal die letzten Kilometer nach *Pianella* hinaus.

Nützliche Informationen ℹ

Ausgangspunkt: *Pianella*, 12 km nordwestlich von Siena an der N 408 gelegen.
Länge der Tour: 34 km.
Höhendifferenz: 300 m.
Unterkunft: Die besten Unterkunftsmöglichkeiten im nahen *Siena* (siehe Tour 2).

der zinnengekrönte *Palazzo Strozzi Ridolfi* aus dem 13. und 14. Jahrhundert. Vorbei an weiteren mittelalterlichen Palästen erreicht man das durch einen 20 Meter hohen Turm gekennzeichnete »Boccaccio-Haus«. Hier soll der Dichter die letzten Jahre seines Lebens verbracht haben. Heute beherbergt das Haus ein Boccaccio-Museum.

Am oberen Ende der Via Boccaccio befindet sich das interessanteste Bauwerk von Certaldo, der *Palazzo Pretorio*. Bis zum Ende des 13. Jahrhunderts war der Palast im Besitz der Adelsfamilie Alberti. Dann übernahmen ihn die Florentiner Statthalter, die an der Fassade ihre Wappen hinterließen. Neben zahlreichen, mit Fresken aus dem 15. und 16. Jahrhundert verzierten Sälen kann man im Palast eine Folterkammer und ein mittelalterliches Gefängnis besichtigen. Der Turm bietet eine berauschende Aussicht über die rote Altstadt hinaus auf die bezaubernde Hügelwelt rund um Certaldo. Vom Hof des Palazzo aus erreicht man eine Kirche aus dem 13. Jahrhundert mit einem sehenswerten Renaissance-Tabernakel und

das ehemalige Rektoratsgebäude mit einem romanischen Kreuzgang.

Kurz nach *Montespertoli* bietet eine schlechte, bergige Nebenstraße für Liebhaber sakraler Kunst eine Variante zur beschriebenen Tour. In der romanischen Pfarrkirche von *San Pietro in Mercato* sind ein ebenfalls romanisches Taufbecken und Bilder des 15. Jahrhunderts zu sehen. Einige Kilometer weiter hält die *Pieve di San Giusto a Monte Albino* ein spätgotisches Triptychon bereit.

Angenehmer ist der direkte Weg nach **Lucardo**, das sich links der Straße auf einem Hügel ausbreitet. Auch dieser kleine Ort kann mit einer Kirche aus dem 11. Jahrhundert aufwarten, deren Anfänge bis in das 8. Jahrhundert zurückreichen. Das Innere ist mit einigen spätgotischen Fresken geschmückt. Kurz nach Lucardo liegt rechts der Straße die mächtige romanische Kirche **San Donato**, in der ein Taufbecken aus Terrakotta von Giovanni della Robbia vom Anfang des 16. Jahrhunderts zu sehen ist. Die überraschende Fülle alter Kirchen in dieser

Die mittelalterliche Altstadt von Barberino Val d'Elsa wurde einschließlich der Tore und der Stadtmauer perfekt renoviert.

Gegend ist auf eine wichtige Straße zurück-zuführen, die seit römischer Zeit vom Elsatal über Barberino, Tavarnelle und Lucardo nach Norden führt. Reisende und Pilger brachten den Kirchengemeinden und Klöstern das nötige Geld für die kostspieligen Bauwerke.

Über **Tavarnelle Val di Pensa**, das römische *Tabernulae*, geht die Fahrt nun nach **Barberino Val d'Elsa**. Von der teilweise erhaltenen mittelalterlichen Stadtmauer schweift der Blick über ein weites Tal zu den Hügeln des Chianti. Innerhalb des Mauergürtels laden enge Gassen und hübsche, kleine Plätze zu einer Rast ein.

Einige Kilometer nach Barberino liegt rechts der Straße das heruntergekommene Renaissance-Kirchlein San Pietro, das zur Erinnerung an die **Burg von Semifonte** errichtet wurde. Ende des 12. Jahrhunderts versammelte sich in dieser Burg der toskanische Landadel, um die Vorherrschaft der aufstrebenden Städte zu bekämpfen. Nach anfänglichen Erfolgen schlossen sich bald nahezu alle toskanischen Kommunen im Kampf gegen die Burg zusammen. Vier Jahre wurde Semifonte belagert, 1202 erobert und an-schließend dem Erdboden gleichgemacht. Die Städte hatten damit für die folgenden Jahrhunderte endgültig ihre Vormachtstellung gegenüber dem Feudaladel gesichert.

Eine Abfahrt bringt uns anschließend hin-ab zur Kirche **Santa Maria a Bagnano**, die sich rechts der Straße an die Häuser eines kleinen Weilers anschließt und uns zu einer letzten Rast einlädt. In der kleinen Kirche sind ein bemerkenswertes gotisches Marien-Triptychon und ein Marien-Tafelbild aus dem 13. Jahrhundert zu sehen.

Streckenbeschreibung

In der Unterstadt von *Certaldo* fahren wir auf die vielbefahrene *N 429*, die uns am Fuße des Altstadthügels nach Norden aus der Stadt bringt (Wegweiser Castelfiorentino und Empoli). Nach einem Kilometer wird die Bebauung entlang der Nationalstraße lückenhaft, und bald biegen wir *rechts* in eine Seitenstraße ein (Wegweiser Montespertoli). In einer Linkskurve lassen wir die letzten Häuser von Certaldo hinter uns und radeln kurz ansteigend in unverbautes Weideland hinauf. Von einem Sattel führt die

Ein aussichtsreicher Rastplatz auf einem Hügelkamm südlich von Montespertoli.

schmale Straße in ein Tal hinab, durch das wir ohne Anstrengung bis zu einer Kreuzung am Fuße des Hügels fahren, auf dem das Castello di Oliveto liegt.

Hier auf der Hauptstraße *geradeaus* (Wegweiser Montespertoli und Lungagnana) in ein Tal. Zwei Kilometer nach der Kreuzung beginnt der nur anfangs steile Anstieg, der uns zwischen den wenigen Häusern von *Lungagnana* auf einen aussichtsreichen Kamm bringt. Ohne große Anstrengung radeln wir auf Montespertoli zu, bis wir am südlichen Ortsrand auf eine vorfahrtsberechtigte Straße stoßen. Hier halten wir uns *rechts* und fahren auf der Hauptstraße rechtshaltend durch *Montespertoli*. Am südlichen Ortsrand, an der Kreuzung unterhalb des markanten Wasserturms, auf der Hauptstraße links (Wegweiser Lucardo, Tavarnelle und Barberino).

Meist angenehm, unterbrochen von einigen kurzen Anstiegen, leitet die Straße auf einem Hügelkamm über die kleine Ansiedlung *Aliano* bis zu einer Kreuzung vor dem Hügel, auf dem Lucardo liegt. Hier *rechts* (Wegweiser Certaldo und Tavarnelle) und anschließend entweder links auf holpriger Sandstraße hinauf nach *Lucardo* oder geradeaus rechts am Dorf vorbei. Südlich von Lucardo treffen beide Wege wieder zusammen und führen uns sanft bergab, vorbei an der Kirche *San Donato*, zu einer weiteren Kreuzung am Ortsrand von *Fiano*.

Hier biegen wir *links* ab (Wegweiser Tavarnelle) und radeln auf angenehmer Straße über das Dorf *Marcialla* in sanftem Auf und Ab bis zur *N 2*, auf die wir am südlichen Ortsrand von *Tavarnelle* stoßen. Auf der Staatsstraße nach *rechts* (Wegweiser Siena und Poggibonsi) und in zwei Kilometern zur hübschen Altstadt von *Barberino*. Am besten nicht links um die Stadt, sondern durch ein Tor *geradewegs* in die schmale Hauptgasse, die uns südlich des historischen Ortskerns wieder auf die *N 2* entläßt. Nun auf der Nationalstraße leicht bergab, bis wir kurz nach dem Ortsendeschild von Barberino *rechts* auf eine schmale Straße abbiegen (Wegweiser Certaldo, Petrognano und Vico d'Elsa).

Zwei Kilometer leitet uns das Sträßlein in leichtem Auf und Ab durch die einsame Landschaft zu einer weiteren Kreuzung, an

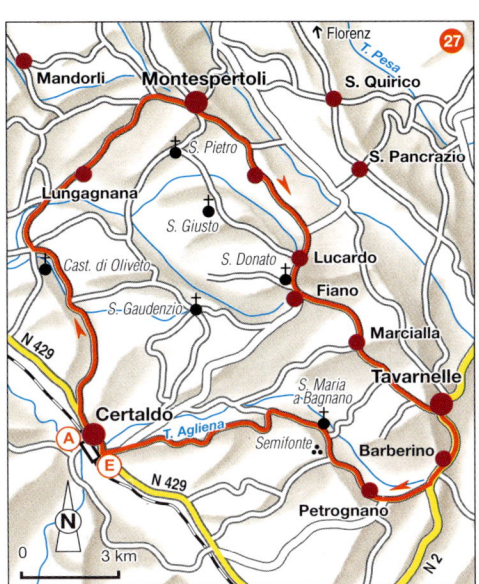

der wir *geradeaus* fahren (Wegweiser Certaldo und Petrognano). Vorbei am weitläufigen, halbverfallenen Gut *Petrognano* zu einer Kreuzung neben einer Kirche, an der wir uns *rechts* halten (Wegweiser Bagnano).

In einem Wald leitet die Straße in Kehren bergab und anschließend eben zum bemerkenswerten Kirchlein von *Bagnano*. Meist sanft bergab radeln wir nun, immer auf der Hauptstraße, zurück in das Tal der Elsa. Bald stechen im Süden die markanten Türme von San Gimignano in den Himmel, und die rote Altstadt von Certaldo rückt schnell näher.

Am Fuß des Altstadthügels treffen wir dann auf eine vorfahrtsberechtigte Straße, fahren *links* zur *N 429* und auf der Nationalstraße *rechts* in das nahe *Stadtzentrum* von *Certaldo*.

Nützliche Informationen

Ausgangspunkt: *Certaldo*, an der N 429 zwischen Empoli und Poggibonsi gelegen.
Länge der Tour: 48 km.
Höhendifferenz: 500 m.
Unterkunft: Drei Pensionen in *Certaldo*: **»Il Castello«, Tel. 0571/668250, **»La Speranza«, Tel. 0571/668014, *»Gelli«, Tel. 0571/668135; Hotels, Jugendherberge und Campingplatz im 13 km südlich gelegenen *San Gimignano* (siehe Tour 19).

28 Rund um San Gimignano

Stille Landschaft im Schatten der Türme

> **Tourencharakter:** Auf wenig befahrenen Straßen in ständigem Auf und Ab durch die reizvolle Hügellandschaft westlich von San Gimignano.
>
> **Länge der Tour:** 37 km.

Anfangs- und Endpunkt dieser Tour ist **San Gimignano** (siehe Tour 19), die Stadt der Türme und des Mittelalters. Von dort dringen wir in die Landschaft zwischen San Gimignano und Volterra vor. Die berauschenden Ausblicke über die unendlichen Hügelwellen und die verschiedenen Perspektiven, aus denen man die Türme von San Gimignano betrachtet, machen diese Tour zu einem unvergeßlichen Erlebnis.

Streckenbeschreibung

Wir beginnen die Rundtour am südlichen Stadttor von *San Gimignano*. In beschaulichem Hügelland folgen wir auf den ersten 20 Kilometern dem Verlauf der *Etappe 20*, bis wir auf die *N 68* treffen.

Auf der anfänglich breit ausgebauten Hauptstraße fahren wir nach *links* (Wegwei-

ser Colle di Val d'Elsa). Meist bergab führt uns die N 68 bis nach *Castel San Gimignano*. Am Ortsende biegen wir *links* ab (Wegweiser San Gimignano) und lassen die Räder drei Kilometer zu einem schmalen Flüßchen hinabrollen. Hier beginnt ein vier Kilometer langer, aber nie ausgesprochen steiler Anstieg, der uns nach *San Donato* hinaufführt. Ganz nahe vor uns stoßen jetzt die Türme von San Gimignano in den Himmel, auf die wir bergab zufahren. Nach einem Bach beginnt der letzte Anstieg, über den wir die Hauptstraße südlich der Stadt erreichen. *Links* hinauf sind es dann nur noch wenige hundert Meter bis zur Stadtmauer von *San Gimignano*.

Nützliche Informationen

Ausgangspunkt: *San Gimignano*, ca. 55 km südlich von Florenz und ca. 40 km westlich von Siena gelegen.
Länge der Tour: 37 km.
Höhendifferenz: 650 m.
Informationen zu San Gimignano: Siehe Tour 19.

29 Hin und zurück San Galgano

Bergnester und eine berühmte Klosterruine

> 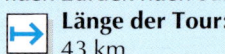 **Tourencharakter:** Der erste Teil der Rundtour führt über langgezogene, aber an keiner Stelle allzu steile Anstiege zu kleinen Bergdörfern; nach Montieri eine lange Abfahrt und dann erholsam flach zurück nach San Galgano.
>
> **Länge der Tour:** 43 km.

Ausgangspunkt für diese Tour ist die beeindruckende Ruine der Abteikirche von **San Galgano** (siehe Tour 18). Längere, meist jedoch sanfte Anstiege bringen uns nach **Chiusdino** hinauf, das sich 200 Höhenmeter über dem Fiume Merse an die Hänge der Colline Metallifere klammert. Man schlen-

Nach dem Rummel in San Gimignano erwartet uns nördlich von Pignano stilles Hügelland mit einer schnurgeraden Zypressenallee, die bei einem Herrenhaus enden wird.

setzte. Herausragende Kunstwerke sucht man vergeblich, doch im Schatten des wuchtigen Kastellturms findet man stille mittelalterliche Gassen.

Streckenbeschreibung

Wir starten an der Kirchenruine von *San Galgano* und fahren zur *N 441. Rechts* (Wegweiser Siena) leitet uns die Hauptstraße über einen Hügel zur *N 73.* Hier *links* (Wegweiser Siena und Firenze) drei Kilometer nach Norden, bis *scharf links* eine Nebenstraße abzweigt (Wegweiser Chiusdino, Montieri und Radicondoli). Diese Straße läuft nun, genau der Landschaft angepaßt, sanft bergauf in die Hügel. An allen Kreuzungen auf der Hauptstraße den Wegweisern nach Chiusdino folgend, erreichen wir nach acht Kilometern *Chiusdino.*

Hier rechts an der Altstadt vorbei und scharf nach *rechts* (Wegweiser Montieri und

Rund um Montieri erwacht der Bergwald im Frühjahr in den zartesten Grüntönen.

dert gern durch die engen Gassen des Bergnestes, das sich bis heute ein altertümliches Flair bewahren konnte. Mitte des 12. Jahrhunderts erblickte in Chiusdino der adlige Galgano Guidotti, der nach seinem Tod heiliggesprochen wurde, das Licht der Welt. Sein Geburtshaus ist in der Via della Cappella zu sehen. Ihm zu Ehren entstand unten im Tal das Kloster San Galgano.

Von Chiusdino windet sich die Straße durch waldreiche Hänge in das 700 Meter hoch gelegene **Montieri** hinauf. Wie so viele heute vergessene Orte in den Colline Metallifere verdankte Montieri dem Bergbau seine einstige Bedeutung. Die reichen Silbervorkommen rund um den Ort, zu Münzen geprägt, begründeten den Ruhm der Bankhäuser von Siena. Ein Ende fand die Blüte von Montieri, als sich in Geldgeschäften immer mehr das Gold als Zahlungsmittel durch-

*In den Colline Metalli-
fere bezaubert uns das
Bergnest Chiusdino, in
dem der heilige
Galgano geboren
wurde, durch verwin-
kelte Treppengassen.*

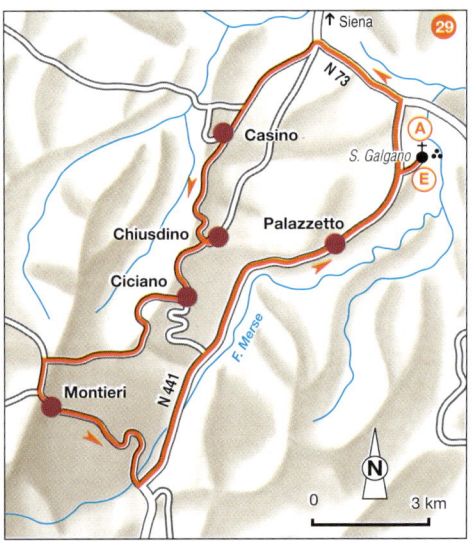

Follonica). Anfangs führt die Straße bergab und dann in vielen Kurven sanft bergauf in das nahe *Ciciano*. An der Kreuzung im Ort *rechts* hoch (Wegweiser Montieri). Nur zu Beginn leitet die Straße etwas steiler, später wieder ganz gemächlich in vielen Kurven durch bewaldete Hänge nach oben. Nach einigen Kilometern schmiegt sie sich gegenüber Montieri an einen bewaldeten Bergkegel. Wir erreichen eine Kreuzung nördlich des Ortes. Hier *links* und an der folgenden Kreuzung ebenfalls *links* (Wegweiser Montieri, Massa Marittima und Follonica), läuft unser Weg nach insgesamt 24 Kilometern nach *Montieri* hinein.

Wir radeln auf der Hauptstraße *geradewegs* durch den Ort, an dessen Ende eine lange Abfahrt beginnt. Durch im Frühjahr lichten, lindgrünen Wald aus Buchen, Eichen und Eßkastanien schlängelt sich die Straße sechs Kilometer zur *N 441* hinab. *Links* (Wegweiser Siena) folgt die Hauptstraße einem schmalen Fluß, über dem an einigen Stellen die leuchtend roten Abraumhalden der alten Erzminen leuchten. In erholsamem Gelände radeln wir über *Palazzetto* zurück zur Abtei von *San Galgano*.

Nützliche Informationen

Ausgangspunkt: Die Klosterruine *San Galgano*, an der N 441 auf halbem Weg zwischen Siena und Massa Marittima gelegen.
Länge der Tour: 43 km.
Höhendifferenz: 600 m.
Unterkunft: Eine Pension in *Palazzetto* an der N 441 nahe San Galgano: **»Albergo Il Palazzetto«, Tel. 05 77/75 01 60; beste Unterkunftsmöglichkeiten ca. 30 km nordöstlich in *Siena* (siehe Tour 2).

30 Von Asciano zur Abbazia di Monte Oliveto Maggiore

Berühmte Fresken und surrealistische Hügel

 Tourencharakter: Eine anstrengende Tour durch die verzauberte Hügelwelt der Crete zu einem der beeindruckendsten Klöster in der Toskana.
Länge der Tour: 46 km.

Von **Asciano** (siehe Tour 3) bringt uns ein langer Anstieg in die Hügelwelt der Crete hinauf. Nach einigen Kilometern können weniger sportliche Fahrer geradeaus auf der Hauptstraße zum Kloster Monte Oliveto fahren und so die Länge der Tour halbieren. Wir wenden uns jedoch nach links und radeln auf einer Schotterstraße in das Niemandsland der Toskana-Reiseführer.

Bald lockt auf einem steilen Hügel gleich einer Burg das kleine Landstädtchen **Tre-**

quanda. Die Straße führt nach steilem Anstieg an der Altstadt vorbei, die in das Korsett der mittelalterlichen Stadtmauer eingeschnürt ist. Links hinauf weist uns ein Stadttor den Weg in die engen Gassen. Eine Burg beherrscht seit dem Mittelalter das kleine Städtchen, und am weiten Hauptplatz erwartet uns hinter einer gesprenkelten Fassade die belebende Kühle der romanischen Pfarrkirche.

Kurz hinter Trequanda schaut von einem zypressenbestandenen Hügel die Burgruine von **Montelifrè** auf unseren Weg herab. Die Rocca des alten Adelssitzes ist schon seit langem zu einer wackeligen Kulisse verfallen. Doch an den Südhang des Hügels lehnt sich im Schatten der Burgruine ein sehenswertes kleines Dorf, das zur Zeit renoviert wird. Eine schattige Allee bringt uns zur Mauer hinauf, die die wenigen Häuser früher an die Burgmauern anschloß. Der malerische Brunnen vor dem »Stadttor« verführt zu einer kleinen Rast, bevor man zwischen den wenigen Häusern zur alten Kirche hinaufschlendert und zum Abschluß die grenzenlose Fernsicht von der Burgruine genießt.

Über Montisi geht es dann hinab nach San Giovanni im Tal des Asso. Ein langer Anstieg leitet uns jetzt wieder in die Crete hinauf, bevor wir links nach **Chiusure** abbiegen. Wie ein Adlerhorst thront das Dörfchen auf der Spitze eines Hügels und bietet nach allen Seiten eine umfassende Weitsicht. Vor allem der phantastische Blick hinab zum berühmten Kloster Monte Oliveto Maggiore beansprucht unsere Aufmerksamkeit. Inmitten einer zerfurchten Landschaft aus wilden Lehmschluchten ragt ein dunkler Zypressenwald auf, in den sich die Backsteinbauten des Klosters schmiegen. Dahinter verlieren sich die Hügel und Täler in der Unendlichkeit.

Schwungvoll geht es dann hinab zum nahen **Kloster Monte Oliveto Maggiore**. 1313 zog sich der Sienese Bernardo Tolomei, bedeutender Jurist und Sohn aus reichem Hause, im Alter von 40 Jahren mit wenigen Vertrauten hierher zurück. In einer Zeit, als die offizielle Kirche in einem Sumpf aus Geldgier, Machtstreben und Intrigen zu ersticken drohte, gründeten sie in der Abgeschieden-

Nachdem viele alteingesessene Bauern ihre Höfe aufgegeben haben, betreiben nun oftmals zugewanderte Sarden auf den kargen Crete-Hügeln Schafzucht.

heit der Crete-Hügel ihre Einsiedelei. Nach dem alten benediktinischen Wahlspruch *»ora et labora«* (»bete und arbeite«) wollten sie hier den Anfechtungen der Welt entsagen. Aus bescheidenen Anfängen entstand bald eines der wichtigsten Benediktinerklöster Italiens, das im 15. und 16. Jahrhundert seine Blütezeit erlebte. Mögen die großen Zeiten auch der Vergangenheit angehören, so hat sich das Kloster bis heute den Rang eines geistigen Zentrums bewahren können. Wer den Zauber dieses Ortes erleben möchte, der sollte allerdings die Wochenenden meiden, an denen eine wahre Besucherflut das Kloster überschwemmt.

Am Eingang zum Klosterbezirk lassen wir die Räder an einem Verteidigungsbau zurück, in dem sich ein gemütliches Lokal verbirgt. Auf ziegelgepflasterten Wegen geht es anschließend hinab in das Klosterzentrum mit seinen strengen, ehrfurchtgebietenden Gebäuden.

Unbestrittener Glanzpunkt ist der berühmte Kreuzgang mit den Fresken von Luca Signorelli (1498) und Sodoma (ab 1505). Der Freskenzyklus, der in 35 eindringlichen Bildern Szenen aus dem Leben des heiligen Benedikt schildert, zählt zu den umfangreichsten und künstlerisch bedeutendsten Arbeiten seiner Art in Italien. Wie in einem überdimensionierten Bilderbuch wird gezeigt, wie Benedikt seinen Vater verläßt, wie Mönche von Frauen verführt werden sollen, wie Benedikt den Teufel verjagt, wie er den König Totila empfängt oder wie er die Zerstörung des Klosters Monte Cassino voraussagt.

Neben dem Kreuzgang sind noch die Klosterkirche mit einem reich verzierten Chorgestühl, das Refektorium mit Barockfresken, die bedeutende Bibliothek mit 40 000 Bänden und die alte Klosterapotheke sehenswert.

Streckenbeschreibung

Wir beginnen die Tour am südöstlichen Rand der Altstadt von *Asciano* und folgen einer Nebenstraße (Wegweiser Monte Oliveto Maggiore und SS 2, Via Cassia), die anfangs flach durch ein Tal, später langsam ansteigend in die eigenwillige Hügellandschaft hineinleitet. Nach sechs Kilometern nimmt oberhalb zweier Kehren die Steigung ab.

Kurz darauf zweigt *links* eine Sandstraße ab (Wegweiser Trequanda). Wer seiner Kondition nicht traut, der kann auf der Hauptstraße seinen Weg fortsetzen und trifft nach drei Kilometern auf die Kreuzung, an der die Straße zum Kloster Monte Oliveto Maggiore abzweigt.

Wir fahren jedoch links, und die Sandstraße bringt uns durch bizarre Crete-Landschaft zur Bahnstation *Val d'Asso* hinab. Sanft geht es auf der Gegenseite aus dem Tal in aussichtsreiches Hügelland. An einer Kreuzung *geradeaus*, dann setzt nach sechs Kilometern wieder der Teerbelag ein. Durch sanftgewelltes Hügelland fahren wir nun auf den steilen Hügel zu, auf dem Trequanda liegt. Die letzten 600 Meter zieht die Straße mit bis zu 16 Prozent Steigung bergauf. Wer die lohnende Altstadt besichtigen möchte, der wendet sich direkt am Ortsrand scharf nach links und betritt nach 100 Metern durch ein Tor die schattigen Gassen.

Zurück vom kurzen Abstecher radeln wir 100 Meter *geradeaus* zu einer vorfahrtsberechtigten Straße, dort *rechts* und kurz darauf an der nächsten Kreuzung wieder *rechts* (Wegweiser Montisi, San Giovanni d'Asso und Petroio). Anschließend bergauf zu einer Kreuzung und auf der Hauptstraße *gerade-*

Im Kreuzgang des Klosters Monte Oliveto Maggiore schilderten Sodoma und Luca Signorelli in 35 Szenen das Leben des heiligen Benedikt und schufen so einen der bedeutendsten Freskenzyklen der Renaissance.

aus (Wegweiser Montisi) zum höchsten Punkt der Rundtour. Bald leitet die Straße hinab in ein Tal, das von der Burgruine von Montelifrè überragt wird. Ein kurzer Anstieg trennt uns noch von der schmalen Zypressenallee, die rechts zum sehenswerten Burgdorf *Montelifrè* abzweigt.

Zurück an der Hauptstraße bringt uns eine sanfte Abfahrt in das nahe Dorf *Montisi* hinab. Am Ortsrand folgen wir nicht der Beschilderung »San Giovanni d'Asso« (links um den Ort herum), sondern radeln *geradewegs* durch das Straßendorf. Anfangs auf einem aussichtsreichen Hügelkamm, später steil bergab, führt die Straße hinab nach San Giovanni d'Asso. Wir überqueren Bahngleise und stoßen unterhalb der Burg auf die Hauptstraße, auf der wir rechts einen Berg in das Zentrum von *San Giovanni d'Asso* hinaufradeln.

Bald darauf bringt uns ein steiler Anstieg (10 Prozent), der sich jedoch schon bald deutlich zurücklegt, noch einmal ins Schwitzen. Nach drei Kilometern in sanfter Landschaft erreichen wir ohne weitere Anstrengungen eine Kreuzung, an der wir *links* abzweigen müssen (Wegweiser Monte Oliveto Maggiore und Chiusure).

Anfangs leicht bergab und dann bergauf radeln wir in zwei Kilometern nach *Chiusure*. Nun am besten rechtshaltend um das schön gelegene Dorf herum. Auf der ge-

genüberliegenden Seite einen Kilometer bergab zur *N 451*. Auf ihr *links* hinab (Wegweiser Abbazia di Monte Oliveto Maggiore und Buonconvento) und später nahezu eben. Nach einem Kilometer zweigt *links* die Zufahrt zum Kloster *Monte Oliveto Maggiore* ab.

Wenn die Besichtigung beendet ist, radeln wir wieder die Straße hinauf, die wir zuvor gekommen waren. Nach einem Kilometer bleiben wir jedoch an der Kreuzung auf der *N 451* (Wegweiser Asciano) und fahren geradeaus durch die hügelige Landschaft nach Norden. Bald stellen sich uns einige kurze, anstrengend steile Berge in den Weg, doch meist läuft die schmale Straße mehr oder weniger steil bergab. Eine lange Abfahrt bringt uns zum Schluß in das Tal des Fiume Ombrone, wo wir auf die *N 438* stoßen. *Rechts* sind es nur noch wenige hundert Meter bis zu unserem Ausgangspunkt *Asciano*.

Nützliche Informationen

Ausgangspunkt: *Asciano*, 25 km südöstlich von Siena an der N 438 gelegen.
Länge der Tour: 46 km.
Höhendifferenz: 700 m.
Unterkunft: Eine Pension in *Asciano*: ***»Albergo Il Bersagliere«, Tel. 05 77/71 87 55; beste Unterkunftsmöglichkeiten in *Siena* (siehe Tour 2).

Rechts oben:
Kurz vor San Quirico
d'Orcia geht die Sonne
in klassischer toskanischer
Landschaft unter.

Das malerische Bild der Crete-Landschaft kann vielerorts nicht über den Verfall der alten bäuerlichen Kultur hinwegtäuschen.

31 Von Pienza in die südlichen Crete

Renaissancestädte und traumhafte Landschaftsbilder

 Tourencharakter: In teilweise anstrengendem Auf und Ab durch die Landschaft der Crete.

Länge der Tour: 43 km.

Einige Kilometer nördlich der Renaissance-Stadt Pienza (siehe Tour 4) liegen links oberhalb unseres Weges die Gebäude des ehemaligen Klosters **Santa Anna in Camprena**. 1324 wurde es von Bernardo Tolomei gegründet, Vater der nahen Benediktinerabtei Monte Oliveto Maggiore. Und wie im dortigen Kloster treffen wir auch hier auf einen Freskenzyklus des berühmtem Sodoma, den er Anfang des 16. Jahrhunderts ausführte.

Auf dem restlichen Weg über San Giovanni d'Asso, Torrenieri und **San Quirico d'Orcia** (siehe Tour 4) begeistert vor allem die einmalige Landschaft, die nicht nur jeden Fotografen in ihren Bann zieht.

Streckenbeschreibung

Von *Pienza* fahren wir auf der *N 146* sanft nach Westen hinab (Wegweiser San Quirico d'Orcia und Siena) und biegen nach kurzer Fahrt *rechts* auf eine schmale Straße ab (Wegweiser Castelmuzio und Cosona). Steil geht es zwei Kilometer in ein Tal hinab, anschließend anstrengend auf den nächsten Hügelkamm hinauf. An der Kreuzung am höchsten Punkt *geradeaus* (Wegweiser Pe-

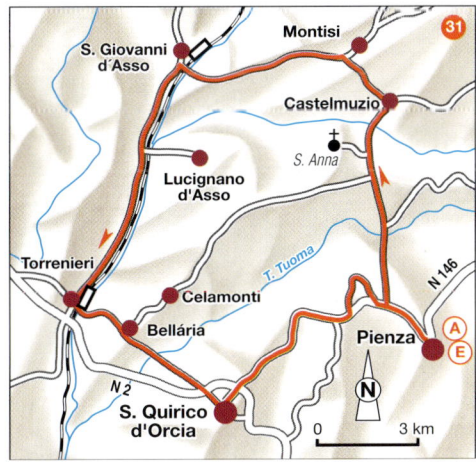

troio), anfangs flach durch Wald, später steil bergab durch Olivenhaine in das nächste Tal. Vom Bach geht es dann sehr steil nach *Castelmuzio* hinauf. An der Kreuzung im Ort nach *links* auf die Hauptstraße (Wegweiser Montisi), nun radeln wir in engen Kurven bergab auf Montisi zu. Anschließend ist noch einmal ein kurzer, sehr steiler Berg zu überwinden, bevor wir den Ortsrand von *Montisi* erreichen.

Hier stoßen wir auf eine vorfahrtsberechtigte Straße, auf der wir *links* hinauffahren (Wegweiser San Giovanni d'Asso). An einer zweiten Kreuzung wieder *links* (Wegweiser San Giovanni d'Asso), dann auf einem Hügelrücken sanft bergab. Nach einigen Kilometern leitet ein kurzer, steiler Berg in das Tal des Asso hinab. Über den Fluß und anschließend kurz bergauf. Jetzt stoßen wir am südlichen Ortsrand von *San Giovanni d'Asso* auf eine vorfahrtsberechtigte Straße.

Hier fahren wir *links* (Wegweiser Torrenieri und Montalcino) und auf ebener Strecke durch das Tal des Asso. Nach neun Kilometern erreichen wir *Torrenieri*, halten uns an der Kreuzung im Ort *links* und folgen von hier der Etappe 4b, die über *San Quirico d'Orcia* anstrengend nach *Pienza* hinaufleitet.

Nützliche Informationen

Ausgangspunkt: *Pienza*, ca. 50 km südöstlich von Siena an der N 146 gelegen.
Länge der Tour: 43 km.
Höhendifferenz: 550 m.
Unterkunft: In *San Quirico d'Orcia*: ***»Hotel Palazzuolo«, Tel. 0577/897080; ***»Motel Patrizia«, Tel. 0577/8977/15; in *Pienza*: ***»Albergo Corsignano«, Tel. 0578/748501.
Auskunft: In *Pienza*: Piazza Pio II., Tel. 0578/748502.

Nahe San Quirico bestimmt der engmaschige Wechsel von Bäumen, Hecken und verschiedenen Feldfrüchten den lebendigen, farbenfrohen Charakter der Landschaft in der südlichen Toskana.

32 Über die Hügel westlich des Monte Amiata

Schlupfwinkel für Räuber und lange Abfahrten

 Tourencharakter: Fast durchgehend auf kaum befahrenen, aussichtsreichen Nebenstraßen zu kleinen Dörfern. Häufiges Auf und Ab, jedoch an keiner Stelle problematisch steile Anstiege.

Länge der Tour: 53 km.

Nach **Arcidosso** (siehe Tour 5) führt unser Weg anfangs durch die waldreichen Hänge des **Monte Amiata** (siehe Tour 6), jenes erloschenen Vulkans, dessen beherrschender Gipfel sich in der südlichen Toskana immer wieder in Szene zu setzen weiß. In den Orten, die wie auf einer Perlenkette aufgereiht den Berg umgeben, tummeln sich von Jahr zu Jahr mehr Urlauber. Wir jedoch dringen auf unserer Tour südwestlich des Monte Amiata in weiße Bereiche auf der touristischen Landkarte vor.

Nach Triana wird die Landschaft immer wilder, werden die Hänge über der Straße immer felsiger. Bald liegt **Roccalbegna** unter uns am Ausgang einer steilwandigen Schlucht, die die Albegna in die Kalkberge gegraben hat. Zwei Felsen, der breitgelagerte *Cassero* und der steile, spitze *Sasso* überragen den von den Resten einer mittelalterlichen Mauer umgürteten Ort. Am Beginn der Altstadt lockt das Schild »Sasso« nach rechts hinauf auf die Felsspitze, die die Stadt beherrscht. Über ein steiles Sträßlein erreicht man einen Sattel, von dem ein atemberaubender Steig auf den Gipfel leitet. Vorbei an einer Höhle, die das Felsmassiv durchreißt, gelangen wir zur Burgruine am höchsten Punkt. Senkrecht brechen die Felsen zur Altstadt hin ab und bieten einen schwindelerregende Blick auf die roten Dächer und schmalen Gassen. Gut ist von hier oben zu erkennen, daß der Ort kaum über seine mittelalterlichen Grenzen hinausgewachsen ist. In jener Zeit gehörte Roccalbegna zuerst der

Adelsfamilie Aldobrandeschi und kam dann im 13. Jahrhundert zu Siena. Die unfruchtbare und undurchdringlich wilde Landschaft ringsum, die Armut der Gegend und die isolierte Lage des Ortes ließen Roccalbegna später zu einem Schlupfwinkel für Räuberbanden werden.

Wieder zurück an der Hauptstraße erkunden wir die hübschen Gassen der Altstadt. Am Hauptplatz, gegenüber dem Rathaus mit dem Uhrturm, steht die romanische Kirche *SS. Pietro e Paolo* aus dem 12. Jahrhundert. Durch das Portal, über dem ein Renaissance-Fresko prangt, gelangen wir in das kühle Kirchenschiff. Bemerkenswert ist vor allem die gotische Steinverkleidung am Hochaltar, die Ambrogio Lorenzetti Mitte des 14. Jahrhunderts schuf, und links davon

ein bemaltes Kreuz, ebenfalls aus dem 14. Jahrhundert. Fresken aus dem 15. Jahrhundert und ein Renaissance-Altar runden das Kunstangebot in der Kirche ab. Etwas oberhalb dieses Gotteshauses steht das ehemalige *Oratorio del Crocifisso*, das heute als Museum dient. Neben einigen Barockgemälden besticht vor allem ein gemaltes gotisches Kreuz von Luca di Tommè.

Streckenbeschreibung

In *Arcidosso* fahren wir auf die Hauptdurchgangsstraße, die *N 323*, die uns bergauf aus der Stadt bringt (Wegweiser Santa Fiora, Scansano und Roccalbegna). Bald wird die Straße für einige hundert Meter flach, ehe sie sich in anfangs bis zu 8 Prozent steilen

Auf einem kleinen Platz in Roccalbegna treffen sich die Männer am Vormittag zu einem Plausch.

![image]

Von der Burgruine auf dem Steilfels des Sasso geht der Blick über die Altstadt von Roccalbegna und die Türme der mittelalterlichen Stadtmauer.

Kehren durch einen Hang nach oben schwindelt. Die Steigung nimmt jedoch bald deutlich ab, und nach 1,5 Kilometern erreichen wir am höchsten Punkt eine Kreuzung.

Hier auf der Hauptstraße, der N 323, *geradeaus*, anschließend im Schatten des Monte Amiata acht Kilometer in sanftem Auf und Ab über dem Tal der Fiora nach Süden. Von einem kleinen Pinienwald führt die Straße steiler bergab und über einige Kehren nach *Triana*, das von einer mächtigen Burg beherrscht wird.

Wir bleiben auf der Hauptstraße, die *scharf* nach *rechts* schwenkt (Wegweiser Roccalbegna) und fahren, überragt von zerschundenen Felsmassiven, in weiteren sechs Kilometern meist bergab auf *Roccalbegna* zu. Auf der engen Hauptstraße durch den Ort und unter dem imposanten Burgfelsen entlang bringt uns ein nur zu Beginn etwas steilerer, drei Kilometer langer Anstieg zu den wenigen Häusern von *Santa Caterina* hinauf. An der Kreuzung im Dorf *rechts* (Wegweiser Vallerona, Baccinello und Gros-

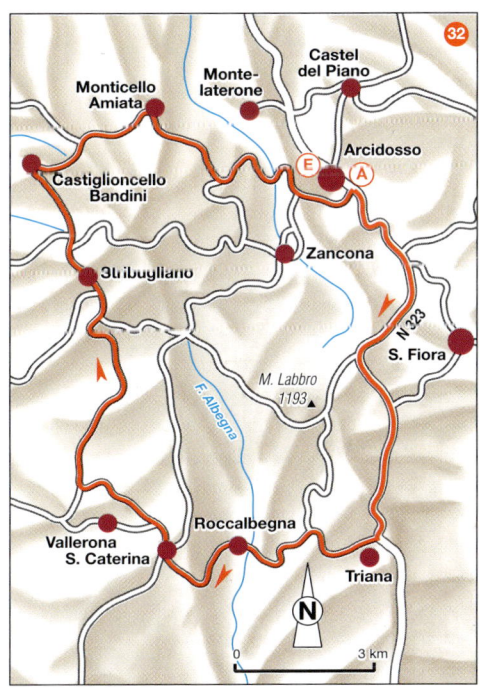

seto) und auf der Hauptstraße oberhalb Vallerona vorbei meist leicht bergab zu einer weiteren Kreuzung.

Hier *rechts* (Wegweiser Stribugliano und Cinigiano) auf eine schmale, holprige Straße, die uns sanft bergauf durch stilles Weideland bringt. Wie von einem Aussichtsbalkon gehen die Blicke über das Ombronetal und die Ebene von Grosseto bis zum Meer hinaus. Nach überraschend wenig anstrengenden sieben Kilometern erreichen wir das vergessene Bergnest *Stribugliano.* Auf der Hauptstraße rechts am Dorf vorbei, dann leitet die wieder bessere Straße bergab zu den wenigen Häusern und der zur Villa umgestalteten kleinen Burg von *Castiglioncello Bandini.* Rechts oben schwebt über dem Wald schon unser nächstes Ziel, die grauen Häuser von Monticello Amiata.

Bald treffen wir auf eine vorfahrtsberechtigte Straße, auf der wir *rechts* (Wegweiser Arcidosso) nach drei Kilometern und 150 Höhenmetern *Monticello Amiata* erreichen. Auf der Hauptstraße am historischen Ortskern vorbei (Wegweiser Arcidosso) bringt uns eine fünf Kilometer lange Abfahrt in ein Tal hinab. Gegenüber liegen die Bergnester Montelaterone und Castel del Piano dem mächtigen Monte Amiata zu Füßen.

An der Brücke im Talgrund beginnt der für den heutigen Tag letzte Anstieg. In einigen Kehren windet sich die Straße durch den Laubwald nach oben. Nach zwei Kilometern ist der höchste Punkt erreicht. Ohne Anstrengung lassen wir die Räder zum Altstadthügel von *Arcidosso,* der von der mächtigen Burg beherrscht wird, hinabrollen. An einem *Kreisverkehr* halten wir uns *halblinks* und radeln über eine kurze Bergstrecke hinauf in das *Zentrum.*

Nützliche Informationen

Ausgangspunkt: *Arcidosso,* an der N 323 am Westhang des Monte Amiata gelegen.
Länge der Tour: 53 km.
Höhendifferenz: 700 m.
Unterkunft und Auskunft: In den Orten *Castel del Piano, Arcidosso* und *Santa Fiora* (siehe Tour 5 und Tour 6); eine Pension in *Roccalbegna:* *»La Pietra«, Tel. 0564/989019.

33 Von Pitigliano nach Manciano

Etruskergräber, heiße Quellen und Tuffstein-Städte

> **Tourencharakter:** Diese anstrengende Tour erschließt wundervolle Landschaften und streift mehrere geschichtsträchtige Orte.
> **Länge der Tour:** 67 km.

Von der auf einer steilen Tuffsteinklippe erbauten Stadt **Pitigliano** (siehe Tour 6) leitet diese Tour über die bemerkenswerten Orte **Sovana**, **Saturnia** und **Montemerano** nach **Manciano** (alle Orte in Tour 7 ausführlich beschrieben). Zurück nach Pitigliano geht es dann auf der N 74. Am Ende der Etappe bietet sich von einer Straßenkehre unterhalb der Kirche **Madonna delle Grazie** (siehe Tour 6) der grandiose Blick hinüber nach Pitigliano, dessen Häuser und Türme gleich Felsen aus den steilen Tuffwänden wachsen.

Streckenbeschreibung

Von *Pitigliano* folgen wir 48 Kilometer lang der Tour 7, die über *Sovana, San Martino sul Fiora, Poggio Capanne, Saturnia* und *Montemerano* nach Manciano führt.

In *Manciano* treffen wir auf die *N 74,* auf der wir nach *links* fahren (Wegweiser Pitigliano, San Lorenzo Nuovo und Orvieto). Die Straße führt in ein erstes Tal hinab, aus dem uns ein zwei Kilometer langer, nur kurzzeitig etwas steilerer Anstieg wieder in die Hügel hinaufbringt. Nach einem kurzen Flachstück fällt die Straße mehrere Kilometer sanft zum *Fiume Fiora* ab, dessen weites Tal von Tuffsteinwänden überragt wird. Nach dem Tal führt uns ein langgezogener Anstieg auf das Tuffplateau hinauf, auf dem

Das 37 Grad warme, stark nach Schwefel riechende Wasser der Thermalquelle von Saturnia hüllt an kühlen Tagen die Sinterbecken, die sich aus den mineralischen Ablagerungen des Wassers gebildet haben, in dichte Dampfschwaden.

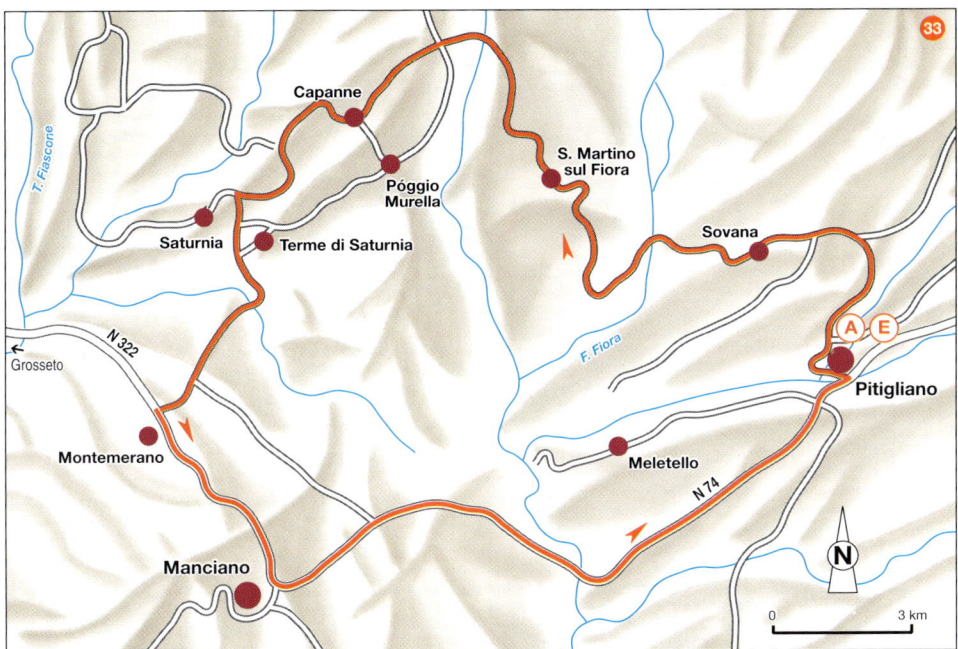

wir ohne Anstrengungen fünf Kilometer auf Pitigliano zufahren. Zum Greifen nahe sind jetzt die Türme der Stadt. Vorbei an der Kirche *Madonna delle Grazie* müssen wir, immer den klassischen Blick auf das den Felsen entwachsende Pitigliano vor Augen, in ein Tal hinab. 1,5 Kilometer schlängelt sich anschließend die Straße in Kehren vom Talboden zur Altstadt von *Pitigliano* hinauf.

Nützliche Informationen

Ausgangspunkt: *Pitigliano*, nahe der Südgrenze der Toskana an der N 74 gelegen.
Länge der Tour: 67 km.
Höhendifferenz: 900 m.
Unterkunft und Auskunft: In *Pitigliano* siehe Tour 6; alle anderen Orte an der Rundtour siehe Tour 7.

***An diesem Strand zu Füßen des Hügels von Ansedonia
beginnt die Rundtour durch die Maremma.***

34 Von Ansedonia durch die stille Landschaft im Süden der Toskana

Römertechnik, Lagunensee
und Räubernest

> **Tourencharakter:** Auf ruhigen
> Nebenstraßen größtenteils durch
> eine erholsam flache Landschaft; nur vor
> Capalbio längere, aber sanfte Anstiege.
> **Länge der Tour:**
> 43 km.

Startpunkt der Tour ist der Sandstrand am
Ostfuß des Hügels, über den sich heute die
noble Villensiedlung **Ansedonia** zieht. Auf
dem höchsten Punkt liegen die Reste der römischen Stadt **Cosa**, die man bei der Anfahrt
von der Kreuzung kurz vor dem Strand
rechtshaltend erreichen kann. 273 v. Chr.
wurde die Stadt gegründet. Sie wurde zu einem wichtigen Vorposten für die Römer auf
ihrem Eroberungszug nach Norden. Durch

die Via Aurelia an die Hauptstadt Rom angebunden, wuchs die Einwohnerzahl von Cosa
schnell auf mehrere Tausend an. Im 2. Jahrhundert v. Chr. erreichte die Stadt ihren
Höhepunkt. Doch schon im 1. Jahrhundert
v. Chr. begann der unaufhaltsame Abstieg.
Die sozialen Probleme des nun einsetzenden Feudalsystems, die landwirtschaftliche
Konkurrenz durch neuerworbene römische
Kolonien und der Verlust der strategischen
Vorzugsposition im römischen Staatswesen,
das seine Grenzen weit nach Norden vorgeschoben hatte, führten zur rapiden Entvölkerung der Stadt.

Heute sind auf dem Hügel noch die regelmäßigen Straßenzüge, die Mauern von
Wohnhäusern und Tempeln und die mächtigen Reste der 1,5 Kilometer langen, einstmals mit 18 Türmen besetzten Stadtmauer
zu sehen. Von der Akropolis auf dem höchsten Punkt der Anlage bietet sich eine herrliche Rundsicht auf Land und Meer. Einen tieferen Einblick in das Leben von Cosa gewinnt man im *Museo Nazionale Cosa*, in
dem die Grabungsfunde ausgestellt sind.

Nahe unserem Ausgangspunkt findet man
als eindrucksvolles Beispiel römischer Inge

nieurkunst den fälschlicherweise »**Tagliata Etrusca**« genannten Kanal. Hier befand sich einst die Einfahrt zum Hafen von Cosa, die durch die Stranddünen in eine Lagune führte, die sich zu jener Zeit vom Stadthügel 20 Kilometer nach Osten erstreckte. Im stillen Wasser dieses Strandsees konnten die Schiffe sicher ankern. Um die Lagune vor der Verlandung und die Hafeneinfahrt vor Sandablagerungen zu bewahren, erdachten römische Techniker eine geniale Lösung. Sie schlugen in die an den Strand angrenzenden Felsen einen Kanal, eben die »Tagliata Etrusca«. Bis zu 20 Meter tief schneidet er in die Felsen ein, ist über Tunnels mit dem »*Spacco della Regina*« verbunden, der parallel zur Küste verläuft und in den das Meerwasser bei Flut eindringt. Bei niedrigem Spiegel wurde dadurch der Lagune Wasser zugeführt, bei hohem Wasserstand wurden abgelagerter Sand und Schlick in das Meer gespült.

Vorbei am »Torre Puccini«, in dem der berühmte Komponist an seiner »Tosca« gearbeitet haben soll, radeln wir nun durch die Ebene zum **Lago di Burano**. Er blieb als Rest der einstigen Lagune erhalten und bildet in der Maremma ein einzigartiges Rückzugsgebiet für seltene Tierarten. Im Naturschutzgebiet rund um den See, das vom WWF betreut wird, finden seltene Wasservögel, Fischotter und Stachelschweine eine letzte Heimat. An unserem Weg liegt das Verwaltungsgebäude, an dem die geführten Wanderungen in das Naturschutzgebiet starten.

Zwischen Chiarone Scalo und Pescia Fiorentina erregen riesige, glitzernde Figuren links der Straße unsere Aufmerksamkeit. Inmitten von Bäumen folgte Niki de Saint-Phalle im Skulpturenpark »**Giardino dei Tarocchi**« ihrem künstlerischen Spieltrieb. Inspiriert durch die Figuren auf Tarock-Karten schuf sie eine moderne Version der berühmten Renaissance-Gärten. Leider findet man die Anlage meist verschlossen, und so muß ein Blick über den Zaun auf die farbenfrohen, skurrilen Figuren genügen, die den Wald mächtig überragen.

Den Kulminationspunkt der Rundtour bildet das kleine, 217 Meter über dem Meer gelegene Städtchen **Capalbio**. Im Mittelalter wechselte der Ort häufig den Besitzer, wur-

de hin- und hergeschoben zwischen den beherrschenden Adelsfamilien der Maremma und Siena, bei dem es ab 1416 endgültig verblieb. Doch bald begann hier, wie in der übrigen Maremma, die mit Versumpfung und Malaria einhergehende Verarmung. Mangels anderer Einnahmequellen erwarb sich Capalbio in der Folgezeit den Ruf eines Räuber- und Wilderernestes, den es bis in das späte 19. Jahrhundert behielt.

Fast unverändert hat uns die Armut die verwinkelte mittelalterliche Altstadt hinterlassen. Durch die *Porta Senese*, in der die beiden mittelalterlichen, turmbewehrten Mauerringe zusammenlaufen, betritt man die engen Gassen und Treppenwege. Am höchsten Punkt befindet sich die ehemalige *Burg* der Adelsfamilie Aldobrandeschi, die später zu einem Palazzo umgestaltet wurde. Unbedingt lohnend ist der Rundgang auf die *Stadtmauer*, von der man einen umfassenden Blick über Hügel, Ebenen und das Meer hat.

Zur Regulierung des Wasserstandes in der Lagune von Burano, zugleich Hafen des antiken Cosa, schlugen römische Ingenieure diesen fälschlicherweise »Tagliata Etrusca« genannten Kanal in den Fels.

Streckenbeschreibung

Wir beginnen die Rundtour am Parkplatz über dem Strand nahe der *Tagliata Etrusca* und fahren die schmale Straße in Richtung N 1 zurück. An der Kreuzung nach wenigen hundert Metern *rechts* (Wegweiser Capalbio Scalo). Jetzt radeln wir immer entlang der Bahngleise durch die Ebene. Nach fünf Kilometern führt uns ein Rechtsschwenk für kurze Zeit von der Bahnstrecke weg (Wegweiser Capalbio Scalo). Kurz darauf fahren wir nicht links über die Gleise nach Capalbio Scalo, sondern südlich der Bahngleise *geradeaus* (Wegweiser Chiarone Scalo).

Rechts liegt der schilfbegrenzte *Lago di Burano*. Kurz darauf erreichen wir das Besucherzentrum rechts der Straße. Auch die nächsten sechs Kilometer radeln wir an der Bahnstrecke entlang, bis wir *links* über die Gleise zu den wenigen Häusern von *Chiarone Scalo* gelangen (Wegweiser Chiarone Scalo und Aurelia SS 1). Hinter den Gleisen *links* (Wegweiser Capalbio Scalo und Aurelia SS 1) und nach wenigen hundert Metern nach *rechts* auf eine schmale Straße (Wegweiser Aurelia SS 1). Nun sanft bergauf zur Via Aurelia und unter der Schnellstraße *geradeaus* hindurch. Durch Weideland geradeaus aufwärts, vorbei am Figurenpark der Niki de Saint-Phalle, nach *Pescia Fiorentina.*

An der Kreuzung vor dem Ort nach *links* (Wegweiser Capalbio) und über einige Hügel durch baumbestandene Schafweiden zur nächsten Kreuzung. *Links* (Wegweiser Capalbio) kurz bergab und durch schattigen Wald und Olivenhaine hinauf nach *Capal-*

bio. Vorbei am Friedhof und an einer Kreuzung *geradeaus* (Wegweiser SS 1) in den Ort. 300 Meter vor der Altstadt fahren wir *scharf links* (Wegweiser Borgo Carige und SS 1 Aurelia) und fünf Kilometer hinab nach *Borgo Carige.* An der Kreuzung in dem kleinen Ort biegen wir *rechts* ab (Wegweiser Camping Capalbio) und radeln am Fuß der Hügel schnurgerade nach Westen. Nach sieben Kilometern schwenkt die Straße in einem Tal nach links und leitet bald *rechtshaltend* über die *Via Aurelia* (Wegweiser Ansedonia). Kurz darauf unter der Eisenbahn hindurch und an der nächsten Kreuzung *geradeaus* in wenigen hundert Metern zum *Ausgangspunkt.*

Nützliche Informationen

Ausgangspunkt: Strand an der Tagliata Etrusca am Südrand von *Ansedonia*; bei der südlichen Ausfahrt »Ansedonia« von der N 1 abzweigen und dann in südlicher Richtung geradeaus bis zum Strand.
Länge der Tour: 43 km.
Höhendifferenz: 250 m.
Unterkunft: Zwei Pensionen in *Ansedonia*: ******»Le Rocce«, Tel. 05 64/88 12 75, **»Vinicio«, Tel. 05 64/88 12 20; eine Pension in *Capalbio Scalo*: *»Del Lago«, Tel. 05 64/89 88 20; eine Pension in *Chiarone Scalo*: **»La Palma«, Tel. 05 64/89 01 28; ein Hotel in *Capalbio*: ***»Il Bargello«, Tel. 05 64/89 60 20; eine Pension in *Borgo Carige*: **»La Mimosa«, Tel. 05 64/89 02 20.
Camping: Ein Campingplatz bei *Chiarone Scalo*: Tel. 05 64/89 01 01; ein Campingplatz bei *Borgo Carige*: Tel. 05 64/89 84 62.

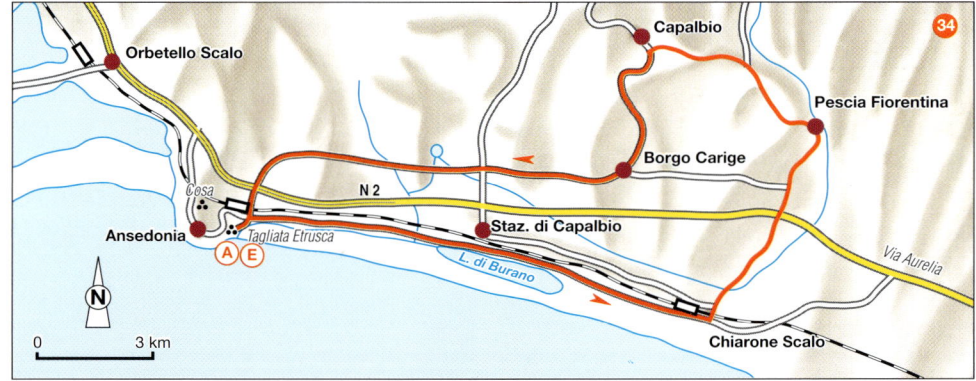

35 Rund um die Halbinsel des Monte Argentario

Die Traumküste der Toskana

 Tourencharakter: Teilweise anstrengend und schattenlos, hoch über einer der schönsten Küsten der Toskana durch weitgehend unverbaute Landschaft; südlich Porto Ercole drei Kilometer auf stellenweise ruppiger Schotterstraße.

Länge der Tour: 43 km.

Bester Startpunkt für die Runde um den Monte Argentario ist die einzigartig gelegene Hafenstadt **Orbetello** (siehe Tour 8), von der aus ein künstlicher Damm mitten durch eine weite Lagune auf den Berg zuführt. Seinen Namen erhielt der Monte Argentario, der im 635 Meter hohen Telegrafo gipfelt, in römischer Zeit. Nicht Silberbergbau, wie sich in der erzreichen Toskana vermuten ließe, stand dabei Pate. Vielmehr vermutet man, daß das Gebiet um den Monte Argentario nach der Eroberung durch die Römer an eine Bankiersfamilie fiel, die wegen ihrer immensen Silberschätze »argentarii« genannt wurde. Geld regiert hier noch immer. Reiche aus ganz Italien, ja aus ganz Europa wissen die Schönheit der gebirgigen Halbinsel zu schätzen und verbringen in einer der zahlreichen Nobelherbergen oder in den meist versteckt liegenden Villen ihre Freizeit.

In vielen Kurven schlängelt sich die Straße über der Südküste des Monte Argentario durch die schattenlosen Hänge dieser gebirgigen Halbinsel.

Im betriebsamen Hafen von **Porto Santo Stefano** haben viele von ihnen ihre teuren Jachten liegen. Von hier aus bestehen auch Fährverbindungen zu den beiden liebenswerten Inseln Giglio und Giannutri, die einige Kilometer vor dem Monte Argentario das Meer durchstoßen. Nach schweren Zerstörungen im Zweiten Weltkrieg blieb in Porto Santo Stefano kaum historische Bausubstanz erhalten. Nur die im 17. Jahrhundert erbaute Rocca am höchsten Punkt der Stadt, die wir auf unserem Weg passieren, erinnert an alte Zeiten.

Ab Porto Santo Stefano erwarten uns 30 Kilometer nahezu unverbauter Landschaft. Abgesehen von den Wochenenden, wenn einige Autofahrer auf den schmalen und kurvigen Straßen ihre Fahrkünste beweisen wollen, ist man meist alleine unterwegs. Hoch über dem Meer quert man steile Hänge, an denen die Macchia ihren Duft verströmt. Tief unten brechen sich die Wellen an zerfransten Kaps und felsigen Steilküsten. In der blauen Unendlichkeit schwimmen die Inseln Giglio und Giannutri als flimmernde Fata Morgana.

Entlang der Ostküste des Monte Argentario führt uns die Tour in die Hafenstadt **Porto Ercole**, das römische »Portus Herculis«. Beherrscht wird der Ort von zwei mächtigen Festungsanlagen, die sich auf zwei Hügeln gegenüberstehen. Mitte des 16. Jahrhunderts, als die Medici ihr Großherzogtum Toskana erhielten, sicherte sich der spanische König Philipp II. den Küstenstreifen

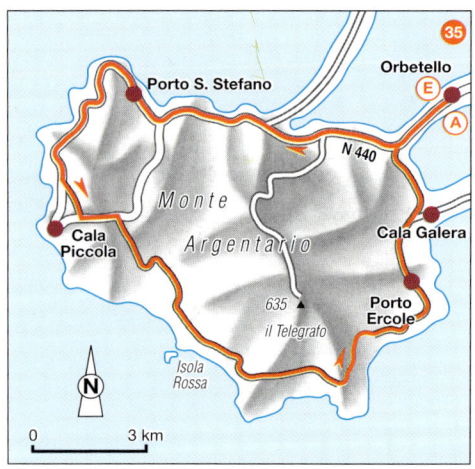

An seiner Westküste bricht der Monte Argentario mit steilen Klippen zum Meer hin ab.

zwischen Piombino und Monte Argentario als Vorposten gegen islamische Angriffe. Im Rahmen seiner Verteidigungsmaßnahmen ließ er über Porto Ercole die beiden Festungen erbauen. Zu Füßen der Wehrbauten liegt, von weiten Neubauzonen eingeschnürt, der Hafen und der kleine historische Ortskern.

Streckenbeschreibung

Vom südwestlichen Stadtende von *Orbetello* fahren wir auf der N 440, die über einen Damm durch die Lagune von Orbetello führt, auf den breitschultrigen Monte Argentario zu. Nach gut einem Kilometer erreichen wir das Festland. Die Hauptstraße schwenkt nach *rechts* (Wegweiser Porto S. Stefano). Nun radeln wir, anfänglich an der Lagune entlang und später über dem offenen Meer, ohne große Anstrengungen immer auf der Hauptstraße bis nach *Porto Santo Stefano*. An der Weggabelung am Hafen nicht rechts am Wasser entlang, sondern *links* hinauf in die Stadt (Wegweiser Panoramica).

Einen Kilometer müssen wir auf der Hauptstraße anstrengend bergauf radeln, bis neben der Burg die Strecke wieder flach wird und wir nach einem weiteren Kilometer die Stadt verlassen können. In sanftem Auf und Ab fahren wir hoch über der unverbauten Felsküste durch duftende Macchia, Olivenhaine und Weinfelder und genießen den weiten Blick über das Meer zur toskanischen Inselwelt. Fünf Kilometer nach Porto Santo Stefano an einer Weggabelung nicht rechts hinab zur Ferienhaussiedlung in der Cala Piccola, sondern in jetzt anhaltendem Bergauf *geradeaus*. Nach weiteren zwei Kilometern an einer Kreuzung *links*, nun läuft die Straße anfangs steiler bergauf, später leicht bergab über einen Sattel in das Innere der Halbinsel. Hier an einer unbeschilderten Kreuzung *rechts* (die linke Straße mündet nach vier Kilometern wieder in Porto Santo Stefano) zu einem Sattel hinauf und dann durch die karge Südflanke des Monte Argen-

tario steil einen Kilometer bis zu einer Kreuzung an einer *Kehre* hinab.

Hier verlassen wir die breite Straße nach *links* (Verbotsschild für Caravans, Busse etc.), radeln nur wenige Meter sanft bergauf und dann auf der schlechten Teerstraße in vielen Kurven teilweise steil bergab auf die Bucht zu, hinter der der rote Felsen der Isola Rossa das Meer zerteilt. Oberhalb dieser Bucht auf jetzt fast ebener Strecke durch eine kleine Streusiedlung und zur nächsten weiten Bucht. Meist in leichtem Bergab an dieser Bucht entlang bis zu einigen Häusern an ihrem östlichen Ende. Dort folgen wir dem Wegweiser »Porto Ercole«.

Die Straße schneidet die Halbinsel zur Punta di Torre Ciana ab und leitet in einer felsigen Schlucht in das Landesinnere. Nach wenigen hundert Metern auf einer schmalen Brücke über den Bach und anschließend einen Kilometer steil bergauf. Oberhalb der nächsten Bucht geht es wieder sanft bergab, bis der zwei Kilometer lange Anstieg auf den Rücken der nächsten Halbinsel beginnt (am Beginn Wegweiser Porto Ercole). Nach 300 Metern an einer Kreuzung *rechts* und an der nächsten Gabelung *links*, dann teilt sich unser Weg kurz vor dem höchsten Punkt in zwei *Schotterstraßen*.

Auf der oberen, breiteren der beiden, die in erbärmlichem Zustand ist, erreichen wir nach drei Kilometern wieder eine geteerte Straße. Ein kurzes Stück sehr steil bergauf und anschließend auf die Festung über Porto Ercole zu. Nach zwei Kilometern an einer Kreuzung entweder kürzer links hinauf oder länger, aber schöner an der Küste geradeaus. In Porto Ercole folgen wir den Wegweisern »Grosseto« und »Orbetello«, radeln bergauf aus dem Ort und dann hinab zur Lagune von Orbetello. Entlang der Lagune stoßen wir nach 1,5 Kilometern auf die N 440, auf der wir *rechts* in das nahe *Orbetello* fahren.

Nützliche Informationen

Ausgangspunkt: *Orbetello*, inmitten der gleichnamigen Lagune 4 km westlich der N 1 gelegen.
Länge der Tour: 43 km.
Höhendifferenz: 450 m.
Unterkunft: In *Orbetello*: siehe Tour 8; ca. zehn Hotels in *Porto Santo Stefano* und fünf Hotels in *Porto Ercole*.
Camping: Ca. 15 Campingplätze rund um die Lagune von *Orbetello*.
Auskunft: In *Orbetello*: Tel. 05 64/86 05 60; in *Porto Santo Stefano*: Tel. 05 64/81 42 08.

Der lebhafte Hafen von Porto Santo Stefano dient Fischern und Fährbooten, die die vorgelagerten Inseln anlaufen, ebenso als Stützpunkt wie den vielen luxuriösen Motor- und Segeljachten.

Zypressen, Pinien, Zypressen, Pinien – der Rhythmus der Toskana.

36 Einmal um den Hügel von Vetulonia

Weite Blicke und etruskische Gräber

 Tourencharakter: Großteils in angenehmem und ruhigem Fahrradgelände rund um den Berg von Vetulonia; der anstrengende Anstieg nach Vetulonia erschließt die landschaftlichen und geschichtlichen Höhepunkte der Tour.

Länge der Tour: 48 km.

Von **Castiglione della Pescaia** (siehe Tour 10) führt die Rundtour über moderat ansteigende Straßen an den Nordfuß einer Hügelkette. Hier beginn der anstrengende Anstieg zum 344 Meter hoch gelegenen Bergnest **Vetulonia**. Allein der mittelalterliche Ort und die unvergleichliche Aussicht lohnen die Mühen. Zusätzlich umweht das Geheimnis altehrwürdiger Geschichte und die Faszination archäologischer Detektivarbeit das kleine Dorf.

Im Mittelalter hatte sich der Mantel des Vergessens über die Ursprünge der Ansiedlung gelegt, die damals den Namen »Colonna di Buriano« trug. Als mit der Renaissance in den Menschen das Interesse an antiker Geschichte aufkeimte, suchten Generationen von Forschern nach Vetulonia (etruskisch »*Vatluna*«), das die antike Geschichtsschreibung als eine der mächtigsten Etruskermetropolen verzeichnete. Doch die Spuren, die zur Lokalisierung dienen konnten, führten die Forscher immer wieder in die Irre und ließen sie an falscher Stelle suchen. Erst im 19. Jahrhundert fand der Archäologe Isidoro Falchi den richtigen Schlüssel, worauf König Umberto I. 1888 dem Dorf wieder den alten Namen »Vetulonia« verlieh.

Die Anfänge der Etruskerstadt Vetulonia liegen im 8. Jahrhundert v. Chr. Damals breitete sich am Fuß des Stadthügels nicht wie heute eine weite Ebene, sondern eine schiffbare Lagune aus, die Vetulonia zu einer Hafenstadt machte. Schiffahrt, Handel

und die Erzgewinnung in den nahen Colline Metallifere sorgten für den raschen Aufschwung der Stadt. Sie wurde einflußreiches Mitglied des Zwölf-Städte-Bundes, in dem sich die mächtigsten Etruskermetropolen zusammengefunden hatten. Schon im 5. Jahrhundert begann, wahrscheinlich durch die Verlandung der Hafenlagune, der Abstieg der Stadt. Roselle, das bald ihren Platz im Zwölf-Städte-Bund einnahm, und die Industriemetropole Populonia überflügelten Vetulonia. In römischer Zeit versank Vetulonia in Bedeutungslosigkeit, ehe es von den Truppen Sullas endgültig von der Landkarte getilgt wurde.

Von der alten Etruskerstadt Vetulonia, deren Mauern sich von der Hügelspitze entlang der heutigen Zufahrtsstraße weit den Berg hinabzogen, blieb wenig erhalten. Ein kleines *Ausgrabungsgelände* an der Straße unterhalb des Stadthügels gewährt einige Einblicke in das Leben vor 2500 Jahren. Am südöstlichen Ortsrand blieb ein Stück der etruskischen Stadtmauer, *»Mura dell'Arce«* genannt, erhalten. Das kleine Museum findet man leider oft verschlossen. Die wertvollsten Funde aus Vetulonia und den zugehörigen Gräbern sind allerdings in den archäologischen Museen von Grosseto und Florenz ausgestellt.

Die schönsten Eindrücke aus etruskischer Zeit vermittelt die *Nekropole* von Vetulonia, die sich an einem ruhigen Feldweg am Osthang des Stadthügels entlangzieht. Schon in der Villanova-Zeit bestand hier ein Gräberfeld, in dessen Nähe ab dem 8. Jahrhundert die Etrusker ihre mächtigen Grabanlagen errichteten. Vorbei an der »Tomba del Belvedere« gelangt man zum bedeutendsten Grab der Nekropole, der »Tomba della Pietrera« aus dem späten 7. Jahrhundert v. Chr. Mit einem Durchmesser von 70 Metern und einer Höhe von 14 Metern zählt es zu den größten etruskischen Kuppelgräbern. Die Form der Kammer und die reichen Beigaben, die auch aus weiteren Gräbern rund um den Hügel

Abendstimmung in Castiglione della Pescaia, einem beliebten Badeort in der Maremma. Die Stadtmauer aus dem 14. Jahrhundert umschließt noch heute die mittelalterlich geprägte Oberstadt.

zutage gefördert wurden, lassen eine enge kulturelle und wirtschaftliche Verknüpfung mit dem östlichen Mittelmeerraum vermuten. Berühmt ist die Tomba della Pietrera durch die hier gefundenen Fragmente lebensgroßer Götterstatuen, die als älteste Großplastiken im etruskischen Raum gelten.

Weiter bergab befinden sich inmitten silberglänzender Olivenhaine zwei weitere bedeutende Grabanlagen. Die *»Tomba del Diavolino II«* weist ähnlich gigantische Ausmaße auf wie die höhergelegene *»Tomba della Pietrera«*. Benannt ist sie nach einer kleinen Bronzestatue, die man als Grabbeigabe fand und die einen etruskischen Dämon darstellt. In der *»Tomba della Fibula d'Oro«* fand man eine Goldfibel. Die kunstvoll verzierten Fibeln dienten zu jener Zeit als eine Art Sicherheitsnadeln, mit denen man die Gewänder schloß. Ohne Anstrengung radeln wir anschließend am Rand der weiten Ebene von Grosseto, die bis zu ihrer Trockenlegung im 19. Jahrhundert eine Brutstätte der Malaria war, zurück zum Ausgangspunkt.

Streckenbeschreibung

In *Castiglione della Pescaia* folgen wir den Wegweisern nach Grosseto (nicht rechts über den Fluß nach Marina di Grosseto!), die uns nach Nordosten aus dem Ort leiten Entlang eines Kanals radeln wir durch die Ebene, bis wir nach sechs Kilometern in *Ponti di Badia links* auf eine Nebenstraße abzweigen (Wegweiser Vetulonia und Tirli). Nun vier Kilometer flach zwischen den Hügelkämmen nach Norden bis zu einer Weggabelung. Wir fahren *rechts* (Wegweiser Vetulonia und Tirli) und durch schattenspendenden Wald auf einen niedrigen Sattel hinauf. Jenseits in einem lauschigen Tal bergab und dann, am Fuße des Hügels entlang, auf dem Vetulonia liegt, erreichen wir nach insgesamt 18 Kilometern die Abzweigung, die *scharf rechts* hinauf in den Ort führt (fährt man in die linke der beiden Nebenstraßen und dann am Rand der Ebene entlang, erreicht man nach drei Kilometern an der Abzweigung unterhalb der Etruskergräber ohne Anstrengung die beschriebene Route).

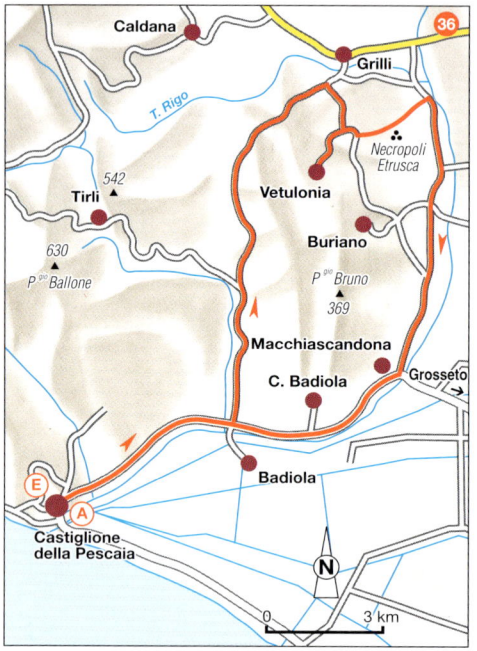

bei und über einen kleinen Hügel erreichen wir nach drei Kilometern die Teerstraße am Rand der Ebene.

Hier fahren wir *rechts* und am Fuß der Hügelkette, auf der Vetulonia und Buriano liegen, *geradeaus* nach Süden. Nach neun Kilometern stoßen wir in *Macchiascandona* auf eine vorfahrtsberechtigte Straße. Wir halten uns *rechts* (Wegweiser Castiglione della Pescaia und Follonica) und radeln am Fuß der Hügel, über deren Hänge Pinien- und Zypressenalleen ziehen, in zwölf Kilometern zurück nach *Castiglione della Pescaia.*

Nützliche Informationen

Ausgangspunkt: *Castiglione della Pescaia,* ca. 20 km westlich von Grosseto an der N 322 gelegen.
Länge der Tour: 48 km.
Höhendifferenz: 450 km.
Informationen zu Castiglione della Pescaia: Siehe Tour 10.

Über 300 Höhenmeter geht es steil und kurvig bergauf. Am Abzweig nach Buriano *geradeaus,* am Ausgrabungsgelände vorbei, dann erreichen wir nach 4,5 Kilometern das aussichtsreiche Dorf *Vetulonia.* Nach einer Besichtigungsrunde lassen wir die Räder den Berg wieder hinabrollen, bis wir nach zwei Kilometern *rechts* abbiegen (Wegweiser Buriano, Grosseto und Tombe Etrusche). Nach wenigen hundert Metern liegt unterhalb der Straße die *Tomba Belvedere,* an der wir uns für einen von zwei möglichen Weiterwegen entscheiden müssen.

Geradeaus führt die Teerstraße unterhalb des sehenswerten Bergnestes Buriano Richtung Grosseto und trifft später auf die beschriebene Tour. Wir fahren jedoch auf steiler *Sandstraße links* hinab zu den Etruskergräbern (Wegweiser zur Tomba della Pietrera und zur Tomba del Diavolino II). Nach wenigen hundert Metern auf der Sandstraße *rechts,* vorbei an der nahen »*Tomba della Pietrera*«, 300 Meter danach *links.* Anschließend vorbei an der »*Tomba del Diavolini II*« und der »*Tomba della Fibula d'Oro*«, die besonders schön liegt. Nun lassen wir die Räder in lichtdurchfluteten Olivenhainen bergab rollen. An einem Hof vor-

37 Im Schatten von Massa Marittima

Beschauliche Landschaft
zu Füßen der mittelalterlichen
Maremma-Metropole

Tourencharakter: Meist auf schmalen, kaum befahrenen Nebenstraßen durch sanftes Hügelland; der anstrengende Schlußanstieg nach Massa Marittima läßt sich vermeiden, wenn man die Rundtour unterhalb der Stadt beginnt.

 Länge der Tour:
40 km.

Diese Tour führt uns durch das beschaulich ruhige Hügelland südlich und westlich von **Massa Marittima** (siehe Tour 17). Wälder wechseln mit Olivenhainen und Ackerflächen. Nach einigen Kilometern, am schilfbestandenen Ufer des Badesees **Lago dell'Accesa**, schwenkt die Route nach We-

Unverkennbar spiegelt sich der Einfluß Pisas im Baustil des im 13. Jahrhundert vollendeten Doms von Massa Marittima.

sten. Von Valpiana lenkt uns ein kurzes Stück Hauptstraße zur Brücke über den Fiume Pecora. Von dort bringen uns schmale Nebenstraßen, vorbei an der **Fattoria Marsiliana** (siehe Tour 17), zurück nach Massa Marittima.

Streckenbeschreibung

Wir beginnen die Rundtour auf der Hauptstraße am Rand der Altstadt von *Massa Marittima* und lassen die Räder den steilen Berg nach Süden hinunterrollen. Nach zwei Kilometern zweigen wir am Fuß des Berges, kurz bevor wir die als Umgehungsstraße ausgebaute N 439 erreichen, nach *links* ab (Wegweiser Lago dell'Accesa). Nach dreihundert Metern wieder *links* (Wegweiser Capanne), dann führt uns ein schmales Sträßlein durch Wiesen und Wald ganz sanft in die Hügel hinauf. Anschließend bergab und nach sechs Kilometern an der Kreuzung bei der verlassenen Bergwerkssiedlung *Capanne rechts*. Durch dichten Wald radeln wir jetzt sanft bergauf nach Süden, bis wir durch Olivenbäume, zwischen denen Mohnblüten aufleuchten, auf den *Lago dell'Accesa* sehen.

Am Nordufer des kleinen Sees treffen wir

auf eine gut ausgebaute Straße, auf der wir *rechts* (Wegweiser Massa Marittima) auf einen Hügelkamm hinauffahren. An der Kreuzung am höchsten Punkt nach *links* (Wegweiser Valpiana) und durch eine Ebene hinaus nach *Valpiana*. Eng und verwinkelt durch den Ort und an einer Kreuzung *links* (Wegweiser Follonica), treffen wir am Ortsende auf die neue Umgehungsstraße der N 439. Auf der Hauptstraße nach *links*, sodann meist leicht bergab nach *Cura Nuova*. Noch einen Kilometer bleiben wir auf der

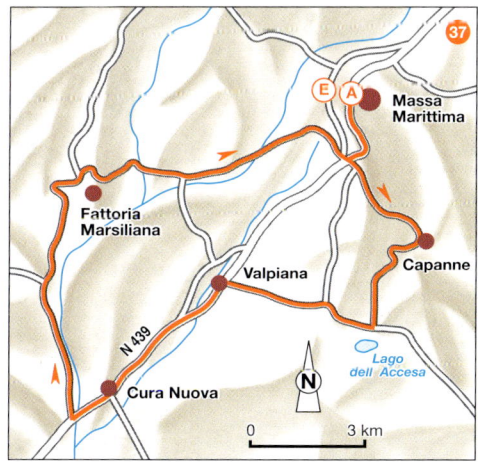

Hauptstraße, bis wir in einem Rechtsknick über den *Fiume Pecora* wechseln.

Auf der anderen Seite des Flusses biegen wir *scharf rechts* in eine schmale Nebenstraße ein (Wegweiser Montioni). Ab hier folgen wir der Beschreibung der Etappe 17, wo diese, acht Kilometer nach Follonica, am Ende einer langen Geraden von der N 439 abzweigt und vorbei an der *Fattoria Marsiliana* nach *Massa Marittima* läuft.

Nützliche Informationen

Ausgangspunkt: *Massa Marittima*, ca. 60 km südwestlich von Siena an der N 439 gelegen.
Länge der Tour: 40 km.
Höhendifferenz: 500 m.
Informationen zu Massa Marittima: Siehe Tour 17.
Unterkunft: Gute Unterkunftsmöglichkeiten im nahen *Follonica* (siehe Tour 10).

38 Von Castagneto Carducci durch die südlichen Colline Metallifere

Aussichtsreiche Bergstädte in den Hügeln über der »Etruskischen Riviera«

 Tourencharakter: In unberührter Landschaft zu vergessenen Bergstädten; einige langgezogene, aber meist nicht allzu steile Anstiege; die Runde läßt sich um zehn Kilometer verkürzen, wenn man in Sassetta startet.
Länge der Tour: 60 km.

Die letzte Rundtour auf dem Festland hat noch einmal vieles von dem zu bieten, was das Radfahren in der Toskana zu einem unvergeßlichen Erlebnis werden läßt: schmale Straßen führen abseits der Touristenrouten in kleine Bergstädte, die sich ihren mittelalterlichen Charme bewahren konnten. Der

Blick geht von den Höhen über unendliche Hügelwellen bis auf das nahe Meer hinaus. Schattenspendender Wald wechselt mit Olivenhainen und duftender Macchia. Und wieder haben uns die vielbefahrenen Hauptstraßen in die ruhigen Hügel abgedrängt, die den sportlichen Tatendrang gänzlich befriedigen.

Ausgangspunkt ist das Bergstädtchen **Castagneto Carducci**. Den Beinamen Carducci wählte die Stadt zu Ehren des berühmten Dichters und Literatur-Nobelpreisträgers Giosuè Carducci, der Mitte des 19. Jahrhunderts hier zwei Jahre seiner Kindheit verbrachte. Seine Jugenderinnerungen verarbeitete er in einem Gedicht über die einzigartige Zypressenallee im nahen Bolgheri (siehe Tour 12). Im Schatten des mittelalterlichen Kastells der Adelsfamilie Gherardesca lädt der alte Ortskern zu einem beschaulichen Spaziergang ein, und an besonders klaren Tagen reicht die Sicht von der Piazza Belvedere, die ihren Namen zu Recht trägt, bis nach Korsika.

Versteckt in einer Waldschlucht bedeckt das Bergnest **Sassetta** einen felsigen Hügel. Wie Castagneto Carducci hat auch dieses kleine Städtchen keine herausragenden Kunstwerke zu bieten. Und trotzdem lohnt ein Spaziergang durch die steilen Gassen des mittelalterlichen Ortskerns, um die Atmosphäre dieses Ortes in sich aufzunehmen.

Eine kurvige Straße bringt uns anschließend in das 140 Meter tiefer gelegene **Suvereto** hinab. Ein mittelalterlicher Mauerring umschließt bis heute die sehenswerte Altstadt. Im Zentrum steht der elegante *Palazzo Comunale* aus dem 13. Jahrhundert, der mit einer schön geschwungenen Außentreppe, einer Loggia und einem hübschen Uhrturm zu gefallen weiß. Das zweite bemerkenswerte Bauwerk ist die romanische, mit byzantinischen Ornamenten verzierte Kirche *San Giusto*, die Ende des 12. Jahrhun-

Castagneto Carducci ist nach dem Dichter Giosuè Carducci, einem wichtigen Vertreter der italienischen Literatur des 19. Jahrhunderts, benannt. Sein Gedicht über die Zypressenallee von Bolgheri nach San Guido kennt in Italien jedes Schulkind.

derts vor dem mittelalterlichen Stadttor errichtet wurde.

Monteverdi Marittima ist der wohlverdiente Haltepunkt am Ende eines langen Anstieges. Bescheidene Häuser und eine ärmliche Kirche erzählen von der Not, die in früheren Zeiten das Leben in dem abgelegenen Bergdorf bestimmte. Uns beschert die exponierte Lage auf einem Hügelkamm traumhafte Ausblicke in die grüne Hügelwelt ringsum.

Streckenbeschreibung

Wir beginnen die Runde am östlichen Ortsrand von *Castagneto Carducci*. Die N 329 (Wegweiser Sassetta und Monteverdi Marittima) läuft von hier durch dichten, schattenspendenden Wald drei Kilometer fast eben, bis sie sich in vielen Kurven ohne allzu große Steigung zu der Kreuzung hochwindet, an der sich später der Kreis wieder schließen wird. Hier *rechts* (Wegweiser Sassetta) und eben zum malerisch gelegenen Bergnest *Sassetta*. Auf der Hauptstraße an der Altstadt vorbei, führt uns die schmale Straße eben durch bewaldete Berghänge. Nach zwei Kilometern wendet sich das Sträßlein nach unten und in unzähligen Kurven, nur bei *Prata* von einem kurzen Gegenanstieg unterbrochen, durch Wald und spä-

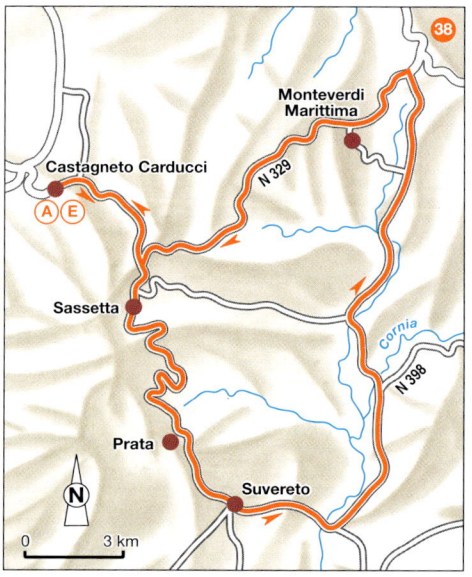

ter durch Olivenhaine sanft nach *Suvereto* hinab.

Rechts an der Altstadt vorbei, oder schöner links in das nahe Zentrum und dann die Hauptgasse rechts hinab, zum südlichen Stadttor. 200 Meter unterhalb dieses Tores biegen wir von der Hauptstraße *links* auf die N 398 ab (Wegweiser Monterotondo), die uns über einige Buckel in das Tal des Fiume Cornia bringt. Hinter dem Fluß knickt die Hauptstraße nach links ab und führt uns im flachen Tal in das Hügelland. Nach fünf Kilometern verlassen wir die Hauptstraße nach *links* (Wegweiser Monteverdi M., Canneto, Sassetta und Castagneto C.) und radeln auf schmaler Straße in ein einsames Tal.

Nach einer Brücke *rechts* (Wegweiser Canneto, Monteverdi, Larderello und Volterra), steigt die Straße im Tal meist sanft, nur kurzzeitig von steileren Abschnitten unterbrochen, an. Geradeaus an einer Straße vorbei, die aus dem Tal steil links hinauf nach Monteverdi führt, erreichen wir, zehn Kilometer nach dem Brückchen, auf einem Hügelkamm die N 329. Auf der breiten Straße nach *links* (Wegweiser Monteverdi M. und Sassetta) und nach *Monteverdi Marittima*. Vor dem verschlafenen Bergdorf auf der Hauptstraße scharf nach rechts (Wegweiser Castagneto C., Sassetta und Via Aurelia) und dann rechts am Ortskern vorbei. Wundervoll erholsam geht es dann flach oder leicht bergab auf einem Hügelkamm entlang, der unbegrenzte Ausblicke gewährt, bis wir nach zehn Kilometern auf eine Kreuzung stoßen. *Rechts* auf bekannter Strecke (Wegweiser Castagneto C.) nun in fünf Kilometern zurück nach *Castagneto Carducci*.

Nützliche Informationen

Ausgangspunkt: *Castagneto Carducci*, ca. 20 km südlich Cecina oberhalb der Küste an der N 329.
Länge der Tour: 60 km.
Höhendifferenz: 500 m.
Unterkunft: Eine Anzahl von Hotels in den Küstenorten *unterhalb* von *Castagneto Carducci*.
Camping: Eine Anzahl von Campingplätzen in den Küstenorten *unterhalb* von *Castagneto Carducci*.

Die Insel Elba

39 Von Portoferraio durch den Ostteil von Elba

Berg- und Hafenstädte in den Eisenbergen

> **Tourencharakter:** Mehrere langgezogene, aber meist sanfte Anstiege; nach Rio nell'Elba eine anstrengende Paßstraße.
>
> **Länge der Tour:** 61 km.

Mit einer Fläche von 225 Quadratkilometern ist Elba die größte Insel des toskanischen Archipels. Der Ostteil von Elba, den wir auf dieser Tour erkunden, ist aus metamorphen Gesteinen und Sedimenten aufgebaut, die stark eisenhaltig sind. Hier befinden sich die großen Erzabbauflächen, die über Jahrtausende das Leben der Insel bestimmten und heute, nach ihrer Stillegung, die Mineraliensammler anlocken.

Die menschliche Besiedlung der Insel begann, wie Funde von Werkzeugen beweisen, vor etwa 50 000 Jahren. Deutliche Spuren hinterließen allerdings erst die Etrusker, die die Insel nach ihrem Wort für Eisen »Ilva« nannten. Sie bauten Eisen und Kupfer ab, das sie, als die für die Befeuerung nötigen Waldbestände auf der Insel schrumpften, teilweise im nahen Populonia verhütteten. Auf die Etrusker folgten griechische Siedler und bald die Römer. Die strategisch günstige Lage und die Erzvorkommen machten Elba in den folgenden zwei Jahrtausenden zu einem ständigen Streitapfel zwischen den Mächtigen und bescherten der Insel eine leidvolle Geschichte.

Im Mittelalter bemächtigten sich die Langobarden und später die Pisaner der Insel. Hauptgefahr in jener Zeit waren die plündernden und mordenden Sarazenen, die die Insel immer wieder heimsuchten. 1284, nach der verheerenden Niederlage

von Pisa in der Seeschlacht von Meloria, wurden die Genuesen die neuen Herren und hundert Jahre später ein pisanisches Adelsgeschlecht.

Ende des 15. Jahrhunderts begannen die Überfälle durch die Türken, die die Insel einhundert Jahre lang mit unvorstellbarer Grausamkeit heimsuchten.

In der Folge stritten sich Spanien, Frankreich, Habsburg und England um das kleine Eiland, das mehrmals in verschiedene Herrschaftsbereiche aufgeteilt wurde. In den Mittelpunkt des Weltinteresses rückte Elba im Jahre 1814, als Napoleon hierher verbannt wurde. Doch es hielt ihn nicht einmal ein Jahr, und am 26. Februar 1815 machte er sich mit 1100 Getreuen auf den Weg, die Herrschaft über Frankreich wieder zu erringen. Dieser Versuch endete jedoch mit seiner endgültigen Verbannung auf das ferne St. Helena. Noch im selben Jahr kam Elba zum Großherzogtum Toskana, mit dem es 50 Jahre später im Einheitsstaat Italien aufging.

Hauptort der Insel, wichtigster Fährhafen und Ausgangspunkt dieser Tour ist **Portoferraio**. In der langen Siedlungsgeschichte trug die Stadt viele verschiedene Namen. Die Griechen benannten sie nach den Argonauten, die auf der Suche nach dem »Goldenen Vlies« hier an Land gegangen sein sollen, *Argoos*. Die Römer gaben ihrer Siedlung wegen den Eisenhütten den nüchternen Namen *Fabricia*. Im 16. Jahrhundert schließlich hieß die Stadt *Cosmopolis*, benannt nach Cosimo I., Großherzog der Toskana. 1548 war die Bucht an ihn abgetreten worden, worauf er die mächtigen Schutzanlagen und den achteckigen *Torre del Martello* errichten ließ, die bis heute das Bild von Portoferraio prägen.

Wer heute mit der Fähre im neuen Hafen ankommt, sollte sich nicht von der häßlichen Betonarchitektur ringsum abschrecken lassen. Der sehenswerte Teil der Stadt liegt weiter östlich auf der Spitze der Halbinsel. Vom U-förmigen *Alten Hafen*, einem der besten Naturhäfen des Mittelmeers, gelangt man durch die beiden Stadttore *Porta a Mare* und *Porta a Terra* aus dem 17. Jahrhundert in die Altstadt, deren Gebäude zum Großteil im 17. und 18. Jahrhundert entstanden. Mittelpunkt ist die betriebsame *Piazza della Repubblica* mit dem Rathaus und der Pfarrkirche aus dem 16. Jahrhundert, die zu einer Pause in den zahlreichen Cafés und Restaurants einlädt.

Nahe dem Rathaus setzt die Via Giuseppe Garibaldi an, die über Treppen zur Kirche *Misericordia* leitet. In ihr werden eine Nachbildung des Napoleon-Sarkophages, eine bronzene Totenmaske und ein Abguß seiner Hand aufbewahrt.

Die Via Stella bringt uns anschließend zur gleichnamigen Festung (»Forte Stella«) hinauf, die ihren Namen dem sternförmigen Grundriß verdankt. Mitte des 16. Jahrhunderts wurde sie von Cosimo I. zusammen mit dem *Forte Falcone* als Bollwerk gegen die Türkeneinfälle erbaut. An das *Forte Stella* schließt die Piazza Napoleone und die

Ein wenig im Abseits liegt die kleine Hafenstadt Rio Marina, in der bis zum Ende des elbanischen Bergbaus in den siebziger Jahren die Erze aus den nahen Hügeln verladen wurden.

Villa dei Mulini an, die sich Napoleon als Wohn- und Amtssitz während seiner Verbannung erstellen ließ. Den für seine Verhältnisse bescheidenen Räumen sieht man die finanzielle Einschränkung an, unter der Napoleon auf Elba lebte.

Unser Weg führt anfangs an der Bucht von Portoferraio entlang, die von der mächtigen Burgruine des Volterraio bewacht wird. Anschließend weist uns das Tal, das den Ost- vom Mittelteil Elbas abtrennt, einen angenehmen Weg zur Südküste. Hier schiebt sich eine gedrungene Halbinsel, auf der bis in die achtziger Jahre hinein reiche Erzvorkommen ausgebeutet wurden, weit in das Meer vor. Am Nordrand der hügeligen Landzunge liegt hoch über unserem Weg das aussichtsreiche Bergstädtchen **Capoliveri**, das einen anstrengenden Abstecher

Portoferraio ist die Hauptstadt von Elba und mit seinem neuen Fährhafen Dreh- und Angelpunkt des Inseltourismus. Vom alten Hafen ziehen die Häuser der Altstadt hinauf zum Forte Stella, das im 16. Jahrhundert von den Medici erbaut wurde.

lohnt. »*Caput Liberum*« hieß der römische Ort, der hierher verbannten Verbrechern Bewegungsfreiheit zusicherte. Auch in der Geschichte Capoliveris stoßen wir wieder auf leidvolle Kapitel. 1015 richteten die Sarazenen ein fürchterliches Blutbad an, das die Pisaner dazu veranlaßte, den Ort mit einer Mauer zu umgeben. Doch diese Wehranlage vermochte Capoliveri nicht vor den grausamsten Tagen seiner Geschichte zu bewahren. 1496 erstürmten die Türken unter ihrem gefürchteten Admiral Chaireddin Barbarossa die Stadt, brannten sie nieder, verschleppten alle Frauen und Mädchen in die Sklaverei und ermordeten nahezu alle Männer. Die wenigen Überlebenden bauten die Stadt jedoch wieder zu einem blühenden Gemeinwesen auf.

Daß die Bürger von Capoliveri länger an Althergebrachtem festhalten, davon zeugen zweifelhafte Bräuche, die sich hier bis nach dem Zweiten Weltkrieg halten konnten. Das Gesetz der Blutrache galt bis in die fünfziger Jahre, und das archaische Fest »*Riunione dei Battenti*«, bei dem sich junge Männer als Beweis ihres Mutes die Rücken blutig schnitten und das oftmals in wilden Schlägereien endete, konnte erst ein behördliches Verbot beenden. Heute lebt das alte Bergwerksstädtchen Capoliveri zum überwiegenden Teil von den vielen Touristen, die in den Sommermonaten die Stadt besuchen.

Der nächste Ort an unserer Route ist **Porto Azzurro**. Wegen der günstigen Lage im Südosten der Insel war die geschützte Hafenbucht schon immer ein beliebtes Einfallstor für die wechselnden Eroberer. Etrusker, Griechen, Römer, Sarazenen, Türken, Spanier, Habsburger und Franzosen gingen hier an Land. Die deutlichsten Spuren hinterließen in Porto Longone, wie die Stadt damals hieß, die Spanier. Sie erbauten Anfang des 17. Jahrhunderts über der Stadt die gewaltige Festung, die heute als Gefängnis dient und daher nicht besichtigt werden kann. In der Stadt wecken viele Häuser und die sehenswerte Pfarrkirche Erinnerungen an Spanien. Vor allem die kleine Altstadt lohnt einen kurzen Besuch.

Anschließend führt unser Weg in die kahle Hügelwelt von Ost-Elba hinauf. Kurz vor Rio nell'Elba wendet sich die Straße wieder zum Meer hinab, zur kleinen Hafenstadt **Rio Marina**. Vor 200 Jahren wurde sie als Tochtersiedlung von Rio nell'Elba gegründet und entwickelte sich schnell zum wichtigsten Hafen für die umliegenden Erzgruben.

Heute strahlt das Städtchen mit den alten Erzverladestegen, den engen Gassen und bröckelnden Hausfassaden einen morbiden Charme aus. Bunte Kähne liegen am Hafenstrand, über dem der *Torre degli Appiani* aus dem 16. Jahrhundert thront. Im Rathaus ist ein sehenswertes *Mineralienmuseum* untergebracht.

An der Küste entlang führt uns von hier die Straße, vorbei an den roten Hängen der aufgelassenen Erzgruben, nach **Cavo**. Wie die Reste einer *römischen Villa* auf der kleinen Halbinsel am nördlichen Ortsrand bezeugen, wußten schon die alten Römer diesen reizvollen Küstenabschnitt zu schätzen.

Von Cavo radeln wir in die einsame Hügelwelt Ost-Elbas hinauf. Über einem Sattel ragt der **Torre del Giove** auf, eine im 15. Jahrhundert errichtete Verteidigungsanlage. Oberhalb ausgedehnter Erzgruben führt von hier eine angenehme Panoramastraße hinüber in das Bergnest **Rio nell'Elba**, das gleich einer Feste in den Hügeln liegt. Die kleine Stadt ist wohl einer der ältesten Siedlungsplätze auf Elba, wie Funde aus der Steinzeit belegen. Später haben Etrusker und Römer hier nach Erz geschürft. Im Mittelalter war es Ziel der Sarazenenüberfälle, und im 16. Jahrhundert wüteten hier auch die Türken. Der Abstieg der Stadt ging einher mit dem Abstieg der nahen Erzgruben. Die Armut zwang viele Einwohner, unten an der Küste Arbeit zu suchen. Nicht umsonst trifft man in den steilen Gassen immer wieder auf eingestürzte Häuser. Und doch ist das Bergstädtchen für viele der Lieblingsort auf der Insel. Wie ein abweisendes Bollwerk, ständig bereit, Angriffe abzuschlagen, wachsen die Häuser aus der Hügelflanke. Mit viel Liebe versuchen die Bewohner, ihre bröckelnden Häuser zu erhalten und die steilen, winkligen Gassen mit Blumen zu verschönern.

Das interessanteste Bauwerk ist die eigenwillige Pfarrkirche *San Quirino*. Die barocke Fassade täuscht über das wahre Alter der Kirche hinweg, die als eine der ältesten in

Hoch über der Südküste von Elba thront das Bergstädtchen Capoliveri auf einer gebirgigen, für ihren Erzreichtum bekannten Halbinsel.

Elba gilt. Beachtlich sind die mächtigen Seitenmauern aus dem 11. Jahrhundert. Damals bauten die Pisaner das Gotteshaus als Wehrkirche aus, die Schutz vor den Angriffen der Sarazenen bieten sollte.

Eine steile Paßstraße eröffnet uns zum Abschluß den Blick auf die Bucht von Portoferraio und die grandiose Ruine des **Volterraio**. Der Name dieses Festungsberges scheint uns weit in die Geschichte zurückzuführen. Einige Forscher führen ihn auf das etruskische Wort »*fultur*« (alte Burg) zurück, andere glauben darin eine Würdigung der alten Etruskerstadt Volterra zu erahnen. Sicher ist jedoch, daß der isolierte, leicht zu verteidigende Felskopf hoch über der Bucht von Portoferraio für Verteidigungszwecke wie geschaffen ist. Im 11. Jahrhundert baute Pisa den Berg zu einer uneinnehmbaren Festung aus. Als einzige Fluchtburg auf Elba hielt sie allen Angriffen stand, konnte weder von den Arabern noch von den Türken erobert wer-

den. Wem der Anblick alleine nicht genügt, der findet an der steilen Abfahrt südlich des Berges den einzigen empfehlenswerten Aufstieg zur Burg. In einer scharfen Linkskurve, nahe einiger verfallener Gebäude, weist das Schild »Castello del Volterraio« den steilen und steinigen Weg.

Streckenbeschreibung

Von den Kais, an denen die großen Fährschiffe in *Portoferraio* anlegen, fahren wir auf der vierspurigen *Hauptausfallstraße* aus der Stadt. An den ersten beiden Kreisverkehren *geradeaus*. Nach zwei Kilometern erreichen wir am *südlichen Ortsrand* einen weiteren *Kreisverkehr*.

Hier biegen wir *links* ab (Wegweiser Capoliveri, Porto Azzurro, Rio nell'Elba und Rio Marina) und radeln durch eine schattige Pinienallee eben nach Osten. Bald klettert die Straße in einer Kehre auf einen Hügel hinauf, von dem der Blick auf die Bucht von Portoferraio und zum burggekrönten Steilfelsen des Volterraio geht. Nach einer sanften Abfahrt erreichen wir jene Kreuzung, an der sich nachmittags der Kreis schließen wird. Auf der Hauptstraße geradeaus, dann über einen niedrigen Sattel und durch ein langgezogenes Tal zur Südküste hinab. Vor dem Hügel, auf dem Capoliveri liegt, schwenkt die Hauptstraße nach Osten und bringt uns nach *Porto Azzurro* (insgesamt 13 Kilometer).

Am Ortsanfang auf der Hauptstraße nach *links* (Wegweiser Rio nell'Elba und Rio Marina), nun unterhalb des markanten Monte Castello rechtshaltend schwach aufwärts aus der Stadt. Bald schwenkt die Hauptstraße nach links in ein Tal und führt uns, nur kurzzeitig etwas steiler, gut 100 Höhenmeter in kahles Hügelland hinauf. Vier Kilometer läuft die Panoramastraße auf Rio nell'Elba zu. Kurz vor dem Ort erreichen wir eine Kreuzung, an der wir *geradeaus* fahren (Wegweiser Rio Marina und Cavo). Drei Kilometer lassen wir die Räder nach *Rio Marina* hinablaufen, fahren auf der Hauptstraße *geradeaus* durch den Ort und dann *linkshaltend* am Meer entlang nach Norden (Wegweiser Cavo).

In meist gemäßigtem Auf und Ab radeln wir anschließend nahe am Meer nach Norden. Vorbei an den riesigen Wunden, die der Erzabbau in die Landschaft geschlagen hat, erreichen wir nach sieben Kilometern *Cavo*.

Ungefähr 100 Meter nach der Mole, die weit in die Bucht von Cavo hinausläuft, bei erster Gelegenheit *links* abzweigen (unbeschildert). Nach weiteren 100 Metern *rechts* (Wegweiser Rio nell'Elba), 200 Meter bergauf und dann *links* (Wegweiser Rio nell'Elba) und auf dem *rechten Ast* der sich gabelnden Straße aus dem Ort.

Gemächlich steigt die kaum frequentierte alte Militärstraße, die erst vor kurzem mit einem kraftschonend glatten Asphaltbelag bedeckt wurde, in die einsame Hügelwelt Ostelbas hinauf. In vielen Kurven schlängelt sich unser Weg im Wald sehr sanft nach oben. Acht Kilometer nach Cavo erreichen wir unterhalb des *Torre del Giove* den Sattel »La Parata«, d. h. der fast gemütliche Anstieg

über 240 Höhenmeter liegt jetzt hinter uns. Oberhalb riesiger Erzminen führt das Sträßlein durch offenes Weideland sanft bergab bis kurz vor *Rio nell'Elba*. Hier nicht links auf die Umgehungsstraße, sondern *rechts* in das sehenswerte Bergnest. Anschließend vom Zentrum von Rio nell'Elba nach Süden zur Umgehungsstraße hinab (Wegweiser Porto Azzurro) und auf dieser zur nahen Kreuzung, an der wir wenige Stunden zuvor nach Rio Marina abgebogen sind.

Rechts auf die Hauptstraße und gleich wieder *rechts* auf eine schmale Straße (Wegweiser Strada Provinciale del Volterraio), die in steilen, anstrengenden und schattenlosen zwei Kilometern auf einen *Paß* hinaufführt. Von oben sehen wir zum felsigen Volterraio mit der Burg auf der Spitze, zu dem wir leicht bergab hinüberradeln.

Im Sattel östlich der Felsspitze beginnt dann die steile Abfahrt, die uns über 300 Höhenmeter nach *Magazzini* an das Meer hinabbringt. An der Kreuzung *links* (Wegweiser Portoferraio), durch eine Ebene zur Hauptstraße, an der wir morgens nach Süden radelten. Hier *rechts* (Wegweiser Portoferraio), jetzt sind es auf bekanntem Weg noch sechs Kilometer zurück zum Hafen von *Portoferraio*.

Nützliche Informationen

Ausgangspunkt: *Portoferraio*, Hauptort auf Elba.

Länge der Tour: 61 km.

Höhendifferenz: 800 m.

Unterkunft: Große Auswahl an Hotels an der Bucht von *Portoferraio*, rund um *Capoliveri* in *Porto Azzurro* und *Cavo*.

Camping: Mehrere Campingplätze an der Bucht von *Portoferraio*, bei *Capoliveri* und *Porto Azzurro*.

Fährverbindung: Günstigste Verbindung zwischen *Piombino* und *Portoferraio* (für das Auto in den Sommermonaten Vorbuchung nötig); drei Fährgesellschaften: Navarma, Tel. 05 65/91 81 01; Toremar, Tel. 05 65/91 80 80; Elba Ferries, Tel. 05 65/93 06 76.

Auskunft: In *Portoferraio*: APT, Calata Italia 26, Tel. 05 65/91 46 71; Viale Elba, Tel. 05 65/91 43 92.

40 Durch den Westteil von Elba

Rund um den Monte Capanne

Tourencharakter: Meist in gemäßigtem Auf und Ab an der Küste entlang; vor dem sehenswerten Bergdorf Marciana Alta ein anstrengender, längerer Anstieg.

Länge der Tour: 49 km.

Als mächtiges Bergbollwerk stemmt sich Elba an seinem Westende der offenen See entgegen. Nirgendwo sonst auf der Insel sind die Berge so hoch und felsig, die Wälder so dicht und die Kliffs so steil. Das Zentrum beherrscht der über 1000 Meter aufragende Monte Capanne, der nach allen Seiten seine granitenen Arme ausstreckt. Wilde Täler und felsige Höhen bilden hier das schönste Wanderrevier auf Elba. Und eine Straße, die sich zwischen Meer und Bergen rund um den Monte Capanne windet, verspricht auch dem Radfahrer eine Rundtour, die bleibende Landschaftseindrücke gewährt.

Der verkehrsgünstig an der Straße zwischen Portoferraio, Marciana Marina und Marina di Campo gelegene Ort **Procchio** ist der Ausgangspunkt für diese Tour. Die weite Talmulde, die das Capanne-Massiv von Mittel-Elba trennt, vermittelt uns von hier einen einfachen Weg an die Südküste. An den Hängen rechts über der Straße kleben die sehenswerten Bergnester **Sant' Ilario in Campo** und **San Piero**. In Anbetracht der noch zu erwartenden Mühen ersparen wir uns jedoch den bergigen Umweg über diese Dörfer und radeln durch die Ebene nach **Marina di Campo**. Ähnlich wie Procchio an einer weiten Sandbucht gelegen, hat sich auch dieser Ort ganz dem Tourismus verschrieben. Doch am Südende des ausufernden Neubauviertels gruppiert sich um den Hafen ein netter, alter Ortskern, in dem sich angenehm schlendern läßt.

Von Marina di Campo dringen wir über das an einer hübschen Bucht gelegene **Cavoli** an der felsigen Südküste der Insel nach Westen vor. An der nächsten Bucht, in die von den Bergen her ein wildes, »Fosso dell'Inferno« genanntes Tal einmündet, liegt **Seccheto**. Die in früherer Zeit berühmten Granitsteinbrüche oberhalb der Ortschaft sollen sowohl Material für den Bau des Pantheon in Rom wie für den Dom zu Pisa geliefert haben. Das letzte der Dörfer an der

In Panoramalage hoch über dem Meer, bewacht von den Granitgipfeln des Monte Capanne, schmiegt sich das in römischer Zeit gegründete Marciana Alta an die bewaldeten Hänge.

Südküste ist **Fetovaia**. Eine schmale, langgezogene Halbinsel trennt die wunderschöne Bucht mit dem flachen Sandstrand vom offenen Meer.

Dort, wo sich ein weites Tal, das vom Monte Capanne nach Westen hinabzieht, zum Meer hin öffnet, liegt das beschauliche Dorf **Pomonte**. Weiße Häuser sind in gepflegte Gärten und Weinberge eingebettet, und am Kiesstrand warten die kleinen Ruderboote, mit denen die Fischer nach wie vor zum Fang ausfahren. Die traumhaft schöne Lage zwischen Meer und Gebirge und das beschauliche Leben im Dorf, das nicht ganz so viele Neubauten aufweist wie die anderen, machen Pomonte zu einem der idyllischsten Orte an der Küste von Elba.

In **Chiessi** führt die Straße ein letztes Mal zum Meer hinab, bevor sie sich über die steilen Klippen der Punta Nera und durch die waldreichen Hänge des Monte Capanne nach **Marciana Alta** (370 Meter) hinaufwindet. Gleich Felsen wachsen die Häuser des kleinen Städtchens, das zu den ältesten auf der Insel zählt, aus den grünen Hängen. 35 v. Chr. wird der Ort als römische Kolonie erwähnt, war aber schon in vorrömischer Zeit bewohnt. Im 11. Jahrhundert errichteten

die Pisaner am oberen Ortsrand die mächtige *Festung*, die Schutz vor den Raubzügen der Sarazenen bot, 1553 aber von den Türken erstürmt wurde. Im 15. und 16. Jahrhundert residierten hier die Appiani aus Pisa, die in jener Zeit Elba regierten. Sie machten damals Marciana Alta zur Hauptstadt von Elba. Den nach außen hin abweisenden Charakter verliert der Ort schnell, wenn man durch die blumenverzierten Gäßchen wandert. Hier kann man das kleine romanische Kirchlein *San Lorenzo* und einen *Stadtpalast der Appiani* entdecken. Wer sich für Geschichte interessiert, findet im *archäologischen Museum* eine aus allen Teilen Elbas zusammengetragene Sammlung, die die Siedlungsgeschichte von der Steinzeit bis zu den Römern beschreibt. Eine Wanderung (Anstieg ca. 45 Minuten) führt von Marciana Alta in ein malerisches Hochtal, in dem die 1595 erbaute Wallfahrtskirche *Madonna del Monte* liegt. An Mariä Himmelfahrt (15. August) ist sie Ziel der wichtigsten Wallfahrt der Insel.

Nahezu eben geht es von Marciana Alta durch schattige Wälder zum Schwesterdorf **Poggio** hinüber, das ebenfalls von den Römern gegründet wurde. Kurz vor dem malerischen Bergnest kann man an der *Fonte Napoleone* die Getränkevorräte mit einem Mineralwasser auffüllen, das schon Napoleon Linderung gebracht haben soll. Seiner Panoramalage verdankt Poggio den Namen, der

Nirgendwo sonst auf Elba ist das Wasser des Meeres so kristallklar wie an der felsigen Westküste.

vom römischen Wort *podium* (Balkon) abgeleitet ist. Es ist eines der sehenswertesten Bergdörfer auf Elba. Schmale Treppengassen leiten zu malerischen Plätzen und zur Kirche *San Niccolò* auf dem höchsten Punkt der Ortschaft, die auf den Mauern einer alten Burg errichtet wurde.

Eine lange, sehr kurvenreiche Abfahrt bringt uns von Poggio hinunter in das Hafenstädtchen **Marciana Marina**. Als im 12. Jahrhundert die Gefahr der Sarazenenüberfälle nachließ, siedelten sich Bewohner von Marciana Alta hier am Meer an. Aus dem 12. Jahrhundert stammt auch das Wahrzeichen des Ortes, der *Torre Saracena* auf der Hafenmole, den Pisa als Schutz vor den Seeräubern erbaute. Das hübsche Band der farbenfrohen Häuser, das sich an der weiten Hafenbucht spannt, stammt aus jüngerer Zeit.

Streckenbeschreibung

Wir beginnen die Rundtour in *Procchio* und radeln auf der Hauptstraße in südlicher Richtung aus dem Ort (Wegweiser Marina di Campo). Die Straße steigt auf einen niedrigen Sattel hinauf, um auf der Gegenseite in ein weites Tal hinabzulaufen. Geradewegs durch den kleinen Ort *La Pila*. Dann schwenkt die Hauptstraße kurze Zeit später nach rechts (Wegweiser Marina di Campo und Pomonte) und durch Neubauviertel nach *Marina di Campo* hinein. Im Ort fahren wir an einer Kreuzung vor einer Einbahnstraße nach *rechts* (Wegweiser Cavoli, Seccheto, San Piero usw.) und kurz darauf an der nächsten Kreuzung nach *links* (Wegweiser wie zuvor). Nun einige hundert Meter geradeaus, bis die Hauptstraße scharf nach *rechts* abknickt und uns aus dem Ort bringt (Wegweiser wie zuvor).

Die Straße schneidet eine Halbinsel ab. Jetzt in einem Tal unterhalb des Bergnestes San Piero in Campo zu einem Sattel hinauf. An der Kreuzung *geradeaus* (Wegweiser Cavoli, Seccheto usw.), und nun liegt zum ersten Mal das Meer unter uns. In leichtem Auf und Ab folgt die Straße, vorbei an den Buchten von *Cavoli* und *Seccheto*, bis *Fetovaia* immer der Küste. Draußen im Meer schwimmen die topfebene Gefangeneninsel Pianosa

und dahinter die gebirgige, legendenumrankte Isola di Montecristo.

Nach Fetovaia steigt unser Weg ein Stück in das Landesinnere hinauf, um anschließend über hohen Klippen gemächlich nach *Pomonte* hinabzugleiten, das vom Monte Capanne mächtig überragt wird. Nach dem Ort kurz bergauf, oberhalb heller Granitklippen bald wieder abwärts in das ursprünglich gebliebene Dorf *Chiessi*. Die einsamen Klippen, die links zum Meer hin abbrechen, werden nach Chiessi immer höher, und die Straße klettert durch einen felsdurchsetzten Steilhang 1,5 Kilometer empor. Hoch über dem Meer, über dem sich die Berge von Korsika im Dunst verlieren, radeln wir ohne Anstrengung nach *Colle d'Orano* und dann nach *Patresi* hinab.

Anschließend mehrere Kilometer leicht bergauf. Ein schattiger Wald nimmt uns auf. Danach beginnt der drei Kilometer lange, nun zügigere Anstieg nach *Marciana* hinauf. Auf angenehm schattiger Panoramastraße, vorbei an der Talstation der Seilbahn zum Monte Capanne, radeln wir nach Marciana fast eben in das nahe *Poggio* hinüber. Oberhalb des verwinkelten Ortes auf der Hauptstraße zu einer ersten Kehre, *scharf links* (Wegweiser Marciana Marina), nun die Hauptstraße in unzähligen Kurven nach *Marciana Marina* hinab.

Am Ende führt die Straße geradeaus durch Neubaugebiete in den Ort und noch oberhalb des Hafens an einer Kreuzung nach *rechts* (Wegweiser Procchio und Portoferraio). In mäßigem Auf und Ab fahren wir anschließend in dichtem Wald, immer nahe der Küste, in sechs Kilometern zurück nach *Procchio*.

Nützliche Informationen

Ausgangspunkt: *Procchio*, ca. 10 km westlich von Portoferraio.
Länge der Tour: 49 km.
Höhendifferenz: 700 m.
Unterkunft: Große Auswahl an Hotels in allen Küstenorten an der Route.
Camping: Mehrere Campingplätze bei *Marina di Campo*.
Auskunft: In *Marciana Marina*: Viale Margherita, Tel. 05 65/9 95 29.

Allgemeine Radkunde

Von Rudolf von Bitter

Das richtige Rad

Das richtige Rad zu den vorgestellten Touren oder die richtige Tour für Ihr Rad? Selbstverständlich kann jeder mit dem Rad fahren, mit dem er gerne fahren möchte. Unter dem Stichwort »Tourencharakter« finden Sie Angaben über den Schwierigkeitsgrad der jeweiligen Radtour.

Rennräder oder **Rennmaschinen** sind ausgelegt für Fahrten auf Asphalt, nicht für Feldwege und Kiesstraßen. Für Feld- oder Wirtschaftswege sind breitere Reifen und robustere Rahmen als bei Rennrädern üblich empfehlenswert. Wer trotzdem mit dem Rennrad fahren will, macht sich auf der Karte kundig, wie er Feld- und Waldwege auf befestigten Straßen umgehen kann.

Ein **Mountainbike** empfiehlt sich für Radtouren durchs Gebirge. Die Zahnkränze und Kettenblätter sind für extreme Steigungen gedacht. Grundsätzlich kann man mit einem Mountainbike alle Touren bewältigen.

Ein **Touren- oder Trekkingrad** ist am besten geeignet für Touren, die teils über befestigte Straßen, teils über Feld- und Waldwege führen. Die breiteren Reifen und die robuste Ausstattung bei Felgen und Speichen erlauben es, auch auf holprigen Wegen zu fahren, die Gangschaltung mit ihren Mehrfach-Kettenblättern und -Zahnkränzen ermöglicht schnelles, bequemes Fahren auf Straßen und erleichtert das Bewältigen von Steigungen. Das Tourenrad verfügt (genauso wie das Mountainbike) über einen stabilen, aber nicht zu schweren Rahmen, der auch mit etwas mehr Gepäck nicht ins Schlingern kommt.

Beim **Kauf eines Fahrrads** sollte man sich überlegen, daß ein Fahrradfachhändler auch Servicearbeiten ausführt, wobei er seine Stammkunden in der Regel bevorzugt. Außerdem wird er die richtige Rahmenhöhe und -länge bestimmen.

Wichtig ist, die **richtigen Bremsen** am Fahrrad zu haben: Rücktrittbremse und die heutzutage handelsüblichen Cantilever-Bremsen bringen das Rad auch bei Regen zum Stehen, was man von alten Felgenbremsen nicht immer sagen kann.

Pflege und Reparaturen

Robuste Fahrräder benötigen nicht allzuviel Pflege. Wer sein Fahrrad nicht ständig benutzt und dabei darauf achtet, daß die Bremsen wirken und das Licht funktioniert, sollte beides hin und wieder kontrollieren. Genauso sollte man regelmäßig nachsehen, ob die Reifen nicht spröde werden. Man sieht das an feinen Rissen, vor allem, nach-

dem das Rad unaufgepumpt herumgestanden hat. Man sollte dafür sorgen, daß die Schalt- und Bremszüge sowie die Mechanismen von Schaltung und Bremsen geschmiert sind und die Laufräder sich frei und ungehindert drehen. Mit einer gut geölten Kette und fest aufgepumpten Reifen hat man dann viel Freude am Fahrrad. Falls unterwegs doch eine Panne passiert, kann man sich oft selbst helfen. Im folgenden werden ein paar Handgriffe erläutert.

Das richtige Fahrrad – richtig eingestellt

Am **Sattel** lassen sich Höhe und Neigung regulieren. Je nach Modell verstellt man die Neigung unter der Sitzfläche mit einem Inbusschlüssel oder mit einem Gabelschlüssel. Die Höhe wird mit dem Klemmbolzen am oberen Rand der Sattelmuffe eingestellt. Entweder mit dem Schnellspannhebel oder einem passenden Gabel- oder Inbusschlüssel die Sattelstütze lockern und den Sattel nach oben oder unten bewegen. Die Höhe des Sattels stimmt, wenn die Ferse bei durchgestrecktem Bein auf dem Pedal ruht (das testet man, indem man sich an eine Wand stützt).

Auch der **Lenker** ist verstellbar. Als Faustregel gilt: Zwei Drittel des Körpergewichts trägt der Sattel, ein Drittel der Lenker. Sonst werden entweder die Arme schnell müde vom Abstützen oder man muß auch bei geringen Steigungen aus dem Sattel. Den Klemmbolzen des Lenkers mit Inbus- oder Gabelschlüssel lockern (vier Umdrehungen genügen oft), das Rad vorne hochheben, mit dem Hammer zur Lockerung der Klemmbolzenkeile auf den Klemmbolzen klopfen, Lenker so weit herausziehen oder hineindrücken wie nötig.

Für asphaltierte Straßen sind schmalere **Reifentypen** empfehlenswert, weil der Rollwiderstand geringer ist. Breitere Reifen sind geländegängiger und dämpfen Fahrbahnunebenheiten besser.

Werkzeug und Ersatzteile

Luftpumpe, Flickzeug mit Ersatzventil, 3 Reifen- oder Mantelheber und diverse Gabelschlüssel (auf die Größe achten) für die Räder – wenn sie nicht mit dem handlichen Schnellspannhebel ausgerüstet sind – oder einen Schlüssel für verschiedene Mutterngrößen (einen sogenannten »Knochen«) braucht man für alle Fälle. Schraubendreher, ein Speichenschlüssel, eine Kombizange und Inbusschlüssel machen das Werkzeug komplett.

Auf alle Fälle ist es praktisch, ein paar **Ersatzteile** mitzuführen, die weder schwer noch sperrig sind: Schlauch, Ersatzventil (»Blitzventil« machen das Pumpen leichter), Bremsklotz, Brems- und Schaltzug, Erste-Hilfe-Speichen mit Speichenspanner, Taschenlampe.

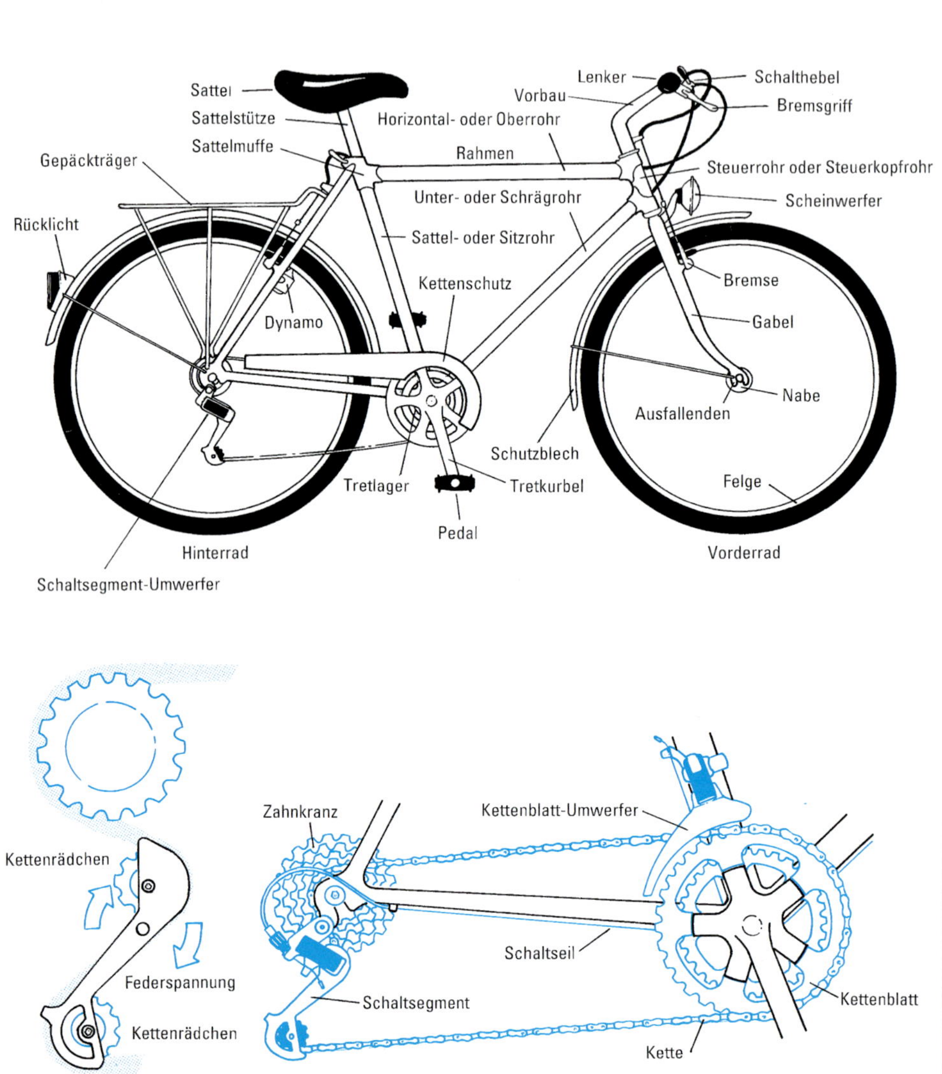

Sattel
Sattelstütze
Sattelmuffe
Gepäckträger
Rücklicht
Dynamo
Hinterrad
Schaltsegment-Umwerfer
Lenker
Vorbau
Horizontal- oder Oberrohr
Rahmen
Unter- oder Schrägrohr
Sattel- oder Sitzrohr
Kettenschutz
Schalthebel
Bremsgriff
Steuerrohr oder Steuerkopfrohr
Scheinwerfer
Bremse
Gabel
Nabe
Ausfallenden
Schutzblech
Tretlager
Tretkurbel
Pedal
Felge
Vorderrad

Kettenrädchen
Federspannung
Kettenrädchen
Zahnkranz
Kettenblatt-Umwerfer
Schaltseil
Schaltsegment
Kette
Kettenblatt

Das Fahrrad und seine Bestandteile.

Ein platter Reifen

Ein platter Reifen kommt häufiger vor, wenn Schlauch und Mantel schon etwas älter sind. Zur Vorsorge sollte man vermeiden, über spitze Gegenstände zu fahren. Auf den Landstraßen fliegen alle kleinen Glassplitter und Eisenteile an den Straßenrand – fahren Sie also mit einem halben Meter Abstand vom Bordstein. Damit bringen Sie die Autofahrer auch weniger in Versuchung, Sie auf engen Landstraßen trotz Gegenverkehr zu überholen.

Wenn der Reifen platt ist: *Zuerst* nachsehen, ob das Ventil nicht lose ist. Bildet sich bei aufgepumptem Reifen eine Blase am Ventil, nachdem man es (mit Spucke) angefeuchtet hat, sollte man den Ventilschlauch (oder das Ventil) auswechseln. Bleibt der Reifen platt, stellt man das Fahrrad auf den Kopf und sucht bei erneut aufgepumptem

Reifen nach der undichten Stelle. Haben Sie die schadhafte Stelle gefunden, markieren Sie sie. Dann hebeln Sie den Reifen aus der Felge, wie im nächsten Absatz beschrieben. Zupfen Sie das Stück Schlauch, in dem das Loch ist, heraus und flicken Sie das Loch wie beschrieben. Ist die Stelle nicht zu finden, muß das Rad abmontiert werden.

Rad abmontieren

Bevor Sie anfangen, suchen Sie sich eine Stelle aus, an der Sie auch die Muttern und Schrauben wiederfinden, die sonst wegkullern. Legen Sie abmontierte Kleinteile in die Haube der Klingel oder in eine Mütze. Lösen Sie erst die Felgenbremse, stellen Sie dann das Fahrrad auf den Kopf. Zur Schonung der Bremsgriffe kann man Badezeug oder Regenjacke unter den Lenker legen.

Vorderrad: Moderne Räder haben einen Schnellspanner mit einem Hebel, den man nur umzulegen braucht, und schon kann man das Rad aus seiner Halterung nehmen. Bei älteren Rädern muß man beidseitig die dicke Mutter lösen (nicht abschrauben; Schlüssel in der richtigen Größe einpacken), um das Rad abzunehmen.

Hinterrad: Wie beim Vorderrad Hebel umlegen oder Muttern lösen. Bei Kettengangschaltung schaltet man zuerst die Kette auf das kleinste Ritzel, dann biegt man den Kettenstraffer nach vorn, so daß man genügend Spiel hat, die Kette vom Zahnkranz abzuheben und so über die Achse zur Seite zu schieben, daß das Rad abgenommen werden kann. Bei Nabenschaltung muß man die Kette über das Ritzel drücken, um die Kette hinten von der Achse lösen zu können.

Haben wir das Rad lose in der Hand, pumpen wir es ein bißchen auf. Mit dem Mantel- oder Reifenheber fahren wir vorsichtig unter den **Mantel** *(Reifendecke)* und hebeln ihn über die Felgenrand. Mantelheber haben meistens eine Öse, mit der man sie an einer Speiche einhängen kann. Mit dem zweiten Mantelheber wiederholen wir dasselbe 10 cm weiter, dasselbe mit dem dritten Mantelheber. Den mittleren Mantelheber können wir jetzt abnehmen und wieder ein Stückchen weiter die Reifendecke über den Felgenrand heben – bis sich der Mantel auf der einen Seite lockert und von Hand von der Felge zu ziehen ist.

Jetzt können wir den Schlauch unter dem Mantel hervorschieben und -ziehen, bis er nur noch am Ventil in der Felge hängt. Ventil abschrauben und den Schlauch abnehmen. Ventil wieder aufsetzen, aufpumpen und nach dem Loch suchen. Feine Löcher findet man nicht so schnell mit bloßem Auge. Den Luftzug der entweichenden Luft spürt man am besten, wenn man den Schlauch nahe an das eigene Auge hält. Mit einem feuchten Handrücken kann man ebenfalls den Luftzug erfühlen. Schneller geht es in einer Schüssel Wasser, die in der Natur allerdings nicht zur Hand ist. Aber vielleicht ist in der Nähe ein

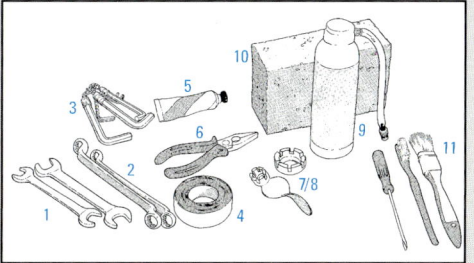

Werkzeug zur Pflege des Fahrrades.

1 Gabelschlüssel	7/8 Speichenschlüssel
2 Rundschlüssel	9 Reifenflickspray
3 Inbusschlüssel	10 Schwamm
4 Reifen-Klebeband	11 Alte Pinsel und
5 Reifenkitt	Zahnbürsten
6 Kombizange	

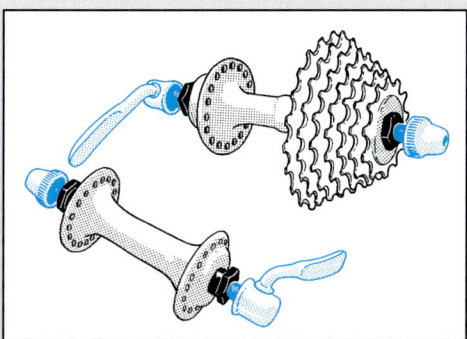

Vorderradnabe und Hinterradnabe mit Siebenfachzahnkranz, jeweils mit Schnellspannvorrichtung.

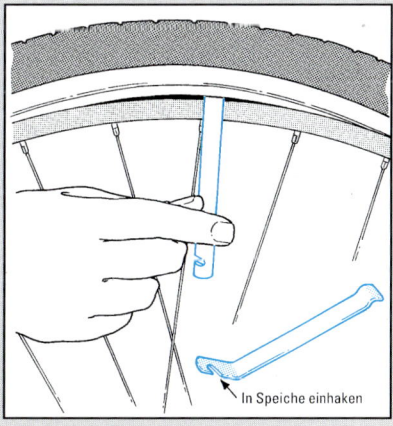

← In Speiche einhaken

Einsatz des Mantel- oder Reifenhebers.

Bach, ein Teich oder eine tiefe Pfütze. Das Loch verrät sich durch Luftblasen.

Um das Loch herum den Schlauch leicht aufrauhen (beim Flickzeug gibt es dafür ein durchlöchertes Blechstück oder Sandpapier), Gummierlösung dünn auftragen, warten, bis die Lösung grifftrocken ist, Flicken vom Schutzpapier abziehen, auflegen und festdrücken. Schlauch wieder einlegen (beim Ventil anfangen) und unter den Mantel schieben, leicht aufpumpen, damit er schön gerade liegt, und den Mantel wieder auf die Felge drücken. Wenn es nicht anders geht, wieder mit dem Mantelheber. Vorsicht: dabei nicht neue Löcher in den Schlauch quetschen! Reifen aufpumpen. Wenn Sie noch Pause machen wollen, lassen Sie das Rad solange abmontiert – falls es nicht geklappt hat, müssen Sie nicht noch mal von vorne anfangen.

Eine Bremse versagt

Bei Nässe ist der Bremsweg länger als bei Trockenheit! Abgenützte Bremsklötze daher rechtzeitig ersetzen. Dabei soll die offene Seite des Bremsklotzhalters nach hinten weisen, damit der Klotz nicht bei der ersten Bremsung herausrutscht.

Ist der Bremsweg immer noch zu lang, stellen Sie die Bremse nach. Drücken Sie die beiden Bremsbacken so zusammen, daß noch 3 mm Abstand zur Felge bestehen, damit die Bremsen nicht zu hart greifen. Dann die beiden Muttern der Nachstellvorrichtung am Seilzug so drehen, daß die Bremsbacken sich allein da halten, wo Sie sie zuerst hingedrückt haben. Da die Bremssysteme je nach Fabrikat verschieden sind, sollte sich jeder sein eigenes Fahrrad-Bremssystem ansehen.

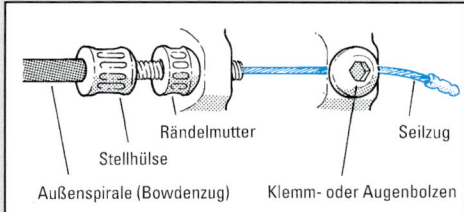

Nachstellen des Seilzuges.

Die Kette

Eine verdreckte oder angerostete Kette ist starr und kostet unnötig viel Kraft. Regelmäßiges Schmieren oder Ölen beugt vor. Ein Bad in Petroleum (die Kette vom Zahnkranz in eine Schale mit Petroleum hängen lassen, wenn Sie nicht montieren wollen) löst den Dreck. Mit einer alten Zahnbürste säubern. Anschließend mit Kettenfett Glied für Glied behandeln.

Bevor Sie losfahren, vergewissern Sie sich, daß die Kette die **richtige Spannung** hat. Bei einer Kettengangschaltung überprüft man das nach folgen-

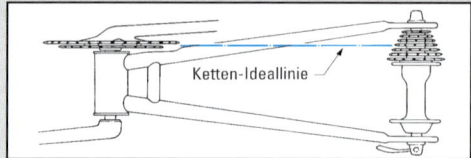

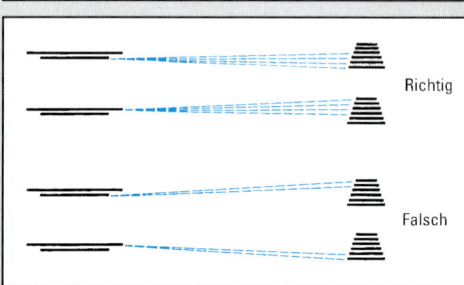

Richtige und falsche Art der Schaltung (Kettenlinie).

den Kriterien: Hängt die Kette vorne auf dem kleinen Kettenblatt und hinten auf dem kleinsten Ritzel, soll sie nicht durchhängen. Hängt die Kette auf dem jeweils größten Kettenblatt und größten Ritzel, soll sie trotzdem noch S-förmig durch den Schaltarm mit seinen beiden Kettenrädchen verlaufen, um ihn nicht zu überdehnen. In diesen Positionen sollten Sie nie fahren!

Schaltung

Die Größe der Kettenblätter und die Abstufung des Zahnkranzes mißt sich nach der Anzahl der Zähne. Die **Übersetzung** ist um so größer, je größer der Unterschied zwischen Kettenblatt und Ritzel des Zahnkranzes in Zähnen ist. Das heißt, pro Tretkurbelumdrehung ist der zurückgelegte Weg am größten, wenn die Kette auf dem größten Kettenblatt vorne und auf dem kleinsten Ritzel am Hinterrad liegt. Die vielen Gänge, die ein Rad hat, differenzieren die Übersetzung zumeist zu einer kleinen Übersetzung hin und erleichtern so das Bergauffahren.

Wenn Sie extreme Bergtouren vorhaben, können Sie das kleinere Kettenblatt austauschen und eines mit weniger Zähnen einsetzen. Anhand der Zeichnung sehen Sie, wie Sie nicht schalten sollten: größtes bzw. kleinstes Kettenblatt und größtes bzw. kleinstes Ritzel man nicht kombinieren. Solche »Extrem«-Schaltungen verursachen Reibungswiderstände und überbeanspruchen dadurch das Material.

Mit dem **Kettenblatt-Umwerfer** bewegen Sie die Kette von einem Kettenblatt zum anderen. Wenn Sie nur noch das mittlere und ein äußeres Kettenblatt erreichen oder die Kette am Umwerfer schleift, müssen Sie nachjustieren. Der Umwerfer soll hoch genug angebracht sein, damit er nicht das große Kettenblatt berührt.

Mit dem Schaltarm am hinteren Schaltwerk transportieren Sie die Kette über die Ritzel unabhängig von der Stellung der Kette auf den Kettenblättern.

Das Licht fällt aus
Als Lichtanlage haben die Hersteller alle möglichen Konstruktionen entwickelt. Das Prinzip ist immer dasselbe: Der Dynamo stellt den Strom her, der über Kabel zum Glühbirnchen geleitet wird. Ein Massekabel entfällt, dazu ist der Rahmen da. Als erstes nach der **Glühbirne** sehen. Bleibt es trotz intakter Birne dunkel, die **Kabelverbindungen** im Lampengehäuse und am Dynamo überprüfen (Wackelkontakt? Kann man mit einer Batterie prüfen). Leuchtet das Licht, liegt es am Dynamo, leuchtet es nicht, liegt es an den Kabeln, die man überprüfen und notfalls ersetzen muß. Hat der **Dynamo** genügend Reibung am Reifen? Eventuell befestigen. Ein lockerer Dynamo kann außerdem in die Speichen fallen und einen Unfall verursachen.

Wenn das alles nichts nützt, und Sie stehen bei Dunkelheit am Straßenrand, dann lassen Sie Ihre Tourenbegleiter mit funktionierendem Licht vor und hinter sich fahren. Besonders für den nachkommenden Verkehr ist es wichtig, daß Sie **von hinten gesehen werden**. Sind Sie allein und ohne Taschenlampe, mit der Sie nach hinten leuchten können, dann weichen Sie nach Möglichkeit auf den Gehsteig aus.

Fahrtechniken

Der **Fußballen** liegt über der Pedalachse. Daß Sie beim Heruntertreten des Pedals die meiste Kraft aufwenden und beim Steigen des Pedals die geringste, ist klar. Rennradler haben mit Rennhaken und Pedalklammer die Möglichkeit, das Pedal aufwärts zu ziehen und nach vorn zu schieben. Normale Radler können sich von den Rennradlern immerhin abschauen, wie sie das Pedal unten nach hinten drücken und dazu den Fuß mit der Spitze abwärts kippen (»runder Tritt«).

Wiegetritt nennt man die Technik, bei Steigungen, die trotz kleinen Gangs nicht mehr zu schaffen sind, aus dem Sattel aufzustehen und das jeweils obere Pedal mit dem Körpergewicht und Zug am Lenker nach unten zu stemmen.

Ein weiteres Detail der Fahrtechnik ist die **Auswahl der Übersetzung**. Die Gänge sind vor allem dazu da, den Bewegungsablauf gleichmäßig zu halten. Zu kleine Übersetzung bekommt der Muskulatur genauso wenig wie zu große Übersetzung. »Weiches Pedalieren« ist der schöne Ausdruck für diesen Vorgang.

Aus mechanischen Gründen soll man **nicht in Extremschaltungen** fahren, also kleines Kettenblatt und kleinstes Ritzel am Zahnkranz oder

großes Kettenblatt und größtes Ritzel kombinieren. Die Kette liegt dann schräg und produziert anstrengende Reibungswiderstände. Ideal ist es, wenn die Kette gerade verläuft.

Bremsen sollte man stets gleichzeitig hinten und vorne. Besonders bei Bergabfahrten kann zu abruptes Bremsen zu Stürzen führen. Ebenso sollte man schon vor und nicht erst in einer Kurve bremsen, weil man in der Kurve das Gleichgewicht verlieren kann. Bei Nässe gilt dies erst recht. Nehmen Sie in Kurven das innere Pedal nach oben – wenn in der Kurve ein Pedal den Boden berührt, berührt der ganze Radler den Boden.

Gepäck/Zubehör

Praktisch ist die traditionelle **Hinterradtasche** auf dem Gepäckträger über dem Hinterrad. Diese Tasche kann man als Doppeltasche oder als Einzeltasche erhalten. Auf jeden Fall sollte die Innenseite (zum Rad hin) verstärkt sein, damit es keine Ausbeulungen gibt, die die Fahrt behindern. Zugleich sollte die Tasche nicht zu weit vorn hängen, weil sie sonst die Fersen stört.

Für die Karte ist die kleine **Lenkertasche** nützlich. Genausogut können Sie aber auch vorne einen Gepäckträger anbringen (lassen) und einen **Korb** darauf befestigen, in den Sie Karte, Führer, Flasche, Pullover, Badezeug und was sonst schnell zur Hand sein soll, hineinlegen. Bei viel Gepäck ist ein **Doppelständer** sinnvoll. Luftpumpe und Trinkflasche im Trinkflaschenhalter haben ihren festen Platz am Sattel- oder am Unterrohr.

Schutz vor Diebstahl: Am sichersten ist das massive Bügelschloß aus Stahl, aber das wiegt auch viel. Spiralkabel mit eigener Halterung unter dem Sattel sind praktisch, man muß lediglich die Zugkraft der Spirale überwinden. Um das Vorderrad zu sichern, kann man es abnehmen und an das Hinterrad schließen. Auf alle Fälle ist es gut, sein Rad an einen Laternenpfahl oder etwas Ähnliches anzuschließen.

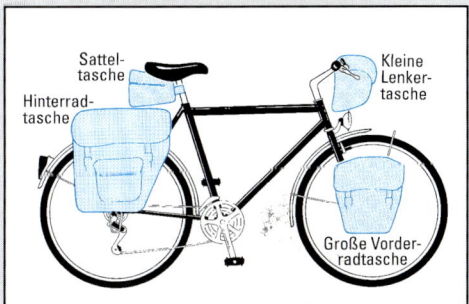

Das bepackte Fahrrad mit Gepäckstücken zur Auswahl.

Anhang

Nützliche Reiseinformationen

Informationsbüros des Staatlichen Italienischen Fremdenverkehrsamtes, E. N. I. T.

In Deutschland:
Goethestraße 20
80336 München
Tel. 089/530369

Kaiserstraße 65
60329 Frankfurt/Main
Tel. 069/237410

Berliner Allee 26
40212 Düsseldorf
Tel. 0211/132232

In Österreich:
Kärntnerring 4
1010 Wien
Tel. 0222/5051639

In der Schweiz:
Uraniastraße 32
8001 Zürich
Tel. 01/2113633

Als harmonische Zwillinge überragen die Türme des Palazzo Salvucci die Piazza del Duomo in San Gimignano.

Touristeninformationsstellen in der Toskana
Detailliertes Informationsmaterial und weitergehende Auskünfte erhält man in den 15 zentralen Fremdenverkehrsämtern (Azienda di Promozione Turistica – APT).
In den »Nützlichen Informationen« der einzelnen Touren sind die betreffenden APT-Büros ein weiteres Mal aufgeführt.

APT 1 – Versilia
Viale G. Carducci 10
55049 Viareggio
Tel. 0584/48881

APT 2 – Arcipelago
Toscano
Calata Italia 26
57037 Portoferraio
Tel. 0565/914671

APT 3 – Montecatini
Terme/Valdinievole
Viale G. Verdi 66
51016 Montecatini
Terme
Tel. 0572/78200

APT 4 – Chianciano
Terme/Valdichiana
Via G. Sabatini 7
53042 Chianciano
Terme
Tel. 0578/63538

APT 5 – Firenze
Via A. Manzoni 16
50121 Firenze
Tel. 055/23320

APT 6 – Grosseto
Via Monterosa 206
58100 Grosseto
Tel. 0564/454510

APT 7 – Livorno
Piazza Cavour 6
57100 Livorno
Tel. 0586/898111

APT 8 – Massa Carrara
Lungomare Vespucci 24
54037 Marina di Massa
Tel. 0585/240046

APT 9 – Pisa
Via B. Croce 24
56100 Pisa
Tel. 050/40202

APT 10 – Siena
Via di Città 43
53100 Siena
Tel. 0577/42209

APT 11 – Arezzo
Piazza Risorgimento 116
52100 Arezzo
Tel. 0575/23952

APT 12 – Abetone/
Pistoia/Montagne
Pistoiese
Via G. Marconi 16
51028 San Marcello
Pistoiese
Tel. 0573/630145

APT 13 – Lucca
Piazza Guidiccioni 2
55100 Lucca
Tel. 0583/491205

APT 14 – Prato
Via L. Muzzi 51
50047 Prato
Tel. 0574/35141

APT 15 – Monte Amiata
Via Mentana 97
53021 Abbadia
San Salvatore
Tel. 0577/778608

Zusätzlich steht eine weitere Anzahl von Touristen-Informationsbüros bzw. Büros von Fremdenverkehrsvereinen (Pro-Loco) für örtlich begrenzte Auskünfte zur Verfügung, die in den »Nützlichen Informationen« der betreffenden Touren angegeben sind.

Konsularische Vertretungen in der Toskana

Konsulate der Bundesrepublik Deutschland: Lungarno Vespucci 30 50123 Firenze Tel. 055/294722	*Konsulat der Republik Österreich:* Via dei Servi 9 50122 Firenze Tel. 055/2382008
Piazza della Vittoria 56 57100 Livorno Tel. 0586/890008	*Konsulat der Schweiz:* c/o Hotel Park Palace Piazzale Galileo 5 50123 Firenze Tel. 055/222434

Öffnungszeiten

Geschäftszeiten: Die Öffnungszeiten der Geschäfte werden von den einzelnen Gemeinden unterschiedlich festgelegt. Sie sind von Montag bis Samstag etwa zwischen 9.00 und 12.30 Uhr, bzw. zwischen 15.30 und 19.30 Uhr geöffnet.

Da die Mittagspause regionalen Verschiebungen unterliegt, empfiehlt sich der Vormittag und der frühe Abend als beste Einkaufszeit.

Post: Die Postämter sind ca. von 8.15 bis 14.00 Uhr geöffnet. Die Hauptpostämter der größeren Städte haben ganztags und zusätzlich am Samstag geöffnet.

Banken: Die Banken sind von Montag bis Freitag von 8.30 bis 13.00 Uhr, teilweise auch bis 15.45 geöffnet. Der Wechselkurs italienischer Banken ist im Normalfall besser als jener der heimischen. Euroschecks müssen in italienischer Währung ausgestellt werden (die aktuelle Höchstgrenze am Schalter erfragen).

Museen: Die Öffnungszeiten der Museen unterliegen je nach den örtlichen Gegebenheiten starken Schwankungen. Staatliche Museen sollten von 9.00 bis 14.00 Uhr geöffnet sein, die bekanntesten auch am Nachmittag. Sonntags ist meist von 9.00 bis 13.00 Uhr geöffnet und zum Teil wird freier Eintritt gewährt. Montags und an Feiertagen sind viele Museen geschlossen. Kirchen öffnen meist um 7.00 Uhr und sind dann nach einer längeren Mittagspause bis 17.00 oder 18.00 Uhr zu besichtigen. Bei kleinen, verschlossenen Kirchen liegt oftmals der Schlüssel im nächstgelegenen Haus bereit.

Telefon

Für Auslandsgespräche benötigt man eine größere Anzahl von Telefonmünzen, sogenannte Gettoni. In Cafés und Bars mit einer gelben Telefonscheibe als Aushängeschild sind nur Ortsgespräche möglich. Trägt das Schild den Zusatz »teleselezione« oder »interurbana«, kann man auch Auslandsgespräche führen.

Von nahezu allen Telefonzellen kann man problemlos in das Ausland telefonieren. Viele Telefonzellen sind mit Kartentelefonen ausgestattet, die den umständlichen Gebrauch der Gettoni überflüssig machen. Die Telefonkarten (carta telefonica) erhält man in Postämtern und Tabakläden. Vor dem Gebrauch der Karte ist eine gekennzeichnete Ecke abzubrechen.

Für Gespräche nach Deutschland wählt man die nationale Vorwahlnummer 0049 und läßt dann die Anfangs-Null der Ortsvorwahl weg. Ebenso verfährt man bei Gesprächen nach Österreich (Nationalvorwahl 0043) und in die Schweiz (Nationalvorwahl 0041). Für Gespräche von Deutschland und von der Schweiz nach Italien gilt die 0039, von Österreich die 040.

Notruf

Polizei und Rettungsdienste erreicht man in Italien unter der Nummer 113.

Gesundheit

Vor Reisen nach Italien sollte man sich als gesetzlich Krankenversicherter in Deutschland den Auslandskrankenschein E111 besorgen. Mit diesem Formular erhält man in italienischen Krankenhäusern eine kostenlose Behandlung. Um bei Vertragsärzten unentgeltlich behandelt zu werden, muß man sich zuvor einen italienischen Krankenschein ausstellen lassen. Dies ist nur nach umständlichem Antrag in den Büros der USL (Unità Sanitaria Locale) möglich, die man lediglich in den Provinzhauptstadten findet. Wer sich ohne Krankenschein behandeln läßt, muß für die Arztrechnung über ausreichende Finanzmittel verfügen. Diese Kosten werden von der heimischen Krankenkasse im Regelfall nicht zurückerstattet!

Deutsche, die privat versichert sind, und Radurlauber aus anderen Ländern sollten sich vor dem Antritt ihrer Reise bei ihrem Versicherungsunternehmen nach den in Italien gewährten Leistungen erkundigen. Eine zusätzliche private Urlaubs-Krankenversicherung ist in vielen Fällen anzuraten. Adressen von deutschsprachigen Ärzten erhält man von den oben aufgeführten Konsulaten.

Fahrradreparaturen

Grundsätzlich sollte man vor dem Antritt einer längeren Reise das Rad gründlich überholen, um nicht weit abseits der nächsten Werkstätte mit einem Defekt zu stranden. Sollte man doch selbständig eine Reparatur vornehmen müssen, hat man sich auf diese Weise schon einige Vorkenntnisse erworben. Die üblichen Werkzeuge und ei-

nige gängige Ersatzteile sollte man natürlich mit-
führen. Da die Italiener begeisterte Radfahrer sind,
bietet auch die Toskana ein dichtes Netz von Re-
paraturwerkstätten. Man erhält hier die in
Deutschland üblichen Ersatzteile. Einschränkun-
gen gibt es nur bei den Drahtreifen mittlerer Breite, mit denen die meisten Reiseräder ausgestattet
sind. Man sollte also vor dem Antritt der Reise
neue Reifen aufziehen und möglichst einen Er-
satzreifen mitnehmen.

Fahrradverleih

In der Toskana ist es kaum möglich, reisetaugliche
Fahrräder zu mieten. Neben einfachen Stadträ-
dern, die sich nur für die Erkundung der großen
Metropolen eignen, findet man in manchen Orten
Mountainbikes im Angebot.
   Für größere Touren taugliche Fahrräder können
für ca. 20 DM am Tag bzw. für ca. 100 DM pro
Woche ausgeliehen werden bei:

Cooperativa Amiata Trekking
Piazza Gramsci 8
53021 Abbadia San Salvatore
Tel. 05 77/77 77 51
(Am Osthang des Monte Amiata gelegen)

Ernst Hutmacher
Massa Vecchia 1
58024 Massa Marittima
Tel. 05 66/90 38 85
(An der Umgehungsstraße der N 439)

Fahrradreiseveranstalter

Eine von Jahr zu Jahr wachsende Zahl von Veran-
staltern bietet Fahrradreisen in der Toskana an.
Die angebotenen Leistungen und damit die Preise
variieren stark und gehen von Mountainbike-Tou-
ren bis hin zu Kultur-Radreisen.
   Eine kleine Auswahl von Anbietern soll die Suche nach dem richtigen Radreiseveranstalter erleichtern.

ALPS MTB Tours GmbH
Reischelweg 1B
80939 München
Tel. 089/3 23 16 59

Baumeler Veloferien
Zinggentorstr. 1
CH–6002 Luzern
Tel. 00 41/41/50 99 00

Deutsche Reisebüro
GmbH
DERTOUR
Emil-von-Behring-Str. 6
60439 Frankfurt/Main
Tel. 069/95 88 35 17

Dr. Eisenrith Tours GmbH
Amalienburgstr. 19
81247 München
Tel. 089/8 11 93 73

Eldorado-Reisen
Rainer Keunecke
Kartäuserstr. 112
79104 Freiburg
Tel. 07 61/28 66 80

Greg-Tours Fahrradreisen
Lambergstr. 2
CH–8610 Uster
Tel. 00 41/1/9 41 25 66

Klingenstein Inter-
nationale Studienreisen
Thomas-Wimmer-Ring 9
80539 München
Tel. 089/2 35 08 10

NaTours-Reisen
Untere Eschstr. 15
49177 Ostercappeln
Tel. 0 54 73/82 11

Radsportreisen
Chr. Margreiter
Am Ring 8
83131 Nußdorf
Tel. 0 80 34/18 42

Rotalis Reisen per Rad
85593 Baldham bei
München
Tel. 0 81 06/35 91 91
Fax 0 81 06/3 41 75

Rückenwind Reisen
GmbH
Hauptstr. 2
26209 Hatten
Tel. 0 44 82/84 05

Sunny-Rad
Bundesstr. 17
A-6842 Koblach
Tel. 00 43/0 55 23/2 00 90

Terranova
Touristik Uhlig KG
Hirschsprung 8
63263 Neu-Isenburg
Tel. 069/69 30 54

Travelo
Radreisen GmbH
Pfalzstr. 32
67378 Zeiskam
Tel. 0 63 47/21 32

Velociped-Reisen
Weidenhäuser Str. 63
35037 Marburg
Tel. 0 64 21/2 45 11

Feiertage

1. Januar,   6. Januar,   Ostermontag,   25. April.
1. Mai,   15. August   (Ferragosto),   1. November,
8. Dezember, 25. und 26. Dezember.
   Trennt nur ein Arbeitstag einen Feiertag vom
Wochenende, haben viele Geschäfte an dem betreffenden Werktag geschlossen.

Verkehrsregeln und Beschilderung

Die Verkehrsschilder in Italien entsprechen den
internationalen Normen und bieten daher keiner-
lei Schwierigkeiten.
   Straßenkreuzungen sind zum größten Teil her-
vorragend mit Wegweisern versehen, es entstehen
kaum Orientierungsprobleme. Die Verkehrsregeln
decken sich mit denen aus Mitteleuropa.
   Da sich die Italiener als Angehörige einer herausragenden Fahrradnation fühlen, sind sie gerade gegenüber Radfahrern sehr kulant. Die bei Au-
tofahrern gefürchteten Polizisten drücken bei Rad-
lern beide Augen zu. So gehört es zum normalen
Bild der Städte, daß die Einheimischen, von den
Ordnungshütern unbehelligt, Einbahnstraßen in
verkehrter Richtung befahren oder durch die
Fußgängerzonen brausen.

Kartenmaterial

Für eine Radreise durch die Toskana bietet sich
die Karte »Toskana« von Kümmerly und Frey im
Maßstab 1:200 000 an. Mit einem einzigen Kar-
tenblatt deckt sie die gesamte Region ab und ist
trotzdem ausreichend genau. Kleinere Abwei-
chungen vom aktuellen Stand gibt es jedoch bei
Straßenneubauten, bzw. beim Asphaltierungsgrad
der kleineren Straßen.
   Hinweis: Die Kartenskizzen in diesem Buch erhielten Pfeile, die jene Richtung angeben, die im
Text beschrieben sind.
   Die Etappentouren sind zusätzlich so beschrieben, daß sie auch in entgegengesetzter Richtung
zu befahren sind.

Kleines Reparaturlexikon

Ausfallende	forcellino
Bremszug	cavo del freno
Felge	cerchio
Felgenbremse	freno
Gabel	forcella
Gangschaltung	cambio
Kette	catena
Kettenblatt	ruota dentata
Lenker	manubrio
Luftpumpe	pompa d'aria
Mantel	copertone
Nabe	mozzo
Packtasche	borsa
Pedal	pedale
Sattel	sella
Schaltzug	cavo per il cambio
Schlauch	camera d'aria
Schraubendreher	cacciavite
Schraubenschlüssel	chiave inglese
Speiche	raggio
Tretlager	serie movimento
Zahnkranz	corona dentata
Zange	tenaglia

Gröteke, W.: Etruskerland. W. Kohlhammer Verlag, Stuttgart 1973

Hennig, C.: Toskana. Oase Verlag, Badenweiler 1992

Hess, E. L., und Mertz, P.: Toskana. Bruckmann, München 1991

Keller, W.: Die Etrusker. Droemer Knaur, München/Zürich

Magnani, F., Mante, H., und von Zitzewitz, M.: Toskana–Umbrien. Bucher, München/Berlin 1987

Mehling, M. (Hrsg.): Florenz und Toskana. Knaurs Kulturführer. Droemer Knaur, München 1983

Meuth, M., und Neuner-Duttenhofer, B.: Toskana. Küche, Land und Leute. Droemer Knaur, München 1993

Müller, M.: Toscana-Reisehandbuch. Michael Müller Verlag, Erlangen 1995

Nenzel, N. C.: Richtig reisen: »Toscana«. DuMont, Köln 1988

Rieck, J., und Schäfer, U.: Mittel-Italien per Rad. Verlag Wolfgang Kettler, Berlin 1991

Sauer-Kaulbach, L.: Die ländliche Toscana. DuMont, Köln 1991

Zimmermanns, K.: Toscana. Das Hügelland und die historischen Stadtzentren. DuMont, Köln 1994

Literatur

Agricola Slow Food (Hrsg.): Osterie d'Italia. Edition Spangenberg, München

Aigner, C., und Henkel, K.: Reise-Taschenbuch Toscana. DuMont, Köln

Dumler, H.: Wanderungen in der Toskana. Bruckmann, München 1992

Fischer, H. J.: Toskana. Prestel-Verlag, München 1990

Bildnachweis

Emmanuela De Nora, Paris: 89
Bildarchiv Huber, Garmisch-Partenkirchen: 33
Fritz Mader, Hamburg-Barsbüttel: Titelbild
Frank Rother, Bergisch Gladbach: 174
Alle übrigen Fotos: Bernhard Irlinger, Gilching
Die Kartenskizzen zu den Touren und die Übersichtskarte erstellte das Ingenieurbüro für Kartographie Heidi Schmalfuß, München.

Register

Die geradestehenden Ziffern verweisen auf die Textseiten, die *kursiven* auf die Seiten mit den Abbildungen.